# BRISEZ VOS CHAÎNES ET VIVEZ !

## Sortir du prêt-à-penser

**PAMPHLET**

**LAURE GERBAUD**

Aux Gilets Jaunes

Aux opprimés de la terre

À ceux qui se lèvent contre les dictatures

.

# PRÉFACE

*Brisez vos chaînes et vivez !* est un livre sur l'hypnose sociale et ses méfaits. Il exhorte l'homme à prendre la responsabilité entière de sa vie et cesser de la déléguer. C'est aussi l'aveu de tous mes désaccords avec ce monde.

J'ai écrit ce livre en quelques semaines, voici deux ans, sans aucune préméditation, puis je l'ai oublié. J'ai repris son écriture ces derniers mois : je sens l'urgence de le faire circuler depuis la naissance du mouvement des Gilets Jaunes.

Car ce sont justement des citoyens sortis de l'hypnose sociale ; ils n'acceptent plus les règles qui défavorisent la majorité d'entre nous au profit des oligarques et grands détenteurs de la puissance économique et financière mondiale ; ils tentent pacifiquement de se faire entendre et respecter mais ne reçoivent en retour que mépris et ratonnades.

Tandis que je rédigeais ce pamphlet en 2016, je pressentais qu'une part de notre société se rebellerait car il le fallait, il le faut. Mais quand ? Je sentais que c'était très proche. Je pensais : avant cinq ans. Comment ? J'imaginais un mouvement populaire créé par les citoyens. Pas un mouvement politique ou syndical car partis politiques et syndicats sont devenus des soutiens mutuels : ils pactisent beaucoup trop. Je songeais à un mouvement spontané né des plus démunis et de la classe moyenne. Il ne pouvait en être autrement : la résistance d'un peuple indigné face à la répression est affaire de solidarité. Les Gilets Jaunes, citoyens inconnus, courageux, audacieux et respectables, que la majorité des grands médias, ces larbins du pouvoir, salissent autant qu'ils peuvent, mettent à nu les maux dont souffre notre société. Et par extension toutes les sociétés.

Leur répression très violente, inadmissible, prouve que nous croupissons dans une ère de dictature, parfaitement installés dans une hypnose sociale collective, lénifiante, qui continue, sans pudeur, de nous susurrer à l'oreille que nous vivons en démocratie.

Très peu de Français ont voté aux dernières élections présidentielles : déjà, le ras-le-bol et la lucidité pointaient leur nez en 2017. Quelques Français croyaient avoir élu un président de droite ; ils ont élu un ex-banquier mégalomane. Face aux Gilets jaunes, il montre son vrai visage : il use d'un mépris et d'une violence digne d'un dictateur. C'est par ailleurs un libéral. Or le libéralisme n'est pas libéral : il est par essence despotique. Il est dictature. Il ne recule devant rien, aucune injustice, aucun mensonge, aucune répression. Il est avide : seul l'argent l'intéresse. Il est un ardent défenseur et créateur d'hypnose sociale.

Si quelqu'un doute encore que nous sommes dans une ère d'hypnose sociale, qu'il constate : ce que subissent les Gilets Jaunes est indigne de la démocratie, indigne d'une pensée humaniste, indigne de l'homme, indigne de la déclaration des Droits de l'Homme, indigne de la France. C'est digne d'un état despotique, d'un gouvernement despotique, d'une violence despotique, d'une mentalité despotique, d'une hypnose sociale sciemment orchestrée. D'un état où l'on use de toutes les formes de propagande et de terreur pour anéantir celui qui se lève pour crier la Vérité.

C'est pourquoi je décide d'éditer maintenant ce pamphlet que j'ai eu tort de laisser dormir. Le temps du sommeil est terminé. Il est temps de crier haut et fort la Vérité.

*Jeunes gens qui lisez ce livre, que vous l'aimiez ou non, regardez-le avec curiosité. Car ce livre est le témoignage d'un homme libre. Peut-être, avant que vos cheveux n'aient blanchi, l'entreprise paraîtra insensée d'élever la voix contre les Maîtres. Je dis insensée, non pas héroïque, ni même honorable. Les libertés dont on n'use plus depuis longtemps deviennent ridicules. Un chimiste roumain vient de découvrir, dit-on, un gaz qui mêlé à l'air, même dans des proportions insignifiantes, est capable d'endormir presque aussitôt quiconque le respire. J'imagine très bien les maîtres de demain disposant ainsi dans chaque ville d'une canalisation perfectionnée d'un tel gaz. Quelques robinets qu'on tourne et la population toute entière plongée dans le sommeil. La police n'aura plus qu'à choisir tranquillement les mécontents, qui se réveilleront sur la chaise électrique. Évidemment, le fou qui prétendrait, dans ces conditions, opposer sa volonté à la volonté totalitaire n'exciterait plus que la pitié.*

*Georges Bernanos, Les grands cimetières sous la lune*

*Si, petit homme, tu as de la profondeur en toi, mais tu l'ignores. Tu as une peur mortelle de ta profondeur, c'est pourquoi tu ne la sens ni ne la vois. C'est pourquoi tu es pris de vertige et tu chancelles comme au bord d'un abîme, quand tu aperçois ta propre profondeur. Tu as peur de tomber et de perdre ainsi ton « individualité » si jamais tu obéis aux pulsions de la nature. Quand, avec la meilleure bonne foi, tu tentes de parvenir à toi-même, tu ne trouves jamais que le petit homme cruel, envieux, goulu, voleur. Si tu n'étais pas profond dans ta profondeur, je n'aurais pas rédigé ce texte. Je connais ta profondeur, je l'ai découverte quand tu venais me voir pour confier au médecin tes misères. C'est cette profondeur en toi qui est ton avenir.*

*Wilhelm Reich, Écoute, petit homme !*

# Ceci est un brûlot

Je n'ai nulle envie de tricher. Nulle envie de travestir ma vérité. D'enjoliver. Nulle envie de rédiger au sens littéraire. J'ai le désir d'écrire les mots qui viennent, me confier à toi comme à un vieil ami, frère humain. J'ai besoin de liberté.

Le despotisme, on le trouve partout sur terre, partout dans le comportement des hommes ; c'est pourquoi ce livre s'attaque à toutes les formes de despotisme, y compris celui qui sévit dans le cœur même de l'homme et qu'il applique autant à lui-même qu'à autrui.

L'intuition est un guide qui m'a montré trente ans à l'avance ce que le monde allait devenir. Avant mes vingt ans, j'ai commencé à sentir l'odeur du roussi s'installer sur terre. Pressentir la manipulation dont nous sommes les objets consentants, observer combien on nous prenait déjà pour des idiots. Cela n'a pas cessé : c'est pire. Nous vivons dans le *Meilleur des mondes* d'Aldous Huxley. Nous vivons dans l'hypnose collective. Pas besoin de longues analyses. Je sais, je vois, je sens, j'entends, je devine. C'est suffisant. Plus puissant que n'importe quels rapports, raisonnements, équations, démonstrations, preuves, chiffres, rapports. Le monde en a pourtant encore besoin. Certains trouvent que j'exagère. Il leur faut des statistiques, des graphiques, des courbes, des explications. Des autruches dans leur déni. Les autruches se précipitent pour acheter le dernier téléphone portable, voir le dernier *blockbuster* confit de haine, jouer au dernier jeu ultra-violent à la mode. Tant pis pour elles. La bêtise, comme l'intelligence, a son prix. Pour la bêtise, cela va de l'anesthésie à la neurasthénie. Pour l'intelligence, cela va de la lucidité au bonheur. Contrairement à une idée reçue, j'ai rencontré peu d'imbéciles heureux. Je constate la marche du monde et c'est assez démoralisant. Alors je conserve farouchement mon ivresse de vivre pour conserver ma joie.

À nous de nous défendre, nous lever, frères humains. À nous de refuser ce que des hommes obscurs mettent en place tous les jours : violences et guerres, morgue et suffisance, assassinats et pouvoir totalitaire, humiliations et brutalités quotidiennes, surveillance et propagande, programmation et manipulation, conditionnement enfin, la plus puissante et hypnotique de toutes les armes. La liste est trop longue, il faudrait plusieurs livres. Vous me comprenez à demi-mot ; comme moi, vous êtes les naufragés de ce monde en déroute qui va trop vite. Nous en subissons tous les conséquences. Elles deviendront de plus en plus implacables. Nous sommes les jouets de quelques rois fous, pour la plupart inconnus ou mal connus - car ils avancent masqués. Les vrais maîtres du jeu, les vrais maîtres du monde. Ceux qui restent dans l'ombre.

On me rira au nez. On m'accusera de croire à la thèse du complot. On me dira que j'affabule. Que je suis une enfant perdue dans le noir. Je m'en fous. Mon cuir est tanné depuis que je pense comme je pense, parle comme je parle, vis comme je vis. À vingt ans, j'avais compris ceci : les gens fixent sans cesse le détail, l'anecdote ; ils se laissent distraire. Je balayais déjà d'un revers de main leurs détails, leurs anecdotes, leurs ragots politiques, leurs informations télévisées trafiquées. Aujourd'hui par exemple, *Twitter* représente le summum d'une industrie de l'anecdote, du détail insignifiant. De la superficialité. De la bêtise crasse. De la haine de la culture. Je regardais l'ensemble. La vue d'ensemble. Et je comprenais que nous nous jetions collectivement contre un mur. Et que ce mur s'élevait chaque jour plus haut, en silence, sournoisement. Vertigineux, il nous enferme maintenant dans notre cage rutilante, ornée de gadgets électroniques et digitaux. Particulièrement en Occident. Mur de la propagande. Mur de la fausse communication. Mur du mensonge. Mur de l'aliénation. Mur de l'autodépréciation collective. Mur de l'autocensure. Mur de la censure tout court. Mur du prêt-à-penser, du politiquement correct. Mur de la vulgarité. Mur de la bêtise. Mur de la laideur. Mur de la violence banalisée. Mur de l'ignorance. Mur du déni. Mur de la haine du beau, du bien, du bon. Mur de l'hypnose collective. MUR DE L'HYPNOSE SOCIALE.

J'aspire à la vie, la poésie, un certain désordre créatif. Je voudrais qu'on permette aux êtres de se laisser porter par leurs intuitions, leurs besoins et leurs désirs. Ce sont les choses fortes qui comptent dans une existence. Celles que nous devons saisir car elles nous servent. Je parle bien d'intuitions et non de fantasmes, de besoins réels et non de faux besoins inventés par la société de consommation, de désirs profonds, personnels, et non de désirs provoqués par l'envie, le consumérisme, la course à l'argent et au pouvoir.

J'aspire à ce que chacun se respecte et s'aime. Assez

de cette mutilation voulue et programmée, instaurée en premier lieu par une instruction généralisée, non personnalisée, non adaptée, qui ne respecte pas les besoins particuliers de nos enfants, assez de cette automutilation programmée car les enfants finissent par se soumettre et censurer leurs pensées, leurs besoins et leurs désirs comme nous l'avons fait avant eux. Assez d'être les bourreaux de nos enfants ! Assez de ce système qui produit des illettrés, des incultes, des soumis, des impuissants de la poésie, des êtres qui, à 15 ans, ont perdu tout pouvoir sur eux-mêmes, leurs intuitions, leurs rêves, leurs besoins, leurs désirs, abandonnent leur personnalité pour épouser dans l'inconscience les désirs des banquiers, des marchands de canons, de ferrailles électroniques et numériques, de Coca-cola et de tout ce qu'on voudra de futile et dangereux. À peine sortis de l'enfance, ils se soumettent en l'ignorant aux combines minables et grandioses des invisibles, des néfastes, ces hommes sans visage et sans nom qui dirigent nos existences, tirent les ficelles dans l'ombre, manigancent les guerres et créent de toutes pièces des modes de pensées à la mode qui nous guident là où ils le veulent.

À 15 ans, les adolescents ont déjà oublié leurs besoins propres : ils abandonnent leur âme immortelle contre un bout de plastique, un *Aïe-Faune*, une paire de *Nique*, un ordinateur ou autre babiole creuse ! Que faites-vous de nous, hommes sans visage et sans nom, pour satisfaire vos petits désirs, vos ambitions misérables, vos impuissances criantes ? Vous n'aimez pas la vie alors vous nous empêchez et nous interdisez d'en jouir ! À 15 ans, j'avais lu *Écoute petit homme !* de William Reich. Un choc. Une connexion. J'y trouvai ce que je pensais et ressentais. Un frère dans le malheur !

Il avait donc existé un homme qui avait eu les mêmes conclusions sur l'humanité ! Il était plus proche de moi que mes meilleures amies. J'ai rêvé toute mon existence de rencontrer un être de cet acabit, abritant la même puissance explosive de vérité. Ce n'est pas encore arrivé. Je ne désespère pas.

C'est folie de croire que le monde va changer. Mais que ferais-je ici si je n'espérais pas encore ? C'est peut-être pour cela que la mort nous entraîne un jour : nous n'y croyons plus, alors autant partir. Avant cela, la vie nous a longuement meurtris, épuisés, a rongé notre corps et notre esprit. La vie d'un humain se confond avec le temps. La vie est une valse lente, parfois plus rapide. Je ne sais pas valser. Je me souviens de ma grand-mère ; elle me prenait dans ses bras, dans la cuisine, et m'apprenait la valse : *« Tu vois, c'est facile, c'est rien, un-deux-trois... un-deux-trois... »* Je n'ai jamais réussi ! Elle avait toujours des jambes superbes, les chevilles fines, le mollet rond, de petits pieds. Jeune, elle avait participé à de nombreux concours de valse. Elle gagnait souvent. Elle adorait danser. J'adore danser aussi, me laisser couler dans la musique. Sans retenue. Comme ivre. Mais la valse, je n'ai jamais su. Il faut des règles, des pas précis, danser à deux. Dans la vie aussi, je n'ai pas su. Je ne suis pas douée pour les règles, les pas précis, et la danse à deux. Je vis comme on boite, mais élégamment : je me suis créé mes règles, mes pas particuliers, une vie qui n'est pas tout à fait à deux.

J'avance sans trop me mêler à la masse. Je n'aime pas la masse : elle me fait peur. Le groupe est souvent imbécile et dangereux, je l'ai compris très vite. Le groupe est d'ailleurs une composante très forte de toutes les propagandes politiques, commerciales, religieuses ou guerrières. On réunit un tas d'imbéciles et ou de futures victimes et on leur dit qu'il faut croire à telle ou telle chose. La semaine dernière, je suis tombée par hasard sur le *Petit Livre rouge* de Mao : « *Il faut combattre la guerre par la guerre.* » Il a osé écrire cela ! C'est le mot d'un fou à lier. Mais c'est lui qui a fait lier des millions de gens quand il ne les a pas exécutés. J'ai lu cela à ma fille, onze ans, et une intelligence encore à elle, non calquée sur la communauté. Je tente de faire contrepoids, de l'aider à être elle-même, être qui elle désire être, respecter ses valeurs et besoins, et non devenir ce que d'obscurs personnages décident qu'elle doit être. Je fais peu de poids dans la balance mais j'essaie de tout mon petit poids. Cette injonction lui a paru si absurde, si imbécile qu'elle en a ri joyeusement : « *Non, ce n'est pas possible, montre-moi, il n'a pas écrit ça quand même ? C'est stupide ! Combattre la guerre par la guerre ! Mais c'est débile ! Je n'ai jamais rien entendu d'aussi stupide !* » Elle a lu. Elle riait plus encore : « *Il était complètement fou !* »

Oui : combattre la guerre par la guerre afin qu'il n'y ait plus de guerre ! Hypnose collective. Près d'un milliard de Chinois embrigadés là-dedans durant 70 ans ! 70 millions de morts ! Et l'Union soviétique avec Staline ? 20 millions de morts ! Qui dit plus ? Hitler : 25 millions de morts ! Ça donne le tournis. Pol-Pot ? 2 millions, soit le quart de la population cambodgienne d'alors ! Ça donne à réfléchir. Quant à tous ces petits cons d'Occidentaux à col Mao ! Ils se sont refait une virginité depuis… Je ne vais pas me faire uniquement des amis mais c'est sans importance. Je ne parle pas des ouvriers qui militaient courageusement, distribuaient des tracts le dimanche et lisaient l'*Humanité*. Il était légitime de souhaiter un monde meilleur et de croire en ce miroir aux alouettes si habilement présenté : la lutte du Faible contre le Fort, le Partage au lieu de la Propriété privée. Leur abnégation était même belle, leur engagement respectable. Non, je parle des intellectuels qui ont su et compris beaucoup plus tôt ce qui se tramait réellement dans les pays communistes. Ils ont tu par lâcheté ce qui s'y passait, les camps de conditionnement, l'arbitraire, la misère, la main mise de la nomenklatura, les petits chefs à tous niveaux, la terreur et la délation permanente, la violence et la terreur déguisées et institutionnalisées sous les masques de la hiérarchie, du fonctionnariat, de l'armée. Ils ont su beaucoup plus vite. Mais ils étaient soutenus par le Parti. La place était bonne et leur conscience fragile. Il en est d'encore vivants. Peu ont fait leur mea culpa. La plupart se sont retirés discrètement du Parti et possèdent toutes les allures, les valeurs et les avoirs de la bourgeoisie. Finie la révolution ! En vieillissant, on apprécie le confort. On s'est reconverti dans le Capitalisme. Ça au moins, c'est une valeur sûre qui n'est pas prête de tomber ! Le sens de la possession étant génétiquement au cœur de l'homme, le Capitalisme reste la valeur refuge. Petits cons à col Mao, grands cons à cols Mao, les millions de morts en camps de rééducation, ça ne vous dit rien ? Et les 65 millions de morts causés par les communistes ? Ça fait longtemps qu'ils ont été blanchis nos cols Mao, nos Staliniens. Pour certains, le passé s'est effacé comme une trace de craie sur l'ardoise avec un bon coup de chiffon. Ils sont aussi blancs que la colombe de la paix de Picasso !

Et puis parlons du capitalisme et du libéralisme qui sont tellement plus respectueux des humains et du vivant ! C'est également une vue de l'esprit imposée. Hypnose collective. Hypnose sociale. On nous raconte une histoire sur l'Histoire. Ce n'est jamais l'Histoire réelle. Au travers des livres scolaires, des discours politiques, de l'idéologie, on escamote facilement le pire : je voudrais rétablir la vérité à propos de ce que sont le capitalisme et le libéralisme, soi-disant si démocratiques. Ce sont des modes d'économies qui entraînent pareillement des politiques qui tiennent de la dictature. Et inversement. Économie et politique sont étroitement liées ; on ne peut penser l'une sans penser l'autre. Toute idéologie politique impose un type d'économie particulier ; tout type d'économie impose une politique particulière. Les politiciens ont toujours été le bras armé de l'économie. Une économie peut être une dictature autant qu'un système politique et social.

Le Brésil par exemple : coup d'État du général Castelo Branco en 1964 avec l'aide de la CIA. S'ensuivront différents dictateurs et, avec la complicité des États-Unis, du FMI, de la France, 40 années de dictature capitaliste puis franchement néolibérale. Des millions de Brésiliens crèveront de faim, de maladie, de torture. Le chiffre réel des victimes ? Introuvable. On te parlera pudiquement de moins de 500 victimes ! On nous prend vraiment pour des cons !

Indonésie, 1967. Le général Suharto entreprend un coup d'État ; ceux qui s'opposent à sa dictature sont assassinés, communistes, démocrates, paysans ; il purge comme le veut la tradition chez les despotes : 1 à 3 millions de morts selon les historiens indonésiens. Pour la presse libérale occidentale, entre 500 000 et un million… Il a toujours été soutenu par les compagnies pétrolières étrangères qu'il avait implantées dans le pays et certains gouvernements occidentaux libéraux, France, Royaume-Uni, Australie, et particulièrement

États-Unis. Les journalistes du monde libéral ont toujours été des chiens de garde, ils n'en parlaient pas, ils n'en parlent, ils n'en parleront pas : connaissais-tu Suharto ? Suharto, c'est pourtant 31 ans de règne et de terreur.

Le libéralisme date déjà : pense à l'esclavagisme et la colonisation. Cherche frère humain, tu vas trouver bien d'autres histoires insoutenables camouflées derrière l'Histoire officielle.

Quand on te rabâche que le capitalisme et le libéralisme sont des modes économiques qui préservent la démocratie mais pas le mode économique du communisme, je te dis : c'est la même chose. Lis l'Histoire qui est dans les livres des historiens car ils sont intellectuellement souvent beaucoup plus honnêtes. Ou des grands reporters car ils ont vu la vérité au péril de leur vie. Ne lis pas les journaux qui sont écrits par des journaleux payés pour recracher platement, sans réflexion, des dépêches AFP et pratiquer la propagande capitaliste et libérale. Je crache sur le communisme, je crache sur le capitalisme, je crache sur le libéralisme, je crache sur tous les totalitarismes.

Le capitalisme : hypnose collective. Le libéralisme : hypnose collective. La Chine de Mao : hypnose collective. L'Union soviétique : hypnose collective. Ce ne sont que des exemples de ce qu'on peut faire d'une masse, de ce qu'on peut faire accomplir à une masse. Donc je fuis la masse, quelle qu'elle soit. Je pourrais citer mille autres exemples mais à quoi bon ? Nazisme, fascisme, propagande sioniste, américaine, Communauté européenne, régime de Corée du Nord, Talibans, et autres. Tu sais tout cela, frère humain. Décille les yeux, c'est tout. Ouvre-les, c'est facile.

Regarde, c'est plus dur. Ah, tu pleures, toi aussi ? Tu pleures, évidemment. C'est normal, ne t'inquiète pas. Oui, tu es parfaitement normal, équilibré. La marche du monde t'émeut, te dégoûte ? Tu pleures sur l'existence humiliée, entravée, les besoins bafoués de tes frères humains ? Parfait, tu es sur la bonne voie. Tu t'humanises. Tu sors de l'hypnose collective. Forcément, c'est dur. Oui, il faut encaisser. Ne pas te réfugier derrière tes problèmes ménagers, émotionnels et professionnels et leur faire prendre toute la place. Ah, tu vas arrêter de faire tes courses le samedi dans une grande surface bondée ? Ah, tu choisis plutôt d'emmener tes enfants jouer et se promener à la campagne ? Dans la nature ? Vrai de vrai ? Ce n'est pas un canular ? Tu vas le faire ! Tu as sur la bonne voie, frère humain ! Tu sors de l'hypnose sociale !

Tu vas cesser de faire quatre heures de transport par jour dans des trains, des bus, des métros pour exercer ton métier ? Arrêter de croire que tu ne trouveras jamais de travail à côté de chez toi ou que tu n'es pas capable de te créer un métier dans le lieu où **tu** choisis de vivre ? Tout le monde, toute la société te le répète : « *Y a pas d'boulot, y a pas d'boulot, prends ce que tu trouves ! Rêve pas, y a rien ici, faut prendre les transports en commun, c'est comme ça en banlieue, tiens, moi je fais trois heures de transport par jour, bus et après RER parce que si j'démissionne, j'aurai pas d'chômage, ça serait la fin de tout, faut qu'j'joigne les deux bouts !* » Bon, tu en as finis avec ta litanie épouvantable ? Ta prophétie ? Si tu ne penses pas autrement, comment veux-tu qu'il t'arrive autre chose ? Tu en as fini avec ta programmation, ton conditionnement, ton hypnose ?

Explique-moi pourquoi nombre de gens travaillent à côté de chez toi et font aussi trois heures de route quotidiennes, tandis que tu en fais trois pour aller travailler chez eux ! Le monde est devenu fou ! Cherche à côté de chez toi ou déménage et arrête de penser que les jeux sont faits. Qu'il n'y a rien à faire. Que c'est normal de vivre dans l'hypnose collective et sociale qui te rabâche qu'accepter une, deux, trois, quatre heures de trajet par jour, c'est banal, commun, normal. C'est anormal. C'est insensé. Cesse de te déresponsabiliser. Cesse de te conduire comme un esclave. Retrouve ton estime de toi, ta dignité. Tu vas te mettre dans les ennuis en démissionnant ? Peut-être. C'est le prix à payer. Cherche une solution et tu la trouveras. Arrête de regarder le problème. Apprends à diriger ton esprit dans la direction qui t'est favorable : la solution. Durant un certain temps, ta situation sera inconfortable, peut-être même insupportable. Tu perdras tes acquis si durement gagnés. Et alors ? Quand bien même ? Ce sera toujours mieux que tes quatre heures de train. Comprends-tu ce que je dis ? La plupart du temps, ce n'est pas vrai qu'il n'existe aucun travail pour toi à côté de chez toi. Et si c'est réel, crée ton métier ou va t'en habiter ailleurs. Ne reste pas à faire le lit et la joie de ceux qui nous dirigent et ceux, plus obscurs et infiniment plus puissants, qui nous manipulent. Refuse. C'est simple. C'est clair.

REFUSE !

Brûle, brûle Soleil de pacotille sur tous les urinoirs du monde !

Postillonne, ivrogne dans ton délire immunisé contre le bonheur !

Crache, vieille édentée, sur ce monde qui n'est plus le tien, car tu as raison !

Tu fais de toi ce que tu veux ! Tu décides !

Tu penses que tu ne mérites rien alors tu n'as rien !
Tu penses que tu ne vaux rien alors tu n'es rien !
Tu penses que tu n'es pas de taille à résister alors
tu te plies !
REFUSE !

On nous a tout ôté : la terre, l'eau, le feu, les bêtes, les plantes nourricières. Aucune autarcie possible, surtout pas ! Il faut que tout se vende, que tout soit taxé. Seul l'oxygène ne l'est pas encore. C'est le dernier bastion. Les maîtres du monde y réfléchissent déjà, c'est certain. C'est un gros dossier. Pas si facile. Il y faudra toute leur technologie. Ils ont mis des équipes techniques sur la question. Ils planchent dur. À quand l'air en conserve ? C'est pour bientôt, tu peux me croire. À Tokyo, l'air est tellement pollué qu'on y trouve déjà des bars à oxygène. Aux États-Unis et en Australie aussi. Ils seront de plus en plus nombreux, ils s'implanteront partout. Pourquoi ? Parce que la pollution est telle qu'elle ouvre les voies à ce nouveau marché. On finira par aller prendre une bouffée d'oxygène au bar comme on buvait un café autrefois. Ça viendra comme est venu le reste. En moins d'un siècle, tout nous a été confisqué. Notre liberté a été drastiquement réduite. On nous fait acheter des tas de gadgets pour l'oublier. Tu oublies, toi ?

Moi non. Je suis têtue comme une vieille bourrique. Je l'ai toujours été.

On me dira que je refuse de vivre à l'aise avec la réalité. Oui, et ce n'est pas encore un crime. C'est cette réalité qui est un immense crime, un ensemble de crimes permanents. Regarder en face cette réalité pour la rejeter aussi loin de moi que j'y parviens, c'est sain. Je ne veux pas me laisser pervertir par le corps social et

l'hypnose collective. Je refuse. Je suis difficile ?
Rebelle ? Oui, je confirme : je suis rebelle. Mais rebelle
sans violence contrairement à vous qui vivez dans
l'hypnose et exercez votre violence permanente à tous
niveaux de votre hiérarchie : de l'éboueur au magnat de
la presse, de la femme de ménage au président d'une
compagnie pétrolière, de l'ouvrier au grand banquier,
de l'ingénieur au roi, vous vous faites les crocs sur vos
enfants, votre personnel, vos collègues, vos amis, votre
épouse, votre mari, vos employés… le monde est plein
de petits et de grands salopards ! Ce n'est qu'une
question d'envergure, d'ambition ! Rien qui ne soit sans
violence, hélas, dans vos rapports coutumiers à autrui,
vos religions, vos habitudes, vos défis mêmes… Je vois
la haine bien installée. Établie depuis l'enfance.
Institutionnalisée. Soi-disant éducative. Elle est
partout : policière, politique, éducative, sociale,
économique, familiale… Dans les conversations,
l'imaginaire et les fictions, les films, les jeux vidéo, les
émissions et journaux télévisés, les radios, les
chansons, les œuvres de tous poils, la littérature, et elle
se respire avec délectation, se boit, se transpire et on
s'en empreigne avec enthousiasme comme dans ces
atroces corridas. Et le cœur de la vie, on le torture à
chaque seconde : viols, excisions, coups, assassinats,
tortures, pédophilie, guerres, humiliations, terrorisme,
esclavagisme…

On me rétorquera que j'ai la vue basse, que je ne
regarde que le pire. Je réponds que vous ne désirez voir
que ce qui vous rassure, frères humains : tant que vous
possédez suffisamment de vos gadgets stupides,
qu'importe que l'homme croule sous les bombes, les
ordres, les contre-ordres, la manipulation… Hypnose
sociale, quand tu nous tiens ! Mais nous n'y pouvons

rien, me direz-vous ! Vous voulez rire ? Vous vous vautrez dans la violence, petits Occidentaux, vous en vivez ! Moi aussi du reste, bien qu'à contrecœur. Surtout nous, Français ! Vous nous croyez supérieurs ; vous pensez que nous créons moins de violence que les pays en voie de développement ? Nous vivons pourtant beaucoup du commerce des armes, le plus vil, le plus minable, le plus meurtrier de tous ! Nous, Français, avons tous du sang sur les mains ! Nous sommes le peuple d'un pays conquérant. Nous avons beaucoup fait la guerre, beaucoup colonisé, beaucoup vendu d'armes. Or vendre des armes, le beau métier ! Et qui a de l'avenir, mon enfant ! Comme vendre des cercueils. Vendre des armes, c'est vendre de la mort. À un bout de la chaîne une arme, à l'autre bout un cercueil. Ah, frère humain, comment peux-tu faire cela à tes victimes ? Frère humain, vendeur de mort ! Et je ne connais pas ton nom, ton âge, ton visage. Qui es-tu, vendeur de mort ?

Nous le sommes tous un peu parce qu'en acceptant que notre pays fabrique et vende des armes, nous y participons. Qui ne dit mot consent. Nous capitulons. Nous pactisons. Nous nous taisons. Parfois même, nous applaudissons ! Nous nous congratulons, il faut bien alimenter la conversation à l'heure de l'apéritif : *« Tu as vu, la France a exporté 20 milliards d'euros de matériel en 2016 ? »* Particulièrement aux Émirats arabes unis, à l'Arabie saoudite et l'Inde, et la voici devenue, en 2017, le troisième exportateur mondial d'armes, après les États-Unis et la Russie… Champagne ! Un si petit pays ! Nous collaborons à l'immense entreprise de mort tenue par des gens sans visages. Nous ne connaissons guère que le nom des Dassault. Mais pour cette multinationale seule, combien de gens travaillent ? Près de 12 000 pour l'aviation ! Et 6 000 encore car le groupe Dassault, c'est aussi le groupe Figaro, de l'immobilier, et Artcurial, et même du Saint-Émilion… ! Mais ce n'est rien ! Environ 75 000 emplois directs et indirects sont générés par la vente d'armes dans notre pays. Et bien d'autres pays possèdent une industrie de mort. Oui, en nous taisant, nous collaborons avec les marchands de mort. Nous donnons notre assentiment par notre silence. Ce que j'écris ne te plaît pas, frère humain ? C'est pourtant vrai. Quand un enfant meurt déchiqueté par une bombe française, nous avons du sang sur nos mains. Tu veux d'autres chiffres ? En voici : pour la France, en 2015 seulement, 80 avions de combat signés Dassault vendus au Qatar, 24 *Rafales* et des missiles à l'Égypte, 36 *Rafales* pour l'Inde. Classement 2015 : deuxième vendeur d'armes du monde. 2017 : troisième. Je devrais au contraire applaudir ? Je suis mauvais public. Je boude le spectacle de la mort, la violence et la guerre.

Des chiffres ? Encore des chiffres ? Cherche. Lis donc *Le monde diplomatique*. Renseigne-toi. Tu verras : c'est vrai. Tu me trouves rabat-joie ? Soit. Si tu veux. On a la conscience qu'on choisit. Tu choisis, je choisis, nous choisissons. Mais ce n'est pas une comptine innocente, c'est un jeu de dupes, un jeu où la mort gagne à tous les coups. Pense à tous les pays en guerre que tu connais. Pense à tous les pays sans conflit aucun que tu connais : 10 pays ont été recensés pour 2017. Sur 197 pays… Pas un de plus ! Pense ! 10 ! Bon sang, pense ! Ah, tu ne veux pas ? Les bras m'en tombent. Tu préfères ta télévision, tes Jeux Olympiques, ton demi ? Tu préfères te changer les idées avec un blockbuster, te perdre dans cet autre monde également empli de violences où les canons sciés font office de loi et les grenades de justice ? Je te laisse à tes pop-corn. On a les divertissements qu'on mérite. Tu n'es pas obligé d'être conscient. Tu as choisi l'inconscience. Tu choisis à chaque seconde. Tu choisiras encore. Qui sait si dans la mort, nous ne choisissons pas encore ?

Et puis l'hypnose collective, toujours, qui est une hypnose sociale puisque créé par la société : moi aussi j'ai longtemps cru à la légende des 197 pays sans comprendre ; je me disais : *« C'est bizarre qu'il y en ait si peu ! J'ai vraiment l'impression qu'il en existe beaucoup plus ! »* Et pour cause... L'ONU, pourrie jusqu'à la moelle comme la majorité des institutions, s'arrange avec sa morale ; elle se donne le droit de décider qui est un pays et qui ne l'est pas ! 197 : c'est seulement le nombre de pays qu'elle reconnaît ! En réalité, tu peux compter plus de 300 pays sur notre planète. Oui, oui ! Renseigne-toi. Hypnose collective. Hypnose sociale.

Depuis les commencements des temps, tu choisis, frère humain. Tu as choisi de hurler avec les loups. Tant d'options s'offraient à toi pourtant, vers les débuts aventureux de notre humanité. Les grands choix qui gouvernent aujourd'hui notre humanité, vous, nos ancêtres, les avez faits. Il y avait l'amour, ancêtre, tu as choisi la haine ; il y avait la douceur, tu as choisi la violence ; il y avait le bonheur, tu as choisi l'angoisse ; il y avait la connaissance, tu as choisi l'ignorance crasse ; il y avait la fraternité, tu as choisi le racisme et les frontières ; il y avait le partage et la solidarité, tu as choisi la propriété et la cupidité ; il y avait la tendresse, tu as choisi l'humiliation ; il y avait l'admiration, tu as choisi le mépris ; il y avait l'empathie, tu as choisi l'indifférence ; il y avait l'originalité propre à chacun, l'individualité, tu as choisi l'uniformisation, l'embrigadement, l'hypnose collective ; il y avait la création, tu as choisi la production, ancêtre. Et maintenant, devenu l'homme moderne, tu as poussé ton désamour de la vie jusqu'au bout de sa logique, jusqu'au paroxysme : la mondialisation, le capitalisme et le libéralisme. Tu nous en vantes les mérites jour et nuit, frère humain, mais j'ai des yeux pour voir, des oreilles pour écouter et un cœur pour sentir et pleurer. Il y avait la liberté mais tu as préféré la prison à vie. Ce sont les valeurs sur lesquelles tu as bâti ton existence et tu voudrais que j'applaudisse et adhère ?

Quant à l'eugénisme et au transhumanisme, ils sont en chemin et très proches. Je crains le pire. Tu es ton propre bourreau, ta propre victime. Ce serait dramatique mais supportable si tu n'entraînais pas le monde entier dans ta chute. Tu pollues ton entourage comme tu pollues la terre. Tu te comportes comme la brute que tu es. J'ai souvent honte, frère humain, d'être humaine ! Dieu, que j'ai honte de nous ! Tant de détresse là où nous devrions vivre le bonheur ! J'assiste, impuissante, à la destruction de mon monde, ma planète, de vous, mes frères humains.

Et vous, mes sœurs humaines, Ô mes sœurs ! Si courageuses. Si bafouées. Si maltraitées. Si humiliées. Vous avez tout subi depuis le premier jour. Vous subissez tout, encore et toujours. L'Histoire des femmes est celle d'un incessant carnage. Quand donc votre martyre prendra-t-il fin ? Vous, le sel de la terre, mes sœurs humaines, que fait-on de vous ? Bêtes de somme qui donnez pourtant la Vie ! On ne vous remercie pas. On ne vous honore pas. On ne vous fête pas. On vous méprise. On vous bat. On vous insulte. On vous viole. On vous excise. On vous enferme. On vous cache. On vous voile. On vous apprend à avoir honte de votre corps. De la jouissance. De regarder un homme dans les yeux. De parler. De rire. De chanter. De danser. De vivre. D'être. De penser. De vos désirs et même de vos besoins. On vous interdit de vous cultiver. D'aller à l'école. De choisir votre compagnon de vie. De choisir votre vie ! On vous interdit tout. On vous apprend à avoir peur du mari, du père, du frère, du cousin, du neveu, du voisin, et même de vos sœurs humaines ! Vous survivez dans une atmosphère de délation, de violence, de brutalité, de désamour, de cruauté…

Ô mes sœurs humaines qui mourrez sous les coups et les tortures en rêvant de liberté ! Ô mes sœurs humaines… mes mots sont futiles, trop légers, des riens pour raconter ce que vous subissez. Il faudrait des cailloux lourds comme votre peine, dénudés comme votre manque d'amour, tristes et laids comme l'existence qu'on vous force à endosser, sans couleurs, grise, répétitive, placée sous le signe de la terreur. Ô mes sœurs humaines, je n'ai pas de mots pour dire vos maux.

Et vos enfants, nos enfants, parlons-en ! Parlons de nos enfants, mes sœurs. Nos enfants. Ne devraient-ils pas être frais comme des prairies, tendres comme les herbes, beaux comme les grands arbres, forts comme les océans, fiers comme le ciel, sereins comme les lacs, justement aimés comme des enfants ? Ô nos enfants, nos petits d'humains… Qu'ont-ils fait de vous au cours des siècles et que font-ils de vous à chaque instant écoulé ? Ô mes enfants, si tendres quand vous venez au monde, si durs plus tard quand vous êtes parvenus à survivre aux pièges que l'adulte place sous chacun de vos pas. Enfants, vous marchez sur un champ de ruines, c'est cela votre enfance. Vous la subissez. Vous obéissez. Vous vous taisez. Vous n'avez que vos mains pour vous défendre des coups, du viol, de la torture, de la faim, la soif, l'humiliation, le manque d'amour et de tendresse. Il faut bien survivre. Vous vous taisez. Vous attendez votre heure. Mais alors on vous a déjà brisés. Il est trop tard. Tant de choses cassées. Tant de cicatrices. De blessures qui ne se fermeront jamais. De sentiments et d'émotions refoulées. À votre tour, vous devenez brutaux, à votre tour vous n'honorez plus la Vie. Comment pourriez-vous aimer la Vie ? Quels contacts vous a-t-on donnés avec Elle ? Celui d'une gifle, d'une insulte, d'un ordre, d'une humiliation, d'un chantage, d'une punition, d'une trahison ? Tout cela à la fois ?

C'est tout notre mode de pensée, d'être, de sentir, communiquer, toutes nos civilisations, tout notre monde humain en un mot qui est à repenser, à refaire. Tous les rapports entre les êtres et au-delà, les êtres et les animaux, les objets, la nature, la Vie, ce qu'il est convenu de faire et ne pas faire, de ne plus faire, ou faire alors que cela ne l'a jamais été, ce qu'il convenait de ressentir et ne pas ressentir, tout est à recommencer. Mais d'une autre manière. Cela ne peut plus durer. Nous courrons à notre perte. Nous devons prendre de la hauteur, désapprendre ce que nous avons appris, ôter nos préjugés, oublier nos habitudes, tout considérer d'un œil neuf comme si nous venions de naître, comme si nous arrivions pour la première fois sur notre planète, ignorant de tout, et seulement, peut-être, parviendrons-nous à prendre du recul et instaurer de nouvelles règles. Des règles pour vivre ensemble. Pour le bonheur ensemble. Le respect ensemble. L'épanouissement ensemble. La liberté ensemble. Et non des règles pour vivre les uns contre les autres, en travers des autres, en comparaison des autres, en compétition contre les autres.

Il vous semble que je rêve ? Je vous réponds qu'il faut semer des graines. Elles pousseront. Elles seront longues à pousser. Vous arracherez les premières racines, frères humains, car la vérité vous affole. Elle vous panique ! Elle vous met face à vos responsabilités et vos consciences sales. Mais d'autres sèmeront de nouvelles graines. Je ne suis qu'un relais. Bien d'autres relais ont existé par le passé. Il naîtra de plus en plus souvent des relais qui sèmeront des graines. Comme vous ne parviendrez jamais à les déterrer toutes, quelques-unes finiront par pousser. Puis d'autres. Cela donnera lieu à des révolutions de la pensée, la connaissance, l'éthique, la gestion des émotions et du sentiment, de la culture, de l'art... Vous finirez par vous laisser déborder, vous les prétentieux marchands d'armes et de mort, vous les grands banquiers, vous les hommes de l'ombre et du pouvoir, vous les grands manipulateurs, les grands malades. Et vous les petits, les obscurs et sans grade, malfaisants au quotidien, teigneux comme des punaises, vampires de toutes conditions. Il y faudra des siècles, peut-être même des millénaires. Il y faudra des générations et des générations de planteurs de Conscience, de planteurs d'amour de la Vie. Il y faudra des milliers de milliards de petites et grandes graines. Des milliards de minuscules relais comme je le suis. Mais un jour, je le sais, vous n'arriverez plus à maintenir le flot de cette pensée nouvelle, de cet amour pur, qui ne peut s'élaborer qu'en dehors de vos limites d'hommes de pouvoir entièrement tournés vers la domination et l'avidité. Vous serez débordés. Noyés. Balayés. C'est une guerre d'usure. Elle est et sera longue, impitoyable, douloureuse. Mais je ne peux croire qu'il en sera autrement.

Ô mes frères humains, vous avez choisi l'avilissement et l'esclavage depuis le commencement. Certains d'entre vous ont cependant choisi la révolte et vous serez de plus en plus nombreux. Un jour, Révoltés, vous couvrirez le monde. Vous n'aurez pas besoin d'armes. Ce sera la révolution par le cœur. L'arme ultime : le cœur. Mais en attendant ce jour...

Voici que ce jour, très, très long en vérité, un jour long de millions d'années, a partiellement débuté. Nous n'avons été sur l'échelle de l'Histoire et ne sommes encore que quelques millions à travers le monde. Quelques millions à croire profondément que la logique du cœur amène davantage de bonheur que la logique guerrière dans laquelle nous avons été éduqués. Ce qui ne veut pas dire que nous rayonnons tous d'amour et de bonheur. Nous tentons déjà de rayonner notre propre lumière, d'aller jusqu'au bout de nos convictions et nos besoins ; nous commençons par l'essentiel avant de pouvoir donner davantage, de savoir donner aux autres : nous nous donnons le droit de nous offrir nous-mêmes de l'amour, le respect de nos besoins, nos désirs, nos valeurs. Car on ne peut donner de bienveillance quand on ne s'aime pas. On ne peut rayonner vers les autres quand on ne rayonne pas pour soi. Il faut d'abord installer en soi les conditions propices à offrir de la bienveillance. Nous espérons que rayonner notre vérité permettra à notre entourage, par osmose, imitation, influence inconsciente, de s'essayer également à émaner sa propre lumière. Nous sommes peu nombreux, pionniers d'une autre façon d'être, se comporter, évaluer les événements, d'exiger de soi davantage que des autres, de se sentir présents au monde, aventuriers d'une manière différente de vivre et respecter notre planète, et tous nos frères humains. Cela suppose un courage qui paraît dérisoire aux grands maîtres de notre monde qui possèdent tout, contrôlent nos existences, et manipulent jusqu'à nos moindres pensées. Frères humains inconscients de ce qui se joue depuis quelques décennies dans la discrétion, une révolte sans violence gronde doucement. Des êtres parviennent à rayonner leur vérité. Ils ont beaucoup travaillé sur eux afin d'y parvenir. Ils y travaillent toujours : ils savent que le bonheur est au prix d'un travail quotidien d'alignement de soi. Ce rayonnement, n'as-tu pas envie de le connaître ? N'as-tu pas envie de te donner cette chance ? Ce bonheur ?

Allez, viens frère humain, viens ! Embarque avec nous. Aime-toi. Accepte ton prochain. Prends conscience de toi, ta vie, de ce que tu dis, fais, sens, es, pourquoi tu en es arrivé là. Reprends le contrôle de ton existence. Cesse ta victimisation : elle est le fruit du lavage de cerveau que tu subis depuis ta naissance. Les grands de ce monde en profitent ; ils font de toi une marionnette honteuse. Cesse de participer à cette mascarade qui enrichit ceux que tu détestes ou admires carrément quand tu es vraiment trop stupide et manipulé !

Viens avec nous, monte ! Embarque ! Nous allons changer le monde, le rendre à ce bonheur auquel tu aspires si désespérément. Monte, monte ! Plus nous serons nombreux, plus vite cela arrivera, plus rapidement nos descendants connaîtront cette existence à laquelle nous rêvons, frères humains. Participons à créer cet héritage. Viens, choisis la dignité, la liberté, l'autonomie affective, choisis la Vie, choisis l'amour et l'espérance. Abandonne l'hypnose sociale, frère humain, viens, monte, embarque !

Ah, tu ne veux pas ? Tu as peur des maîtres du monde ? Et même de ton entourage ? Tu as peur des représailles ? Du rejet ? Peur de toi-même ? De comprendre qui tu es vraiment ? Peur de travailler sur toi ? Peur de découvrir que tu n'es qu'une écorce vide ? Que tu es né pour rien, que tu n'as rien à exprimer, faire, apporter sur cette terre ? Comment peux-tu penser autant de mal de toi ? Comment peux-tu ne t'accorder aucune chance ? Parce que tu te crois nul, inepte, inutile ? Si tu le penses, alors les maîtres de la manipulation qui nous contrôlent, nous programment, nous conditionnent, ont parfaitement réussi leur coup ! **Et tu leur donnes raison.** C'est ce qu'ils désirent plus que tout : que tu te censures. Que tu te taises. Que tu n'existes plus que comme un zombie serviable. Une chose. Celui qui n'a pas de nom, juste un matricule. Celui dont on se sert sans qu'il en ait conscience. Si tu penses autant de mal de toi, c'est que tu as perdu toute dignité et amour-propre. Tu n'es plus rien ! Anéanti. Vide. Tu acceptes ceci ? Ils ont réussi les hommes invisibles et ventripotents aux manettes du monde. Pourquoi crois-tu qu'ils nous abreuvent de vulgarité, de téléréalité, de bêtise, d'ignorance, de médiocrité ? Pourquoi crois-tu qu'ils nous inondent de sentiments bas, de modèles qui sentent la putasserie à plein nez, la pornographie, l'impuissance, la misère sexuelle, la débauche, les addictions à la drogue, la connerie, la violence, l'alcool ? Pourquoi crois-tu qu'ils nous proposent sans cesse la surconsommation, la malbouffe, les jeux vidéo, les applications infantiles, les réseaux sociaux, les jeux de hasard ? Pourquoi crois-tu qu'ils nous ensevelissent sous la pollution, l'irrespect, les gadgets électroniques, technologiques, les musiques bas de gamme, les pensées basses de plafond, les idées fausses en dessous du pantalon, un vocabulaire absurde et journalistique ? Pourquoi crois-tu qu'ils détruisent les belles valeurs – amour, amitié, compassion, solidarité, création, tendresse, partage, intelligence, sensibilité, poésie, harmonie ? Pourquoi crois-tu qu'ils assassinent l'éducation, l'instruction, la culture, l'art, l'intelligence, la beauté, la bonté, le respect de soi et des autres ?

Pour te servir ou au contraire se servir de toi et mieux se servir eux-mêmes ? Se servir royalement sur cette planète car tu n'es qu'un de leurs jouets ? Ton seul espoir est de te rallier à ceux qui en sont conscients. Sortir de l'hypnose collective. Rejeter le sale, le monstrueux, le laid, le vulgaire, le médiocre, le stupide. Rejeter les hommes de la manipulation et du pouvoir. Pour eux, tu n'es qu'une valeur marchande, un zéro de plus sur leur compte bancaire.

Et plus que tout, rejette l'habitude de la violence. Ils la mettent partout en place, à tous niveaux. Ils l'implantent dans ton cerveau, tes tripes, tes habitudes, tes modes de communication et tu prends les armes quand ils le veulent, où ils le veulent. Les guerres leur rapportent tant ! Comment y renoncer ? Braves petits soldats… Veux-tu poursuivre ta route misérable et sans révolte ? Veux-tu vraiment rester leur jouet ?

Viens, frère humain, il est encore temps. Viens, embarque, monte dans le train de la lucidité ! Ce ne sera possible que lorsque tu auras accepté cet état de fait : nous sommes manipulés. Nous ne sommes pas libres. Nous créons notre propre malheur en croyant à tout ce que leurs manipulations nous imposent. Et l'une des plus incroyables et des plus efficaces est de nous faire croire que nous ne sommes pas assez intelligents pour faire mieux de nos existences. Tu dois travailler sur toi pour savoir **qui tu es, toi.** Pas cet être insignifiant et incapable mais un être empli de potentialités, un être créatif capable d'accomplissements importants. Il te faut travailler sur ce que tu veux être. Pour ne pas devenir ou continuer à être ce qu'ils veulent que tu sois. Être ce que tu veux être, toi. Donne-toi de l'importance, apprends à t'aimer, te respecter. Viens, embarque, nous sommes une poignée, quelques millions à travailler chaque jour à incarner ce que nous sommes. Nous sommes invisibles mais nous plantons des graines, nous semons patiemment jour après jour.

Si nous sommes parfaits ? Non. Nous sommes imparfaits. Nous tâtonnons. Nous sommes des chercheurs de bonheur. Des chercheurs de liberté. Des chercheurs d'épanouissement. Des chercheurs d'autonomie. Nous façonnons ou testons des instruments de connaissance et de réparation de soi. Car nous sommes abîmés comme toi, frère humain, abîmés par la manipulation, l'éducation, l'hypnose sociale. Nous trouvons des techniques pour aller mieux, nous rapprocher de qui nous sommes réellement. Ou nous ne trouvons pas. Mais nous cherchons. La psychanalyse a un peu plus d'un siècle, la psychologie aussi, et les thérapies comportementales et cognitives, l'EFT, la PNL, l'hypnose, l'EMDR, la méthode E.S.P.E.R.E, l'éducation bienveillante, la communication non violente et autres ont à peine quelques décennies pour les plus vieilles. Il existe des dizaines d'approches différentes en France. Tu vois, tout est neuf. Nous découvrons un continent vierge. Tout est à créer. Des thérapeutes ont développé des outils merveilleux, acquis des connaissances fabuleuses, et ils nous proposent de considérer la vie et les modalités de la vie et de la communication autrement. La neuroscience est toute récente. Imagine notre avenir si nous nous accrochons, si nous n'abandonnons pas, si nous acceptons notre besoin de travailler sur nous pour nous transformer afin que le monde se transforme.

C'est la première étape, je te l'ai dit : au lieu de te voiler la face, accepte que nous sommes des êtres imparfaits qui vivons dans un monde imparfait, et accepte de te réparer pour rayonner autre chose que ton malheur. Embarque sur notre radeau, et soigne-toi avec nous.

Ah, tu me demandes pourquoi nous soigner puisque les malades ce sont les autres, ceux qui nous imposent tout ? Pourquoi ce ne sont pas ces hommes obscurs et sans visage qui se soignent puisque ce sont eux les fous les plus dangereux de la planète, eux qui nous polluent avec leur maladie du pouvoir, de la possession, leur mégalomanie, leurs fantasmes de grandeur et d'asservissement ? Tu trouves cela injuste ?

Comme toi, je me suis longtemps posé cette question. Elle m'obsédait : pourquoi les déments sont-ils en liberté et les victimes emprisonnées dans un carcan invisible, mais bien réel ? Ces questions m'empêchaient d'avancer. Je m'accrochais également à cette histoire d'injustice. Mais écoute : l'injustice, on s'en fout ! Ce n'est pas important. Ce qui importe, c'est que nous avancions. Pas à pas. Ensemble. Cette histoire d'injustice, tu ne vas plus t'y intéresser une fois que je t'aurais répondu ! Tu vas complètement l'oublier. Voici pourquoi c'est à nous de nous soigner :

Parce que tu ne peux pas leur demander de se soigner ; ils ne le feraient pas. Ils ne sont pas malades, ils sont fous à lier. C'est différent. Ils n'ont aucunes limites. Ils ont la bave aux crocs. Ils sont infiniment dangereux. Ils possèdent tout. Ils manient les armes, les drogues, la propagande, la manipulation de masse, les médias ; ils organisent la traite et le trafic des femmes, des enfants, des hommes, des organes, et les guerres ; ils manipulent la santé, les cerveaux, les intelligences, les cœurs, les sentiments, les émotions des populations, les croyances, les religions, les gênes ; ils corrompent tout ce qu'ils touchent y compris les humains ; ils assassinent et font assassiner ; ils contrôlent l'eau, les plantes, la terre, la nourriture, l'air, les matières premières, les animaux, les usines, la production, la technologie, l'art, et j'en passe. Ils ne respectent rien. Ils n'aiment rien. Ils pensent que l'amour est la plus grande des faiblesses. Que la tendresse est une humiliation. Ils ne savent pas qu'ils sont fous. Si tu demandais à l'un d'eux de se soigner, il te ferait descendre froidement par un homme de main. Voici pourquoi ils ne se soigneront jamais.

D'autre part, il n'y a pas qu'eux ; les petits-maîtres existent aussi et ils se recrutent à tous niveaux de la hiérarchie sociale. Souvent ils ne sont même pas conscients des dégâts qu'ils causent. C'est pourquoi, dans le doute, il nous faut tous nous soigner ! Je te rappelle ce passage d'*Écoute, petit homme !* et ce n'est pas un passage agréable pour toi et moi. Mais Wilhelm Reich, cet immense psychanalyste, faisait un constat réaliste :

*J'ai appris que c'est ta maladie émotionnelle et non une puissance externe qui t'opprime à toute heure de la journée, même si aucune pression extérieure ne s'exerce contre toi. Tu te serais depuis longtemps débarrassé des tyrans si tu étais toi-même animé d'une vie interne en bonne santé. Tes oppresseurs se recrutent dans tes propres rangs, alors qu'ils provenaient naguère des couches supérieures de la société. Ils sont même plus petits que toi, petit homme. Car il faut une bonne dose de bassesse pour connaître d'expérience de ta misère et pour s'en servir ensuite pour mieux t'exploiter et mieux t'opprimer.*

Oui, les maîtres possèdent leurs lieutenants et ils se trouvent partout, bien implantés dans le tissu social. Il faut donc compter sur les hommes de bonne volonté et, tu l'as compris, c'est à eux que je fais appel. Ce que nous ne pouvons changer, acceptons-le. Cela veut dire : regardons-le en face. Cessons de nier que cela existe. Cessons de nier le réel. Cela ne veut pas dire : apprécions-le ! Cela ne veut pas dire que nous sommes d'accord, que nous ne nous indignons pas, que nous ne nous révoltons pas. Cela veut dire que nous acceptons que nous ne puissions changer les hommes sans visages et sans nom les plus dominants, les plus puissants de la planète.

Le constat et l'acceptation des faits servent à se poser la bonne question. Et à y répondre. La question n'est alors plus : comment changer les hommes sans visage, mais : comment changer le monde ?

Nous pouvons changer nous-mêmes pour changer le monde. D'abord parce que nous avons été pollués et que nous ne nous sommes plus tout à fait sains. Nul doute qu'ils nous ont rendus malades. Certains sont mêmes perdus, devenus aussi déments que leurs maîtres. Devenus à jamais leurs fidèles serviteurs. Nous devons nous soigner pour soigner le monde. Davantage nous serons de gens sains à habiter ce monde, davantage ce monde sera sain. Les gens sains n'acceptent pas de devenir des serviteurs. Les bourreaux ne peuvent pas exercer de pouvoir quand il n'y a plus de victimes.

Ensuite, notre seul pouvoir réel ne s'exerce pas sur les autres mais sur nous, dès lors que nous n'entrons pas dans la violence et la manipulation. Ces saletés-là, nous les leur laissons. Nous pouvons cependant exercer un pouvoir sur nos personnes. Nous soigner. Nous élever. Voici pourquoi, frère humain, ce n'est ni juste ni injuste. C'est un constat de fait neutre : si tu veux métamorphoser le monde, commence par toi. Rayonne toute ta lumière et contamine le monde de ta belle lumière. C'est ce que tu peux faire de plus beau, de plus grand, de plus juste. Ne te refuse plus cette beauté. Ne te refuse plus de participer à la grandeur de l'humanité. Éduque tes enfants dans l'amour, non dans la violence.

Je sais : tu as peur. Nous avons tous eu peur avant de commencer : de nos souvenirs qui remonteraient et nous engloutiraient peut-être, de nos vieux démons réveillés, aussi frais que si nous avions de nouveau vingt ans, peur de l'échec, du refus, peur de réussir, peur de changer, d'être déçu, peur d'avoir peur, peur de l'inconnu, de l'amour, des sentiments, de la tendresse, peur de la vie, peur de la mort, peur des autres, ces morts-vivants, peur des hommes sans visage et sans nom, peur des nuits sans sommeil, de la tourmente, de la maladie, des cauchemars, de notre intimité, peur de la fraternité, de l'élan, de se montrer à nu, peur de toucher l'indicible, peur du vide, peur du plein, peur du monde, peur de renaître, peur de ne plus se reconnaître, peur de se découvrir, peur de ne pas savoir cesser d'avoir peur, peur des commencements, d'être seul, d'être rejeté, abandonné, peur de nos contradictions, nos désirs, nos besoins, peur de notre plaisir, notre colère, notre joie, notre corps, peur du sexe, de notre âme, notre esprit, notre intelligence, nos talents, nos goûts, nos manques de talents, de prendre nos décisions, de nous tromper, peur de notre enthousiasme, notre sincérité, nos fragilités, nos rêves…

*- Assez, assez, me cries-tu, ne poursuis pas cette liste, par pitié, cesse !*

Allez, je cesse. Je sais pourquoi tu n'aimes pas cette liste : chacune des peurs que tu lis dans cette liste, tu prends conscience que tu as vécu en la fuyant, que tu n'as jamais voulu l'affronter, que tu ne sais pas ce que tu en penses ni comment tu te sens par rapport à elle, ce que tu dois en faire, comment faire pour te sentir mieux avec elle… Tu constates l'ampleur des dégâts causés par ton aveuglement et ta fuite en avant. Je te conseille même de prendre un stylo, un cahier, et de répondre posément à tout cela pour t'aider à savoir qui tu es et qui tu pourrais devenir. C'est un long exercice mais il en vaut vraiment la peine. Demande-toi donc ce que tu ressens devant les mots besoin, tendresse, désir, peur, peur d'avoir peur, et tous les mots cités précédemment… Prévois plusieurs heures devant toi car cet exercice sera long et difficile si tu le fais honnêtement. Il se peut qu'il soit pour toi une révélation.

Frère humain, il faut travailler tout cela pour se connaître et se mettre en accord avec soi. Oui, il faut se poser les bonnes questions et les résoudre. Oui, il faut accepter que parfois tu ne sauras pas, ou pas avant longtemps. C'est un exercice à refaire, pas un exercice à faire une seule fois dans une vie. Car nous changeons. On t'avait bien recommandé de ne pas penser à tout cela, l'enfouir, ne jamais t'y confronter. Mettre un couvercle dessus. Tout enfoncer en toi comme si c'était de l'ordure et toi une poubelle. Or tes réponses ne sont pas de l'ordure mais de l'or pur. C'est toi. Ce que tu sens. Ce que tu es. Tes réactions. Ton existence en fin de compte. Tu n'es pas une poubelle mais un réceptacle sacré dans lequel ton âme respire et vit le temps de ton expérience terrestre. Et ce corps et cette âme que le monde t'a appris à mépriser et haïr, tu vas apprendre à les aimer, les chérir, les respecter.

« *Tant de travail,* me répliques-tu, *les bras m'en tombent !* » Je comprends. J'ai reculé aussi devant mon propre désastre : avoir vécu si longtemps en terre étrangère au sein de moi-même, me traitant comme mon pire ennemi, m'insultant, ignorant qui j'étais ! Je l'ai vécu. Je reviens d'entre les morts.

Aime-toi ! Sympathise avec toi ! Sympathisons ! Tout est là. Il n'y a rien d'autre que la sympathie. Tout le reste vient en plus. Il nous faut commencer par la sympathie qui est une forme d'amour ; le reste viendra seul. Pas une sympathie dégoulinante de bons sentiments, juste une sympathie qui se conçoit comme le respect. Sympathiser, ce n'est pas se mettre à genoux devant l'autre comme on nous l'a appris : sympathiser, c'est accepter et respecter l'autre dans sa différence. C'est une neutralité bienveillante.

D'aucuns me traiteront de mystique refoulée, de romantique décervelée, d'autres d'idéaliste irréaliste, de naïve, ridicule, gnangnan, New Age. Évidemment, parler de sympathie expose à se faire traiter de cul-cul-la-praline. Va pour la niaiserie et tout ce dont vous voudrez me qualifier : je m'en fous.

Vous pouvez me qualifier d'idiote, d'ignare, de fleur de nave, d'imbécile, d'incurable, de sentimentale. C'est d'accord. Ceci ne m'appartient pas. Ceci ne me regarde même pas. C'est votre affaire. Votre jugement ne vous renvoie qu'à vos insuffisances. Je me souviens d'un temps, pas si lointain, où les jugements que l'on portait sur moi me mettaient en colère ou me blessaient. Je suis la plupart du temps au-dessus aujourd'hui, et c'est heureux. Mais je ne laisserai pour autant personne m'attaquer sans réagir car j'ai ma dignité à préserver. Je me respecte. Je sais ce que je veux et qui je suis. Je n'ai plus que peu de zones d'inconfort et de frontières floues. Je sais où je me situe, quelles sont mes valeurs et mon identité. Je me connais intimement. Je me reconnais. Je suis ma meilleure amie et compagne. En quelques années, je suis devenue en quelque sorte inattaquable. J'ai appris à me défendre.

Car vous ne me faites plus peur. Je vous vois. Je vous entends. Vous ne m'indifférez pas. Vous me surprenez encore. Vous pouvez me faire mal ou m'attrister mais cela ne dure pas. Vous ne m'atteignez plus durablement car je n'ai plus besoin de votre approbation pour m'apprécier. Cette approbation que tant de gens prennent pour de l'estime, de la considération ou même de l'amour ! Ce n'est que l'approbation que donnent ceux qui aiment être obéis. Le su-sucre au chien obéissant. Plus besoin de me soumettre à vos projets, vos préjugés, ce que vous avez décidé pour moi qu'il est bon de faire ou pas, de penser et sentir. Je m'en fous. Je n'ai plus besoin de votre assentiment. C'est pourquoi vous ne pouvez plus m'atteindre qu'en superficie.

Mais j'exige respect et politesse. J'exige ces minimums sans lesquels la vie en société est un champ de bataille. Là, oui : j'exige. Je ne négocie pas avec le respect et la politesse. Je ne négocie pas avec les fondements de la vie en commun. Cela fait partie de mes chevaux de bataille. Quand il le faut, je sais gueuler plus fort que vous.

Ce n'est pas au cœur que vous me gênez. Vous ne me l'égratignez plus depuis quelques années déjà. Vous dérangez plutôt l'ordonnance, l'harmonie, la beauté, l'équilibre, la fraternité, la paix de l'univers. Et je ne vais pas vous en remercier. Je ne vais pas m'écraser. Je ne vais pas me taire : allez vous faire voir ou changez !

J'entends les hauts cris, les commentaires : cela est si peu propre ! Cela sent le soufre, la poudre et la révolte ! Et alors ?

Mais oui, frères humains, nous avons le droit de nous lever et dire : non ! Ici est ma limite. Oui, frère humain, toi aussi tu disposes de ta voix, ton corps, ta volonté pour décider et exiger des limites à ne pas dépasser, tes limites. Cesse de croire que travailler sur toi, c'est devenir ce légume qui accepte tout, que la paix est un concept informe et sans ventre, une idée molle qui se vit dans une brume, un coton dans lequel on s'enfonce sans un cri. Qu'être guéri, c'est tout admettre. Que l'amour, c'est mièvre. Que la paix est un paillasson. Que le bonheur, c'est consensuel.

Non. Je redis : NON.

La paix est exigeante. La paix n'est pas molle. La paix ne peut exister qu'au prix de la vigilance, au prix de la conscience. Au prix de la conscientisation. La paix délimite des frontières à ne pas dépasser. Elle propose des contours nets, une lumière vive, des arêtes abruptes. Son paysage est inconfortable : il est net, dur. La paix est à installer. À conserver. La paix est exigeante. Elle impose le respect, la politesse, le savoir-vivre, l'harmonie, la bienveillance, la beauté. Elle offre bonheur et sérénité. Elle impose des barrières, un savoir-vivre et savoir-être pour soi et en société. La paix est un travail et une conscientisation de chaque instant. La paix possède ses règles.

Et toi, tu voudrais que cela se fasse sans efforts ? Sans exigences de ta part, de celle des autres ? Ô frère humain si paresseux, si impitoyablement lâche ! Dresse-toi, dicte tes limites ! Ne laisse pas les dictateurs décider pour toi, ne laisse pas les hommes de l'ombre se servir de toi, te bafouer sans un geste. Relève-toi, fais face, et attaque par le rire, l'ironie, l'indifférence, la moquerie et même par la colère s'il le faut. Mais réagis ! Ou tourne le dos si tu préfères et va-t'en dignement. C'est la plus belle des réponses. Si tu réussis, tu es sauvé. Ne les laisse pas t'humilier. Et n'obéis jamais à personne.

Largue les amarres, rejoins-nous. Nous sommes les héros d'un monde que nous ne verrons pas. Il naîtra après, bien après nous, mais nous mourrons fiers parce que nous l'avons planté.

- *Mais vas-tu te taire enfin ?*

Tu me cries dessus. Tu ne veux plus m'entendre. Laure, écorchée vive, grande gueule, tu ne te tairas pas. Tu iras jusqu'au bout. Même si ça énerve. Même si ça fait rire. Même si on te raconte que tu es pathétique. Ça t'arrangerait que je cesse ce vacarme à réveiller les morts-vivants, cette litanie pour une paix universelle, cette vacherie de remise en question de notre programmation et notre conditionnement.

Mon silence serait plus confortable. Laure, grande gueule, tu iras jusqu'à n'avoir plus de mots, jusqu'à plus de lettres, plus de phrases, jusqu'à l'assèchement complet, jusqu'à plus d'alphabet. Jusqu'au silence. Mais en attendant…

- *Ta gueule !* me balances-tu.

Nous y voici, tu n'y tiens plus. Depuis le temps que je t'asticote, tu craques. Tu te balances sur tes deux jambes dans la pose du boxeur qui va cogner. Tu l'imites assez bien, je dois dire. Mais tu ne me frapperas pas. Je réagirais. Tu sais que je pose des limites à ton influence sur moi. Que j'ai inventé mes propres règles, je te l'ai expliqué. Il est vaste mon jeu, tu sais. Pas encore illimité mais ça vient. Tu pourrais en avoir un aussi vaste si tu voulais.

Je vais t'expliquer mon jeu et mon terrain de jeu. Ils n'ont que les limites que je leur donne. Pas celles que les hommes de l'ombre, crocodiles affamés, me donnent, ni celles de leurs petits lieutenants, non : celles que je choisis. Ce qui veut dire que mon jeu et mes frontières bougent avec mes besoins. Puisque c'est moi qui délimite mon terrain, te dis-je !

Là, je te sens gêné aux entournures. Oui, mais les règles de la société, quand même, tu comprends, on ne peut pas faire tout ce qu'on veut, et patati et patata... On t'a bien expliqué, dès ta toute petite enfance, que les règles du jeu sont rigides, qu'on n'a pas le droit de les changer sous peine d'être mis au ban de la société. Que les limites du terrain de jeu ne peuvent pas être déplacées. Qui a décidé de cela ? T'es-tu posé la question ? Les hommes de l'ombre bien entendu, les alligators en costumes qui fument de gros cigares et te considèrent comme une de leurs possessions, au même titre que leurs porcelaines Ming, leurs *Roll Royce,* leur Renoir ou leur *Rollex.* Quoiqu'ils commencent à changer d'allure et fassent souvent dans le genre cool, tee-shirt-jean-baskets, mais à l'intérieur c'est la même engeance. Je ne les écoute pas ; je n'obéis pas. Eux-mêmes ne jouent pas à ce jeu trop petit, eux-mêmes le méprisent. Il n'est pas pour leur caste, qui ne se limite en rien, mais pour la nôtre ! Leur terrain de jeu est très étendu, ils ne se restreignent pas, eux !

Mais mon jeu aussi est de plus en plus étendu

d'année en année. Avec le temps, il deviendra vaste comme les déserts, les océans, la terre : j'y travaille. Mais si je ressens le besoin de limites, j'en invente aussitôt. J'ai parfois besoin de contraintes pour devenir plus créative, mais c'est moi qui décide des contraintes que je m'impose, et jamais sans raison. Et je les lève quand je le désire. C'est pour cela que mon jeu et mon terrain de jeu sont presque sans limites. Ma vie n'est pas un terrain de football, que diable ! Ma vie n'est pas un cours de tennis ! Ma vie n'est pas une table de ping-pong ! Elle est ce que j'en fais et ce que j'en fais est beaucoup plus large. Même si au premier regard, cela ne se voit pas.

Frère humain, on t'a appris à traiter ta vie comme un tapis de carte, un terrain de *base-ball*, un jeu de bataille aux règles immuables dont tu serais l'héritier. Tu ne peux agrandir ton territoire. Tu ne peux ni abattre ni élever des murs quand tu le souhaites. Ton existence future est pratiquement toute tracée à ta naissance.

Frère humain, envoie balader les règles, délimite toi-même ton terrain de jeu et invente tes codes, dans le respect d'autrui, c'est la seule limite juste. Frère humain, si tu es vraiment humain, fais-le pour toi et tes frères. Fais-le pour tes enfants, ton mari, ta femme, tes amis. Frère humain, montre l'exemple si tu n'es pas un mouton. Tu es unique. Ton terrain et tes règles sont uniques.

Tu ne comprends pas ? Frère humain, je te prends par la main. Je te fais visiter mon royaume. Constate : il n'y a que les limites dont je décide, les règles que je désire. Pourvu que je respecte la liberté d'autrui. Pourvu que je ne fasse jamais le mal. Ce sont les seules limites. J'ai fait du mal parfois, sans le désirer.

Maintenant, je redouble de vigilance sur mes actes. Aujourd'hui, j'écris ce livre d'humanité et de rébellion, hier j'écrivais des romans et des poèmes, des aphorismes et des chansons, demain, si j'en ai envie, j'écrirai autre chose. J'ai peint, dessiné, modelé, j'ai vécu à l'étranger, passé des diplômes inutiles, traversé les déserts, éduqué seule ma fille. J'ai fait le plus souvent possible ce que je désirais, tenté de ne pas me limiter, j'ai suivi mes propres règles, j'ai pris des risques, je n'ai jamais eu de carrière, je n'ai presque pas cotisé en vue de ma retraite, j'ai préféré mes expériences et ma liberté à la sécurité des règles instaurées par les hommes sans visage et sans nom, et à celle des institutions qu'ils ont mises en place. Aux règles édictées, j'ai préféré une discrète désobéissance. Mais mon terrain était cependant plus restreint que je le désirais car je me restreignais encore. Je n'avais pas suffisamment travaillé sur moi-même. Des peurs m'empêchaient encore de me réaliser. Mais aujourd'hui, crois-tu que je me préoccupe de savoir si j'entre dans le moule, s'il est aisé de me coller une étiquette ? Je m'en fous, tu sais.

Frère humain en recherche de paix intérieure, tu es aussi mon frère en recherche de liberté. Cesse de te restreindre. Ne perds pas de temps comme je l'ai fait. Agrandis tes limites, agrandis ton territoire. Tu as besoin de déployer tes ailes. Tu as besoin de t'envoler.

Chaque fois qu'un homme restreint son pouvoir sur lui-même, limite sa puissance jusqu'à n'exprimer qu'une facette de lui-même, il joue le jeu des hommes invisibles qui adorent le pouvoir et le Veau d'Or : il se range tout seul dans un tiroir. Il fournit lui-même son étiquette aux dangereux crocodiles qui dirigent le monde en costume-cravate ou jean-basket-Nique façon Silicon Valley.

Mon territoire est sans limites. Je me donne des limites quand ça me plaît. Je me réserve le droit d'en changer et de faire disparaître mes frontières quand ça me convient. Il est malaisé de me coller une étiquette. On ne sait pas vraiment ce que je ferai demain. Moi-même je ne le sais pas toujours.

Voici quatre jours à peine, je ne savais pas que j'écrirais ce livre ! Quand nous n'avons ni portes ni fenêtres, l'inspiration s'installe en coup de vent. J'entends sa voix et je choisis de la suivre. Tout devient simple. La création, réputée si difficile, devient évidente. Tout est ouvert, je suis un paysage béant qui accueille naturellement ce qui vient, nuages, pluies, vents, soleil… Ce n'est qu'un début. Je commence à peine dans ce processus de libération. De grandes surprises sont à venir.

As-tu envie de vivre comme moi dans l'émerveillement de la surprise ? La vie devient un cadeau constant. Pas un ennemi contre lequel tu te bats. Mais une vague qui te porte, frère humain.

Ou as-tu le désir de continuer à te restreindre, à calculer ta destinée et tes points de retraite ? Réfléchis car tu prends la décision la plus importante de ton existence.

Bien entendu, ton existence est plus confortable que la mienne : tu sais comment te présenter, tu as une très jolie étiquette, des murs rassurants qui délimitent ton petit royaume, un statut clair comme de l'eau de roche. Des comportements connus. Socialement, tu possèdes un titre, qu'il soit modeste, moyen ou gros. Tes règles du jeu sont communes et ne surprennent personne : les passe-murailles s'entendent très bien entre eux. Tu es reçu dans ton milieu, apprécié, tu es rassurant puisque prévisible.

Tu penses que tu dois tout perdre pour nous suivre, *nous d'une autre beauté et d'une singulière extase, nous de l'épique et de la déraison,* comme l'a écrit Léo Ferré. Ce n'est pas exactement vrai. Certains ont besoin de tout balayer car leur paysage est trop encombré et il faut de la place pour la liberté. Il leur faut abandonner beaucoup d'acquis et d'acquisitions, faire carrément le vide pour repousser les limites de leur territoire et souvent perdre leur titre, leur mode de vie, parfois leur famille, leurs amis. Mais d'autres peuvent conserver titre et biens, famille et amis, et le processus est plus rapide : jeter les murs intérieurs à terre et pousser les limites intérieures. Être sans demi-teintes, trouver la liberté pour aller vers nos véritables besoins et désirs. Cela suffit à devenir libre.

Tu dois donc étudier ton cas, frère humain. Que veux-tu abandonner ou garder ? Comment peux-tu et veux-tu te rendre libre ? Il va falloir apprendre à t'observer. Non pour te critiquer ou te condamner comme on t'a appris à le faire mais pour prendre du recul sur qui tu es et qui tu veux devenir.

*- Du travail, encore du travail ! As-tu autre chose à me proposer que du travail ?*

Je t'entends et te réponds : non, je n'ai que du travail. Il faut commencer par cela pour, un jour, se lever libre dans le monde. C'est le voyage. Il peut remplir toute une vie. Mais c'est un beau voyage. Je crois que c'est le sens de la vie de chercher à être de plus en plus libre des conditionnements qu'on n'aime pas et qui nous rendent malheureux.

Crois-moi, c'est un voyage qui en vaut la peine : à chaque pas, tu relèveras la tête, tu retrouveras ta dignité, et ton territoire s'agrandira d'un pas, tes règles s'assoupliront. Je suis moi-même en chemin et je ne suis pas dupe : je ne parviendrai pas tout au bout car ce chemin est sans fin. Mais je l'ai pris, c'est cela la différence entre toi et moi.

Qui choisis-tu de devenir ? Ce prisonnier éteint, tordu, drogué à toutes les manipulations, ou cet être droit, épanoui dans son bon sens, son humour, sa liberté ? Choisis. Et choisis bien, frère humain. Je ne serai pas toujours près de toi à te tirer par la manche.

Mon présent et mon avenir, tu peux en avoir de semblables si tu les veux. Ils n'ont rien d'extraordinaire ou de spectaculaire mais ils me procurent l'avantage de la liberté de pensée, l'autonomie de pensée. Et ça n'est pas rien. Ton présent ne sera plus jamais le mien car je ne retournerai pas en arrière. Je vois le chemin que j'ai parcouru et j'en suis satisfaite. Cependant j'ai manqué de confort, et de moyens financiers. Je croyais que c'était le prix à payer. Je n'avais pas compris que je pouvais également les avoir et je pensais que cela me rendait encore plus libre. Alors que mon terrain de jeu, je pouvais l'étendre là aussi. Que l'argent n'est pas le mal ; le mal, c'est ce que l'homme dévoyé, corrompu et dominateur en fait. L'argent, on peut s'en servir avec respect et générosité. Là aussi, nous choisissons. C'est à moi de m'employer à étendre mon jeu encore et encore.

Tu me demandes si je suis comprise ? Très rarement. Peut-être même pas du tout. Par contre, on m'envie mon ton, ma liberté, mon enthousiasme, ma joie de vivre, mes fous rires. C'est grâce à eux que j'ai toujours su que je ne me trompais pas de mépriser le système et de fuir l'hypnose collective.

Si je suis seule ? Oui.

Si cela me gêne ? Au début, cela embarrasse ; on

s'habitue ; puis on apprécie. J'aime ma solitude depuis longtemps. Elle m'a surtout gênée très jeune. J'ai fréquenté énormément de gens. J'ai beaucoup aimé cela car je suis d'un tempérament fraternel. J'ai même eu longtemps un culte pour l'amitié. Puis je me suis rapprochée de moi-même. Je me suis de plus en plus souvent ressemblé. Jusqu'à être moi-même presque à plein temps. Mes amis m'ont fuie avant que j'y parvienne totalement. Trop d'audace, d'insolence, de projets, d'autonomie, trop d'enthousiasme et de liberté. Je crois que cela leur paraissait inconvenant ! Sans le vouloir, je les renvoyais à ce qu'ils auraient voulu être. Mais ils ne voulaient pas accomplir le travail nécessaire. Ils avaient peur de ce que je représentais : la liberté et l'autonomie dont ils rêvaient. Je les ai laissés aller. Je n'ai retenu personne. Les bénéfices sans le travail, sans le développement de soi, cela n'existe pas. C'est impossible. On ne peut en faire l'économie.

Je n'ai pas souffert longtemps de ma solitude, quelques années au plus. J'ai appris encore davantage l'autonomie. J'ai complètement cessé d'être dépendante affectivement, de croire que j'avais besoin d'amour, d'amitié, de reconnaissance, de projets communs. J'ai appris l'autonomie à coups de pied au cul. Pourtant, je ne regrette rien. J'en remercie le ciel. Tu ne peux imaginer le confort que je ressens à me savoir autonome, à savoir que je peux compter sur moi en toutes circonstances, à tout moment. Il faut vivre cette autonomie pour la ressentir au profond de ses tripes. C'est un soulagement, une libération. Les mots sont insuffisants à te décrire la non-dépendance affective.

Car la dépendance affective, comme toi, je l'ai connue, frère humain. Nous y avons été éduqués, programmés, conditionnés en batterie, à l'école, la maison, par nos chansons, notre littérature, nos films, toute notre culture, notre environnement. Et c'est elle qui crée le manque d'autonomie.

Ceci aussi, frère humain, tu dois t'en défaire pour ton bonheur. Être autonome, c'est agrandir ton champ des possibles. Quand tu as saisi que tout vient de toi, tout provient de toi, tout part de toi, tout naît de toi, tout est une émanation de qui tu es, quand tu as accepté que ce qui est installé dans ton existence soit de ton ressort et non de celui des autres, tu agrandis ton territoire à l'infini, tu en déplaces les limites, tu retrouves ta puissance et ton pouvoir sur ta vie.

Ce n'est pas ce qu'on t'a appris. Surtout pas. Si tu ne devais retenir qu'une seule chose de ce livre, c'est le petit paragraphe précédent. Souligne-le ou surligne-le, relis-le souvent, fais-en ton viatique. Je viens de te donner une clef majeure de ta transformation. Essaie de comprendre ; essaie d'appliquer. Être autonome, c'est agrandir ton champ des possibles. Je répète : **Quand tu as saisi que tout vient de toi, tout provient de toi, tout part de toi, tout naît de toi, tout est une émanation de qui tu es, quand tu as accepté que ce qui est installé dans ton existence soit de ton ressort et non de celui des autres, tu agrandis ton territoire à l'infini, tu en déplaces les limites, tu retrouves ta puissance et ton pouvoir sur ta vie.**

Tu comprends parfaitement que tout le corps social conditionne notre système émotionnel à la dépendance affective. L'autonomie est la dernière chose que les gens de pouvoir désirent que tu acquières, frère humain humilié depuis la nuit des temps. L'autonomie est presque la liberté. Elle s'en rapproche dangereusement.

Ou agréablement. Question de point de vue. Sans autonomie, il n'est point de liberté. Vois-tu ce que je veux dire ? Le monde intoxique nos enfants avec ses histoires de princesses et princes dépendants affectifs. Avec ses modèles de stars tordues aguerries à la drogue, l'anorexie, la boulimie, l'alcool, la vulgarité, l'obscénité, le sexe compulsif. Avec ses hommes politiques dépendants du pouvoir. Ses banquiers dépendants de l'argent car l'élite elle-même n'est pas dépourvue de dépendances. Ses obsédés dépendants du sexe. Son commerce de cigarettes, de drogues, d'alcool, de pornographie, de jeux de hasard... Etc. Les dépendances sont volontairement proposées avec pour objectif d'asservir. On le fait par la publicité, la communication en réseaux sociaux, le lavage de cerveau, la propagande, la peur, l'insinuation... La liste n'est pas close. Nous baignons dans la dépendance qu'elle soit affective, matérielle, intellectuelle, émotionnelle, financière... Nous ne connaissons rien d'autre. Nous avons de tels réflexes compulsifs et inconscients de dépendance que nous nous auto-intoxiquons. Nous créons la dépendance sur nous, nos proches et nos propres enfants. Nous leur inculquons, sans la moindre conscience, cette monstruosité. Nous faisons le jeu des maîtres du monde.

Tout cela est voulu et calculé. À quoi servent la télévision, la radio, le téléphone portable, l'ordinateur, les réseaux sociaux, les tablettes, les journaux, les affiches, les publicités, les journaux ? Les peuples entiers de la planète se soumettent sans se poser de questions ! Ceci m'épate ! Frères humains, combien vous êtes stupides ! Et ignorants ! Et faibles, et lâches !

Réveillez-vous ! Sortez de votre torpeur ! Sortez de l'hypnose sociale !

Dans l'ombre, mais aussi de plus en plus souvent à visage découvert, des hommes vous manipulent, tirent sur les ficelles de ce théâtre du monde, et vous en redemandez, vous remerciez, vous en voulez toujours davantage ! Toujours plus de consommation, de gadgets, de dépendances, de drogues, d'applications informatiques, et par conséquence de frustrations.

Pour en revenir aux dépendances affectives, elles sont causées par des carences affectives ignorées. Car vous ne voulez pas les reconnaître. Vous ne pouvez donc les soigner. Vous fuyez vos vérités. Vous pouvez pleurer sur vous tant que vous voulez : vous ne résolvez rien.

La dépendance affective est également une forme de haine et de mépris envers soi. Quand on s'aime et se respecte, peut-on se détruire en plaçant quiconque au-dessus de nous ? Tu devrais être l'objet premier de ton amour. Oui : le plus important de tes amours devrait être pour toi avant tout autre. Fait-on du mal à l'homme, la femme, l'enfant que l'on aime ? Non. Or la dépendance affective détruit l'amour et les relations entre deux êtres qui s'aiment aussi sûrement qu'une bombe. Dans une lente déflagration. Quand on s'aime et se respecte, demande-t-on à l'autre de nous rassurer sans cesse sur l'amour qu'il nous offre ? Le dépendant affectif ne s'aime pas, ne se respecte pas, mais il exige l'amour des autres ! « *Je crois que ne suis pas aimable mais je veux que tu m'aimes ! Je t'ai pris pour combler mon vide !* » Voici le paradoxe du dépendant affectif, cet être qui n'a aucune considération pour lui-même. Il ne reçoit jamais suffisamment d'amour. Toujours plus, toujours plus ! Et l'autre ? L'autre s'épuise, accumule des preuves d'amour de plus en plus grosses mais c'est encore pire ! Le dépendant est un gouffre sans fond !

À long terme, cet amour se mue même en haine. Car tu l'as compris, frère humain, personne ne peut combler un vide qui *t'appartient*. Tu ne t'aimes pas, te rabaisses, te méprises et tu as le culot d'exiger de l'autre qu'il te donne amour et respect ? Mais tu ne sais pas les recevoir, tu ne sais pas les voir quand on te les donne ! Tu ne peux accepter l'amour car tu ne t'aimes pas, le respect car tu te méprises, l'admiration car tu le dévalorises. Tu crois que tu n'y as pas droit, que tu ne les mérites pas. C'est un processus inconscient bien sûr. Il crée la mort de l'amour, et de la souffrance en toi et autour de toi. Comme une bombe nucléaire, il brûle tout sur son passage. Même tes enfants. Surtout tes enfants. Et il crée des handicapés de l'amour sur des générations. C'est un processus sans fin puisque l'être qui ne s'aime pas et ne se sent pas aimé transmet ses croyances et ses douleurs à ses enfants, qui eux aussi les transmettront…

Se détester, se fustiger, ne pas s'assumer, refouler ses besoins, ses désirs, les nier, étouffer ses ressentis, escamoter ses émotions, écraser ses sentiments, bafouer ses valeurs, tu connais cela, n'est-ce pas ? C'est ce qu'on t'a appris à vivre. On t'a même dit que vivre, c'est cela ! Depuis toujours et dans toutes les civilisations, sous tous les cieux, on t'apprend la haine de toi et la haine des autres. La haine des autres commence du reste par la haine de soi. On camoufle tout cela habilement, on te dit l'air patelin : *« Il faut faire des compromis, la vie c'est comme ça ! »* Ah bon ? Le problème, c'est que tu as fini par y croire. *« Mais puisque c'est inconscient,* me confirmes-tu, *que veux-tu que j'y fasse ? »*

Mais tout ! Tout ! Tu peux tout ! Cesse de te comporter en victime. Rejette la propagande sociale qui te répète que tu n'es responsable de rien, que la vie est un jeu de hasards. La vie n'est pas un jeu de hasards. Tu fais des choix responsables ou irresponsables. Tu récoltes ce que tu sèmes.

Parlons de ton inconscience. Ton irresponsabilité. Tu dois devenir conscient de tes mots, tes actes, tes sentiments, tes émotions, de tout ce que tu émanes. C'est ton travail d'humain ! Tu es venu sur terre pour cela. Pour devenir conscient de qui tu es véritablement et de ta puissance phénoménale, dont tu n'as pas la moindre idée et que tu n'exploites pas, et qui est puissance de bienveillance et d'action, pour devenir conscient de ce que tu provoques autour de toi. Tu peux provoquer le désastre et la mort comme la plus grande lumière. Ton premier devoir est de t'observer, te connaître, te reprendre, te corriger, enfin te rendre heureux, t'épanouir et rendre heureux ton entourage. Une saine neutralité y suffira. Cesse de l'emmerder en lui imposant tes vues ! Cesse de guerroyer à propos de tout. Cesse de le polluer.

C'est beaucoup de travail. C'est beaucoup de courage. C'est beaucoup de volonté. C'est beaucoup d'amour à déployer. Je ne te dis pas le contraire. Cela passe par la conscientisation et débute par ton engagement envers toi. Et, au départ de cet engagement, il existe ta décision.

Je récapitule. Tu décides de t'engager. C'est une décision brûlante, gravée dans le marbre. Pas l'un de ces petits jeux que tu joues chaque début d'année avec toute la société : je vais faire du sport cette année ou je vais essayer de perdre cinq kilos ou je vais prendre des cours d'anglais. Et puis tu ne fais rien. Non, non, rien de ces fausses décisions, ce faux engagement, ces vœux pieux qui ne coûtent rien.

Je te parle de l'engagement de toute une vie. *Je m'engage à être conscient de mes paroles, mes pensées, mes actes, mes émotions, mes sentiments, mes réactions, mes actions, et de leurs répercussions sur ma personne, mon entourage et le monde.* Voici ce que tu dois décider. Prends cette phrase et fais-la tienne. Répète-la autant de fois qu'il le faudra, des mois, des années si c'est nécessaire, jusqu'à t'en pénétrer, la comprendre, la mettre en mouvements, la vivre. Engage-toi !

À partir de cet exercice, tu pourras te pénétrer de cette autre affirmation : *je m'engage à être de plus en plus ouvert, épanoui, libre, heureux, et à rayonner ma bienveillance sur mes frères humains.*

Imagine que tous nos frères humains en fassent autant. Pas de répéter ces mots comme des perroquets absurdes, non, mais de les penser avec émotion et les mettre en mouvements, les vivre, les vibrer. Crois-tu que le monde serait ce qu'il est ? Serait-il toujours mort et destruction ? Je ne le pense pas.

Alors conscientise. Cesse de te rabrouer, te martyriser, cesse de fustiger tes enfants, ton mari, ton épouse, ta famille, tes amis, collègues, employés, patrons… Cesse ta victimisation. Cesse. C'est tout. C'est au fond très simple.

Mais il te faut une vigilance de chaque instant, un engagement total.

Il faut également du silence. Il faut pouvoir s'entendre. Les maîtres de ce monde le savent et c'est pourquoi ils entretiennent un vacarme perpétuel qui agite nos pensées anarchiquement. Il s'agit de nous empêcher de réfléchir intelligemment et même de ressentir subtilement. D'étouffer notre sensibilité. De la nourrir d'émotions racoleuses. Les programmes de téléréalité sont des instruments parfaits, pour ne citer qu'un exemple : bêtise et vulgarité, mesquinerie et méchanceté, commérages et irrespect y sont les bases de ce genre. Il faut tout annihiler en nous, tout atrophier pour mieux régner : notre bon sens, notre lucidité, notre intelligence, notre sens de la décision et de l'engagement, nos émotions et sensations, nos ressentis et notre intuition qui sont nos meilleurs guides. Faire de nous des veaux en batterie, bientôt des clones obéissants, dénués de toute velléité d'autonomie, voici leur rêve ultime. Et ils n'en sont pas loin.

Le silence, avec toutes ces manipulations ? On l'empêche. On nous bombarde constamment de bruits : de véhicules (qu'on m'explique pourquoi leurs moteurs font autant de bruit), de machines (même problème), de pseudo-musique stupide, débraillée, dans les boutiques, supermarchés, lieux publics, restaurants, cafés, dans les rues (c'est un continuel dégueulis de notes pauvres, de dysharmonie, de désenchantement.) Et je ne parle même pas des paroles débilitantes des chansons. C'est un moyen très puissant de nous décérébrer. Particulièrement la jeunesse qui ne connaît plus que cela car la radio envahit les moindres recoins de l'espace. À moins que cette jeunesse ne soit active, curieuse, cultivée, et aille elle-même chercher ailleurs de la musique de qualité.

Le pire est que tu participes, frère humain, à ce monstrueux lavage de cerveau par la pollution sonore, et tu t'y complais ! Qui t'oblige à acheter des C.D racoleurs quand des artistes talentueux ne parviennent pas à percer ? Qui te force frère restaurateur, frère cafetier, à abreuver ta clientèle des radios les plus médiocres, les plus vulgaires ? Même ma dentiste, mon docteur n'échappent pas à la règle ! Pourquoi ne choisis-tu jamais *France Culture* ou *France Musique* ? Ou de la musique et des chansons de qualité ? Ou le joli silence naturel de la terre ? Tu raffoles de la médiocrité parce que tu ne te crois pas au-dessus d'elle. Elle rassure ta médiocrité et ton désir d'appartenance au troupeau humain. Tu n'aimes pas ce que je te dis ? Tu te sens insulté ? Ce n'est que la vérité.

Autrefois, je pleurais quand je te regardais tel que tu es, frère humain. Oui : tu aimes la médiocrité. Tu es paresseux, mon frère. Tu adores la facilité. Tu ne penses qu'à ton minuscule plaisir immédiat. Tu raffoles de la bêtise. Ne crie pas, tu ne peux continuer à te cacher : oui, tu aimes la bêtise ! Tu la trouves confortable ; tu ne veux surtout pas réfléchir. Tu fais ainsi le jeu des maîtres sans visage et sans nom. Ils se frottent les mains : tu participes de ton propre chef et gratuitement à installer partout les outils de la décérébration de l'humanité. À la beauté et l'harmonie, à la culture et la sensibilité, tu préfères laideur et dysharmonie, ignorance et vulgarité. À l'intelligence la stupidité. À la réflexion l'oubli. À l'élévation la médiocrité. À la subtilité la grossièreté. À la conscience enfin, l'inconscience.

Cesse de me hurler dessus ! Tu me hais parce que je t'assène ta vérité, et elle n'est pas reluisante. Oui, tu fais le jeu des maîtres du monde. Ils suppriment par tous les moyens le silence sur terre et le remplacent par un bavardage incessant, inepte et superficiel. Tout est bon pour te noyer dans la médiocrité et l'artificiel. Tu as cessé de penser ? Parfait. Ils le veulent. Tu ne sens plus ? Encore mieux ! Ils le veulent.

En Occident, le diapason vibrait autrefois principalement de 392 hertz à 466 hertz. Des vibrations variées donc, selon les pays, régions, musiciens, genre musical… Or depuis 1953 et la Conférence internationale de Londres, la norme internationale du diapason est de 440 hertz. L'uniformisation jusque dans la musique ! Anéantir nos émotions, nos sensations, il s'agit bien de cela, tu le vois. Les rendre moins riches, moins subtiles et nuancées. Les contrôler pour mieux nous contrôler. Ah, tu comprends vite quand tu veux ! Non, ils ne s'attaquent pas seulement à notre intelligence. Car si tu travailles encore assez bien avec ton cerveau mais sans savoir où ton cœur veut se rendre ni quels sont tes besoins fondamentaux et tes rêves intimes, où veux-tu te rendre ? Pas bien loin, c'est certain.

Tu as saisi : il s'agit d'anesthésier tes émotions et sensations en te donnant l'illusion que tu vis à cent à l'heure. C'est facile : il suffit d'augmenter le rythme de tes journées, de les bourrer à craquer d'obligations sociales parfaitement inutiles et stupides. Dont l'écoute de fonds sonores hypnotiques. Les ensembles spécialisés en musique ancienne continuent à utiliser une grande variété de diapasons. Ce sont des musiciens qui se battent pour la musique classique et ils ont une haute vue de la culture musicale. Mais bien entendu, ce ne sont pas leurs musiques que tu entends quand tu vas faire tes courses. Ce sont des notes de plus en plus aiguës et artificielles, carrément désagréables, majoritairement à 442 hertz pour les groupes de musique actuels populaires. La pollution sonore tient l'Occident par les c… ! Je te parle d'écoute, de goût, de cœur. Fais simplement l'expérience : écoute un groupe actuel quelconque de musique commerciale puis joue une messe ou un opéra de Mozart. Qui t'élève davantage, qui évoque l'indicible, qui t'offre de l'harmonie et de la beauté, de la connaissance intuitive, de l'intelligence, des sentiments et émotions supérieurs ? Qui te fait du bien ?

Frère humain, il existe tant de moyens de te réprimer sans que tu y prennes garde ! Tu y participes activement et cela me désole.

Frère humain, tu sens mon désarroi. Laure, écorchée vive, pétrie d'espérances grandioses pour l'humanité, Laure à l'imaginaire empli de vues sans bruits, de paysages naturels, de beauté, d'harmonie, de paix. Laure, écorchée vive comme tous tes frères humains qui croient en une vie meilleure…

Et toi homme invisible, lâche, homme camouflé qui dirige la chair à canon, crée les guerres et conflits, les croyances et préjugés qui te servent, distille le racisme et installe le banditisme au plus haut niveau, corrompt et tord les âmes, toi tu n'es pas mon frère humain. Je ne t'aime pas. Je te méprise très profondément. Es-tu humain ? La question se pose.

Qu'est-ce que l'humanité ? Je suis fatiguée. Réponds à cette question. Fais cet effort. Pour une fois, fais-le, frère humain.

Ce livre ressemble à une supplique. Un pamphlet et une supplique mêlés. Un courant d'air dans la touffeur du jour pollué. Oui, c'est un brûlot.

Car j'ai besoin de t'exprimer - et pourtant je ne te connais pas, frère humain - mes défauts, mes absences, mes erreurs, mes errances, tout ce que j'ai pensé de la vie jusque-là… Tout ce qui fait l'être, nous constitue comme nous constituent nos victoires, nos échecs, nos bonheurs. Te dire ce qui me rend ivre de vivre. Sans vin, sans artifice. Je suis au fond très raisonnable.

Alors cette ivresse de vivre, me diras-tu, d'où la tiens-tu ? Sûrement en partie de mon grand-père et arrière-grand-père paternels, deux têtes brûlées, et de mon moi intime qui vibre devant les choses, les êtres, la nature, les découvertes. Mon moi qui rêve et vibre devant un hanneton, un brin d'herbe, une branche. Qui adore sa ration d'émerveillement quotidien. L'eau qui coule du robinet me suffit, une étoile aperçue le soir de ma fenêtre, un arbre. Du simple, du banal et du merveilleux. Mon moi ne s'assagit pas et continue de rêver comme un enfant. C'est ma meilleure part car elle est la plus inventive.

C'est aussi celle qui sait avant de comprendre. J'analyse peu car analyser m'ennuie prodigieusement. Il existe une voie plus rapide, directe, que j'appelle la vraie connaissance. Le reste n'est qu'imitation. Analyser, je laisse cela aux technocrates, techniciens, ingénieurs, scientifiques, programmateurs, banquiers, gestionnaires, comptables et experts en tous genres. Il manque toujours la moitié la plus importante dans leurs raisonnements, leurs résultats : celle qui favorise l'humanité. Pour eux, c'est râpé dès le départ. Ce sont du reste en majorité les banquiers et gestionnaires qui tuent la création, les gens, la vie. Ils sont des millions à y travailler tous les jours : ils sont dénués de conscience.

L'intuition et le *satori* (je ne trouve pas de mot français pour m'exprimer plus précisément) sont de véritables intelligences. Elles ne sont pas laborieuses. Elles ne demandent ni longs apprentissages ni efforts de mémoire. Je suis à contre-courant de ce qu'on nous a appris : l'intelligence se travaille laborieusement par des méthodes scolaires un peu sottes, des exercices mentaux, analytiques, synthétiques. Des fables ! Non : elle s'approfondit seulement. Je ne me fais pas d'amis, je le sais. On peut me traiter d'ignorante ou de mystique, je m'en moque. Les compétences s'acquièrent et se travaillent, oui. Les techniques, oui. La culture, oui. Les connaissances, oui. Mais pas l'intelligence vraie. Ni la connaissance vraie. L'intelligence et la connaissance sont confondues avec la culture, les techniques, les compétences, les connaissances. Elles ne sont rien de tout cela.

Il faut être ivre de vie, ivre d'amour pour le comprendre. Il faut oser embrasser l'univers. Il faut observer confraternellement le cosmos, l'unité, le tout. Savoir entrer en soi jusqu'à sentir qu'il n'y a guère de différences entre soi et l'extérieur. Soi et les autres : « *La connaissance, c'est l'expérience que l'homme fait de l'unité qui unit tous les hommes.* » écrivait Maître Eckhart dans ses *Instructions spirituelles*.

Sentir que soi et le reste, c'est un Tout. Cela fait peur. C'est pourtant la condition pour accéder à la vraie connaissance, la vraie intelligence : embrasser la vie, toute la vie, c'est-à-dire ce que l'on ne comprend pas, ce que l'on n'accepte pas autant que ce que l'on comprend, ce que l'on accepte. Si tu fais cela, ton regard est différent, ta compréhension élargie, ton intelligente ouverte, ta sensibilité accrue. Alors tu acceptes ce que tu n'acceptais pas, tu comprends ce que tu ne comprenais pas. Et tu comprends ce que tu n'acceptais pas, et tu acceptes ce que tu ne comprenais pas.

Et accepter ne veut pas dire que tu es d'accord. Accepter ne veut pas dire que tu cautionnes tout et n'importe quoi. Accepter veut dire que tu constates que c'est réel, que cela existe, ou que cela a existé. Que tu l'aimes, que tu l'aies aimé ou non. Tu cesses de nier ce qui est devant tes yeux. Accepter veut dire que tu assumes le principe de réalité : être adulte, c'est cela.

Maintenant, frère humain, tu as vraiment le droit de

pointer du doigt et critiquer ce qui cloche. Puisque tu le vois. Et peu de choses ne clochent pas ! Alors n'y passe pas tout ton temps : tu t'y épuiserais. Tu y perdrais ta vie. Profites-en plutôt pour vivre ta vie selon tes propres termes.

Quand tu en es là, c'est que tu as parcouru un sacré bout de chemin. Un sacré bout de chemin sacrément long. Pour la plupart d'entre nous, il y faut toute une vie. Tu t'es enfin installé dans une vision globale et tu te fous des détails, des anecdotes. Tu es installé dans ton intuition qui est à la fois source de la vraie connaissance et la vraie connaissance.

Je suis née pour sentir et comprendre de cette façon. C'est ma chance et ma malchance. Je ne l'ai pas accepté tout de suite. Il me semblait toujours qu'il me manquait quelque chose, que je ne comprenais pas tout, que les êtres avaient peut-être raison de réfléchir d'une manière différente. On me rappelait à l'ordre. Je n'adhérais pas au moule : ma pâte débordait de toutes parts. Cela faisait sale et de mauvais goût. Scolairement, puis plus tard socialement, j'ai tenté de m'adapter. Mais rien à faire. C'était plus fort que moi : je n'étais pas dans le ton. J'analysais peu : je recevais l'information brutalement. Je n'étais pas souvent capable de démontrer un résultat, une conclusion mais ils étaient la plupart du temps exacts. Je ne parle pas de connaissances scolaires ou de compétences dans des métiers ; je parle de vraie connaissance : psychologique, émotionnelle, intuitive, créative, de cette connaissance qui fait que l'on ressent ce qu'on observe, être, institution, mouvement de société, fait, qu'on le comprend par l'intérieur, et qu'on saisit par conséquent rapidement ses tenants et aboutissants. C'est pareil pour l'appareil de la société ; bâtie par les humains, elle fonctionne à la manière de l'humain. Il faut en jauger les profondeurs et non s'arrêter à sa surface. La plupart des gens voient l'arbre quand il s'agit de voir la forêt. Ils s'attachent aux détails insignifiants quand j'observe l'effet d'ensemble, le résultat. Le reste n'est qu'anecdotes.

Tiraillée entre être qui j'étais et être qui l'on attendait de moi, je restais figée dans une posture modeste qui m'interdisait de m'accomplir pleinement. J'aurais mieux fait de plonger dans l'arrogance et la révolte. Mais j'étais tenue par le doute : et s'ils avaient raison ? Si je me fourvoyais ? Si vivre était effectivement analyser, disséquer morceau par morceau, pièce par pièce, pour rassembler cet éparpillement plus tard comme on reconstitue un puzzle ? J'essayais. Je tentais sans cesse. Cela n'avait aucun sens pour moi. Je m'y perdais, égarais des pièces du jeu en route, me fourvoyais dans de mauvaises directions : perdue dans des détails futiles, j'interprétais la réalité, ce qui est la pire des erreurs. Je faisais comme tout le monde puisqu'on me l'avait appris : je travaillais du cerveau au lieu de laisser la réalité venir à moi sans filtres et m'éclabousser de son réel pour la sentir pleinement. Au lieu de l'expérimenter. J'imitais les autres. C'est tout cela, frère humain, que je voudrais t'éviter. Tant d'années d'errance ! J'étais prisonnière de l'hypnose sociale. Car même notre manière de penser et sentir nous est dictée ! Et gare aux mauvais élèves ! Pourtant je recommençais régulièrement à me plier aux règles. J'y mettais trop de bonne volonté. Cela ne servait pourtant à rien : c'était perdu d'avance ! J'aurais mieux fait d'envoyer le monde au diable. Mon sens de la provocation, inné, me reprenait souvent, et heureusement. Dans ces instants-là, je retrouvais ma vérité, ma sensibilité me dictait des conclusions justes, des raisonnements lucides. J'étais donc tiraillée entre deux modes de fonctionnement de l'intelligence : celui de la société dont j'étais issue et le mien.

Je trouvais les réflexions des êtres, leurs conclusions si bâclées, stupides ! Pourquoi tous ces raisonnements sans queue ni tête, nés de la peur, des projections personnelles, des conditionnements et préjugés ? Il est si facile de fermer les yeux et de laisser venir à soi sa conclusion, sa solution, sa pensée, très vite. De ne pas repousser ce qui vient naturellement. Les gens ont souvent pris mes conclusions pour des jugements hâtifs. Ils ne les comprenaient pas. Je suis âgée de 52 ans maintenant. Ils n'osent plus me répliquer par une de leurs banalités complètement fausses, un de leurs préjugés démentiels. Je peux te dire les yeux dans les yeux que je me suis rarement fourvoyée dans une conclusion fausse en ce qui concerne les rapports humains et la marche de la société. En ce qui me concerne, je me suis plus souvent fourvoyée : je n'ai pas la même lucidité car il est plus difficile de prendre du recul sur soi. Avec les autres et les événements, je ne me trompe que rarement. Les rares fois où je l'ai fait, j'ai coupé les cheveux en quatre, rationalisé, sous de quelconques pressions extérieures ou internes. Refoulé mon intuition. Or l'intuition est le plus puissant des guides. Elle offre la vraie connaissance. Celle qui vous éclabousse d'un coup, celle qui révèle la vérité.

Je n'ai pratiquement jamais possédé, vu et écouté la télévision et la radio. C'est entre autres ce qui m'a sauvée. Pour être juste avec moi, ce qui m'a vraiment sauvé, c'est moi. Ce n'est pas un hasard si j'ai si peu regardé la télévision, écouté la radio : j'ai choisi librement. Un contrat entre mon âme et moi : je suis venue sur cette terre pour vivre le plus librement possible. Alors l'hypnose sociale, je l'emmerde !

J'ai choisi de ne pas croire les médias. Ne pas les écouter. Depuis toujours. Depuis mes premières dissertations. Je me souviens de la première, en classe de 4ᵉ : la télévision est-elle un mass-média dangereux ? On se posait encore ce genre de questions dans les années 1980… Et on parlait de médias de masse. Maintenant, on dit juste média, pudiquement. On se méfiait. Ce n'est pas si loin. Pourtant quel professeur aborderait aujourd'hui un tel sujet ? La question n'a cependant jamais été aussi brûlante. Oui, bien entendu, la télévision est un mass-média dangereux, avais-je répondu. La question m'avait passionnée. D'autres élèves également. Je me souviens d'en avoir beaucoup débattu avec mes amies collégiennes.

J'habitais Casablanca. La télévision se réduisait à une chaîne unique en noir et blanc qui fonctionnait de 18 heures à minuit la semaine et de 14 heures à minuit le dimanche, si mon souvenir est exact. Portion congrue qui nous suffisait amplement. Interminable concert de musique arabe avec son inévitable violoniste, le tout en plan fixe, frontal, puis actualités : Sa Majesté le Roi Hassan II, que Dieu le bénisse, avait coupé un ruban, visité une école, ouvert un hôpital et autres anecdotes sans conséquences. Peu de politique internationale, rien sur la réalité de son gouvernement, de sa main de fer sur le Royaume. Rien sur le prix de la farine, du sucre, du thé, aliments de base de la survie en pays maghrébin. Rien sur rien ou plutôt rien sur tout. Après ces actualités en arabe venaient exactement les mêmes en français, une survivance du colonialisme. Puis un documentaire animalier. Une touche de publicité locale. Un film ou deux, ou un télé feuilleton américain neutre. Et voilà. Pas de quoi fouetter un chat. Une petite propagande tranquille. Bien éloignée du harcèlement journalistique actuel en France, de l'hystérie collective des médias et leur vulgarité occidentale.

Nous allions surtout au cinéma ; j'ai vu quantité d'excellents films. Les Casablancais adoraient aller au cinéma. Les salles étaient des merveilles architecturales des années 1930, et j'ose espérer qu'elles n'ont pas toutes été détruites. Car l'hypnose collective, c'est aussi de tout détruire au nom d'une fausse modernité à bâtir : il faut bien que travaillent le secteur du bâtiment et tous les métiers et industries qui y sont liés. J'espère également que cette passion du cinéma se poursuit avec de bons films dans de belles salles. Rien n'est moins certain. On lisait beaucoup. Le week-end, on allait à la mer, à la forêt. On rentrait épuisés, ivres de grand air. On allait se coucher. La vie était saine. J'ai pris le pli pour la vie : la lecture, le cinéma, les promenades. C'est un joli programme. Beaucoup plus intéressant que la télé et les jeux sur écrans dont nos enfants sont saturés. Et depuis la téléréalité, nous avons touché le fond.

Je n'ai donc pas marché dans la combine minable de l'hypnose sociale. Je suis née rebelle. Intégralement. Comme d'autres naissent influençables, indécrottables, soumis aux lois de leur milieu de naissance. Je ne crois pas que cela se voit vu lorsque j'étais enfant. J'étais docile, plutôt silencieuse, occupée dans mon coin avec mes livres ou mes feutres. Je ne montrais que la surface. Je me souviens de la foule de questions que je me posais. Je me souviens de mon regard acéré sur les adultes, mon ironie mordante, intérieure. J'ai haï le système scolaire. Rien ne m'échappait ou pas grand-chose. J'ai eu un total mépris pour mes instituteurs sauf pour un, le dernier. Je me taisais. J'attendais mon heure. Elle est venue un peu tôt.

À onze, douze ans, j'ai commencé à me révolter contre l'hypnose collective même si elle était à l'époque moins prégnante, et à dire mon désaccord. J'ai commencé à montrer que ça n'allait pas être si facile de me foutre dans un moule et me cuire au four. Ma pâte s'est mise à déborder. J'ai commencé à dire des choses qu'on n'attendait pas, qu'on ne voulait pas entendre. Je sais ce qui a provoqué cela : la bêtise du système scolaire. La vanité et l'ineptie des programmes de collège. La bêtise et le manque d'humanité flagrants de la majorité des professeurs à qui nous étions jetés en pâture, nous les tendrons de onze et douze ans. Leur mépris. Je ne les ai pas supportés. J'ai littéralement implosé. Tout ce que je gardais pour moi depuis ma naissance est remonté au grand jour. Je n'ai plus réussi à être patiente et me taire. Je me suis sentie coincée à en mourir dans le moule. Je manquais d'air, de liberté. J'ai abondamment méprisé et haï à cette époque : système scolaire, professeurs, ces ennemis qui voulaient m'inculquer de force ce que je devais penser, être, apprendre, vivre, sentir, faire, entendre. Ils font partie de l'hypnose collective : avec les journalistes, les psychiatres de tous poils, la police, la justice et l'armée, ils en sont les premiers instruments. Les gardiens asservis du pouvoir.

Pour aggraver mon cas, mes parents étaient eux-mêmes professeurs. Nulle issue. J'étais faite. Comme un rat dans la souricière. Ils possédaient cependant une liberté de ton et de pensée inhabituelle chez les enseignants et de ceci, je leur serai toujours redevable. À la maison, nous écoutions Léo Ferré et non de la pop, Jacques Bertin et non les derniers tubes de l'été. D'eux, j'ai appris l'amour de la culture, de la littérature, l'art, l'artisanat, la beauté, la nature, et l'exercice de la critique. Un apport vraiment conséquent qui m'accompagnera jusqu'au bout. Mais un parent est un parent, un professeur reste un professeur : ils exigent de bons résultats scolaires et donc un minimum d'adhésion au système scolaire. Je n'ai rien cédé. Je n'ai pas cessé de penser ce que je désirais penser comme je le voulais. J'estime toujours le système scolaire nul, à réformer de fond en comble, la moitié de ce qu'on y apprend est infondée et inutile, voire fausse et dangereuse. Cela n'a pas été sans dégâts. Et cela a orienté toute mon existence. J'ai dû quitter Casablanca et le Maroc, qui était alors le pays de mon cœur, et abandonner le système scolaire classique. Laisser un pays et un univers que j'aimais. S'il n'y avait pas eu cet instrument de propagande massif, le lycée et collège, j'y vivrais peut-être encore. Mais j'ai fui pour me préserver. Préserver mon intégrité et ce que je présentais de potentiel artistique en moi. Je suis entrée dans une école d'art parisienne à l'âge de 16 ans.

Cela a été un grand bien. J'ai commencé à respirer. J'avais subi le primaire avec mépris et tristesse, le collège et lycée avec mépris, tristesse et révolte. Ce ne fut pas facile de m'adapter à Paris, une école d'art, la France. Mais ce fut possible. Quelle aventure ! S'intégrer dans un univers inconnu et adopter un nouveau savoir-vivre est une aventure exigeante et terrible. Déformante. Humiliante parfois. Cependant je ne subissais pas : j'avais choisi. J'ai correctement vécu à Paris. J'ai vécu de bien plus belles aventures par la suite, des aventures de liberté. Mais dans cette case, j'ai dû séjourner longtemps. Les deux dernières années ont été interminables. J'ai eu mon diplôme. Il n'a pas servi à grand-chose et en même temps il est curieusement indispensable. C'est un passeport, un papier qui certifie : *« Je fais partie de ce monde, tu peux me fréquenter, tu peux même travailler avec moi, je ne suis pas lépreuse. »* J'ai même collectionné d'autres certificats par la suite car j'ai toujours eu soif d'apprendre. En France particulièrement, tout notre système est bâti là-dessus : sans diplôme, tu es un Intouchable ! On trouve arriéré le système des castes en Inde ; on se croit différents, tellement plus civilisés ! Mais la réalité est que sans diplôme, en France, tu es un Intouchable ! Pour un bout de papier... Des heures usées à rabâcher des notions souvent sans intérêt, en général inapplicables dans la vie et le métier, pour obtenir un bout de papier. C'est hallucinant de bêtise. Hypnose sociale.

Et puis j'ai voyagé très tôt dans ma vie. Les déserts surtout m'ont marquée, enfant. J'ai connu d'autres lieux, d'autres êtres, d'autres manières d'être. C'est pourquoi je sais à quel point nous ne sommes, au départ, que le produit de notre entourage, notre éducation, notre culture. Oui, nous ne sommes que le produit de notre milieu et de nos gênes. Tout l'art de vivre consiste à s'en extraire s'en trop de dégât, s'en échapper, et pour les malchanceux à en réchapper. Pour s'en détacher et s'individualiser profondément, il faut y mettre beaucoup d'ardeur, de travail, de sueur. Et il ne s'agit pas de choisir de vivre contre ou comme son milieu, non, car ce n'est pas être libre, il s'agit d'apprendre à en faire un point neutre dans notre existence, le point d'où nous sommes partis mais duquel nous nous extrayons suffisamment pour devenir qui nous sommes et non ce qu'on désirait que nous soyons. Larguer les loyautés familiales, culturelles, sociales. Sans sentimentalité. Jeter la laisse sans amertume. Sans dureté non plus. C'est enfin être adulte. Devenir neutre quant à son passé. Bâtir un présent qui n'est pas une bête influence du passé. Mon passé n'est pas mon présent ; mon passé n'est pas mon avenir. Mon présent est ce que j'en fais. Ce que je décide d'en faire.

C'est en traversant des mondes différents, qu'enfant, j'ai vite su que l'homme est pareil en tous lieux de la terre, qu'il est bien davantage semblable que dissemblable même si sa terreur et sa suffisance lui font croire le contraire. Et j'ai vu à quel degré il est tributaire de ses mœurs, ses habitudes, son climat, son lieu de naissance. Et puis mon intuition s'est développée là, durant nos voyages qui étaient parfois de petites aventures.

Tu sais, frère humain, j'ai vu des paysages sans hommes. Ou très peu d'hommes. Des déserts, des brousses, des forêts, des garrigues, des savanes, des mers, des océans… C'était sauvage et beau. Parfois à peine retouchés par la main de l'homme : une minuscule maison de pierres sèches, un village avec des norias, des palmeraies, une case tressée, une tente de nomade en peaux… Une vie austère que tu méprises. Que tu ne comprends pas. Pour toi, il faut les gadgets de la civilisation et ses luxes de pacotille. Il existe pourtant un autre mode de vie. Ce peut être une simple existence nourrie de légendes, des souvenirs des ancêtres, des nouvelles de voyageurs venus de loin ou des villages voisins. Des rapports simples mais codifiés, réglementés par des usages très anciens qui ont eu leur utilité autrefois et les gardent en partie ou plus du tout. La répétition perdure. Utile et bonne, ou franchement mauvaise. Car la manipulation est partout, sous tous les masques : un cheik, un sultan, un gros commerçant, un éleveur important, un chef de caravane, et la manipulation recommence. Partout où l'homme vit ou survit.

Mais la beauté des paysages ! Tu ne survivrais pas à cette vie ; tu t'ennuierais à mourir. Tu imagines que sans tes béquilles, tes gadgets minables, ta culture artificielle, toute de surface, il n'est pas de civilisation. Mais j'ai vu en des lieux du bout du monde des gestes d'humanité et de partage que tu es bien incapable d'avoir. Frère humain, as-tu seulement conscience de ta chance quand, le matin, tu tournes ton robinet et que l'eau coule à profusion, chaude ou froide selon tes souhaits ? Y penses-tu ? Ressens-tu de la gratitude ? Ou crois-tu que cela t'est dû ? Quand tu comprendras que rien ne t'est dû, absolument rien, tu auras fait un pas de géant. L'Occidental est un enfant gâté plein de morgue. Il pense que tout lui est dû. Il ne remercie jamais ; il réclame davantage ! Il ne possède aucune dignité. Il se croit libre mais il n'est qu'un mendiant de confort et de gadgets. La liberté totale commence quand on se suffit à soi-même émotionnellement, intellectuellement et matériellement. Nous sommes loin du compte, tous : imagine que l'on nous jette en pleine forêt canadienne en hiver avec seulement une *parka* ou en plein désert avec seulement une gourde ! Combien d'heures de survie nous donnes-tu ? Matériellement, physiquement, les Occidentaux sont les personnes les moins libres et autonomes de la planète. Nous nous croyons forts : hypnose sociale.

J'ai vu tant de gratitude dans des yeux, ailleurs, pour un rien, un rien si précieux, un rien pour nous, quelques pièces, une soupe chaude, un morceau de pain, une vieille veste, une aspirine, un cahier, un livre, un stylo.

Si tu savais… Mais tu ne veux pas savoir. Ce que tu appelles voyager, c'est t'enfermer à l'étranger dans un camp retranché qui ressemble étrangement à nos villes, en plus luxueux.

J'ai aussi vu la noblesse. Je ne l'ai plus revue depuis longtemps. Ce n'est pas chez toi que je la vois, frère humain occidental. Je voudrais être fière de nous, te dire que je la vois partout mais ce serait travestir la vérité.

La noblesse est un état d'esprit. Une constitution de l'âme. Je ne suis pas certaine d'avoir toujours montré de la noblesse d'âme. Pas certaine de ne pas m'être montrée mesquine parfois. La noblesse est difficile à atteindre. Personne ne nous l'apprend, enfant. Car toute notre société pousse, frères humains, à éjecter la noblesse de nos existences, à en éliminer la moindre trace. Elle ridiculise la noblesse ; elle utilise la moquerie face à l'une des plus belles qualités de l'être. Que te dire, frère humain capable de mépriser une si importante qualité ? Quelle misère ! Tu rejettes la beauté des âmes, tu préfères la petitesse à la noblesse.

La grandeur d'âme te fait peur, t'inquiète, te gêne aux entournures. La noblesse, sans le vouloir, te rappelle ta saleté. Face à la noblesse, tu te vois tel que tu es. Ah, comme c'est inconfortable, frère humain ! Comme c'est gênant de ne pas être cette âme noble, embarrassant de n'être que soi, si mesquin…

Escamotée la noblesse ! Depuis combien d'années n'ai-je plus entendu dire : *c'est une âme noble.* Ou : *quelle noblesse !* Ceci doit remonter à mon enfance.

Il s'y attachait souvent, mais pas systématiquement, une autre valeur : l'héroïsme. Ce n'est plus de l'escamotage dont on fait preuve pour cette valeur, c'est carrément de la perversion. On a commencé doucement : on a créé l'antihéros. Le type sale, sans intérêt, le passe-muraille. Puis on est allé plus loin : le type dégueulasse, dangereux, ivrogne, voire drogué. Ou fou, bon pour l'asile, psychopathe. On parle toujours d'antihéros, pas de héros, donc la morale est sauve. Mais la réalité est que dans les œuvres de fiction où il prend de la place, il en prend souvent beaucoup trop. Trop souvent, il concurrence le héros. Trop souvent, il est presque plus malin que le héros.

Autant te dire, frère humain, qu'on ne peut attendre aucune humanité de ce genre de spécimen. Pas de noblesse, ni héroïsme ni bravoure. Plutôt le type même de la lâcheté, la paresse, l'ignorance, la démence, la cupidité, la cruauté... Par ailleurs, les psychopathes de *thriller* ont souvent autant de présence, parfois davantage, dans la littérature ou le cinéma que les héros qui se débattent pour les retrouver afin que cessent les meurtres en série... Qui est alors le véritable héros du livre, du film ? Le héros et l'ennemi sont souvent mis sur pied d'égalité puisqu'on s'occupe autant de comprendre les motifs imbéciles du fou que du brave type qui le pourchasse. Pour revenir à l'antihéros, il est vrai que j'ai poussé le raisonnement à l'extrême car il existe aussi des antihéros intéressants et humains. Mais les antihéros antipathiques existent également. Tu vois, que du reluisant, du sain, de l'enviable ! J'ironise, frère humain, et voici pourquoi : as-tu remarqué, qu'au fil des années, la paresse commune aux humains aidant, et je ne m'en exclus pas, nous sommes allés au plus vite, nous avons fait sauter le premier mot de ce mot composé, antihéros ? C'est une perversion du langage. Nous disons : et alors, le héros... pour l'antihéros. Mais la confusion des esprits va plus loin encore. Le sociopathe qu'on appelait, il n'y a pas si longtemps, l'ennemi, on le nomme : le héros ! J'entends les adultes appeler aussi l'ennemi le héros, confondant ainsi les personnages importants. Les enfants ont encore du bon sens : ils savent distinguer Harry Potter de Lord Voldemort. Ils disent : le gentil et le méchant. Ils ne sont pas encore pervertis. Fais un effort ! Selon les cas, l'antihéros ou l'ennemi. Mais pas le héros.

Tu me répliques que je coupe les cheveux en quatre ? Que je joue avec les mots ? Je ne fais que rétablir une vérité, frère humain. C'est dangereux de jouer avec des mots qui comportent des valeurs aussi importantes que celles de la noblesse, l'héroïsme, la bravoure dans un monde dont les encéphalogrammes de la noblesse, l'héroïsme et la bravoure sont désespérément plats. Quand j'entends des adultes, socialement parfaitement intégrés, dire à propos d'un film, d'un roman : et alors le héros… Et ce héros est une cloche parfaite, un imbécile brutal, un taré parfait et incurable. Ça te fait sourire ? Je ne souris pas. Je ne ris pas. J'encaisse le coup. Ne plus faire la différence entre bons et méchants, héros et antihéros…

Cette confusion n'a fait que s'ajouter à un dégoût général pour les bons sentiments, dégoût largement propagé par les médias qui aiment écraser de ridicule la notion de bravoure, reléguée au rang de valeur vieillotte. Un truc désuet pratiqué par nos ancêtres peu civilisés, un truc qui gêne devant lequel on détourne pudiquement le visage ! Une faute de mauvais goût ! La bravoure, franchement ! Quelqu'un qui s'est montré assez bête pour prendre des risques en défendant une personne ou une valeur, c'est stupide, non ? Chacun pour soi, nom de nom ! C'est ce que tu penses, frère humain, n'essaie pas de cacher ton sourire narquois ! Où tu devrais être empli d'admiration et t'exclamer :

*voici le modèle à suivre,* tu te détournes et ricanes ! Oui, frère humain ou dois-je t'appeler anti-frère humain ? Tu te crois plus malin parce que tu protèges tes petits intérêts, ton petit salaire, ta petite maison, ta petite télé, ta petite voiture, ton petit téléphone portable ; tu te crois supérieur parce que tu ne prends aucun risque, que tu végètes dans un jus de petitesse – choses, pensées, actes à moitié réalisés, sirop de médiocrité qui préserve ta paresse, ton manque d'enthousiasme, ta sécurité, ta neurasthénie bien camouflée. Tu te crois plus rusé. Ha, ha, frère humain, es-tu certain d'avoir choisi la bonne option ?

Tu hausses les épaules comme les vaincus. Nul risque que tu pratiques un jour la noblesse, l'héroïsme ou la bravoure. Ni même le courage. Ou la simple volonté.

Cela rassure tant les maîtres du monde, ces grands manipulateurs aux grosses cordes, si visibles, que l'humanité a décidé de ne pas voir. Pourtant nos maîtres se trompent ! En ce moment même des millions de frères humains se relèvent de leur vie de néant pour entrer dans une vie épanouissante aux valeurs plus élevées, en ce moment des gens dont l'existence est la plus misérable qui soit tentent la bravoure, l'héroïsme et la noblesse. Ce sont des gens comme toi mon frère, comme moi ma sœur. Des gens qui ne viennent pas au monde avec un titre, une fortune, une réputation à tenir. Des gens simples et parfois même des gens qui ont subi des traumatismes, des guerres, des famines, des génocides. Ces personnes se lèvent dans notre monde et, dents serrées, essaient autre chose. Elles prennent tous les risques. Chacune à son niveau. Ceci s'appelle le courage. L'héroïsme.

Oui frère humain, tout n'est pas perdu ! Et si tu lis

ce livre de révolte et d'amour, tu n'es peut-être pas perdu pour toi et l'humanité. Je veux le croire.

Les hommes sans visage et sans nom n'y prennent garde. Ils prennent cela pour une passade. Ils ne croient jamais qu'un mouvement de bravoure de masse puisse prospérer et les vaincre. Pourtant il arrive que les tyrans soient renversés. Mais avant cela il y a du sang et des larmes. L'histoire a toujours possédé ses héros, ses révoltés, ses prétendants à un univers sans manipulation ni manipulateurs. Ils ont toujours été écrasés, laminés, trucidés, immolés, écartelés, brûlés, écorchés, torturés, pendus, donnés à bouffer aux lions, traversés de balles, de lances, de flèches, été désintégrés, décapités, rendus muets. La liste n'est pas exhaustive. Les hommes de l'ombre ont une imagination sans limites dans l'horreur. Ce sont les plus grands psychopathes qui se partagent le monde. Pourquoi devrions-nous le leur laisser ?

Venons-en à mes frères humains qui choisissent la dignité envers et contre tous. Chacun à son niveau, disais-je. Certains sortent dans la rue et bravent l'autorité de l'état ; ils avancent mains nues car l'innocent avance les mains nues. En face l'état et ses CRS ne sont pas innocents : ils avancent les mains chargées d'armes de mort. D'autres, qui ne sortent pas forcément dans la rue, se soignent psychiquement et quand ils rayonnent enfin leur personnalité authentique illuminent le monde. Tu crois que ce n'est rien, frère humain, parce que ce sont des initiatives personnelles. Mais tu as tort car ces individus qui ne font pas de bruit mais travaillent dans la discrétion sont aussi à l'origine de ce que sera le monde dont nous rêvons. Ils travaillent la pâte de l'humanité en profondeur. Ils sont d'une importance capitale. Tu te demandes, frère humain, comment on peut travailler sur soi pour être soi en toutes circonstances, ne plus être influencé par nos vieux programmes et le lavage de cerveau permanent qui nous est infligé ? Patience, je t'expliquerai ceci, compte sur moi, frère humain.

Poursuivons : d'autres créent des commerces équitables, des industries plus éthiques, des énergies renouvelables, des élevages et des agricultures biologiques, exercent des métiers d'aide, d'éducation, écrivent des livres, militent, dénoncent. La liste est beaucoup plus longue mais tu saisis ce que je veux exprimer. Tu vas me rétorquer qu'il existe une part de charlatans qui surfent sur la vague, sur des modes fabriquées pour nous donner l'illusion que nous sommes libres, illusion créée de toutes pièces par nos maîtres du monde, et grandement entretenue par les médias. Bien entendu, tu as raison. Et raison de soulever le problème, bien réel ; ces gens font également le jeu des maîtres du monde pour de l'argent. Ils sont aussi des manipulateurs. C'est entendu. Mais il existe ceux, sincères, qui participent à ce courant de fond, si profondément enfoui sous la masse des conditionnements qu'il est encore peu visible. Mais il existe. Ces gens honnêtes participent à le développer. Ils créent d'autres modèles de commerce, de pensées, de partages, d'éducation, d'industrie, de savoir-être et faire. Ils sont immensément importants. Pense à Mohammad Yunus qui a permis, en créant le microcrédit, que des millions d'Indiens pauvres survivent dans de meilleures conditions. Je n'écris pas vivre mais survivre, ils n'en sont pas encore là, mais cela viendra, frère humain, cela viendra. Pense à Pierre Rabhi, l'abbé Pierre, Mandela, à Amma... Mille exemples existent, je te laisse en trouver, c'est facile.

D'autres sont thérapeutes et soignent les âmes malades. Je t'ai dit ce que je pense de la psychanalyse et la psychologie traditionnelles. Je crois qu'elles ont atteint leurs limites. Tu te demandais, tout à l'heure, quelles thérapies permettent de faire de ta personne une femme neuve, ma sœur, un homme neuf, mon frère, si tu le désires ardemment ? Si tu travailles passionnément pour cela ? Si tu te donnes avec bienveillance cette chance ? Il existe des outils extrêmement puissants pour y parvenir : le développement personnel, la PNL, la kinésiologie, l'EFT, l'hypnose, l'analyse transactionnelle, la méditation, l'E.M.D.R, l'homéopathie, le nettoyage énergétique, le yoga et d'autres encore ; bref toutes les thérapies comportementales et énergétiques, toutes les techniques visant à transformer l'être et lui rendre ses pleins pouvoirs sur lui-même.

Tu ris aux éclats ? Tu me penses naïve ? Tu crois que ce sont des thérapies bidons ? Du charlatanisme ? Du pipeau New Age ? Viens plutôt tenter le coup au lieu de camoufler, derrière tes ricanements et ton dédain, ta terreur de te soigner, de te voir tel que tu es car c'est la première chose que fera chacune de ces thérapies et techniques : te mettre face à toi et tes responsabilités. Tu es terrorisé ! Alors tu préfères penser que tout cela est débile. Si tu es totalement bardé de préjugés, tu imagineras même que ces thérapies cachent des sectes ! Si tu en es là, tu as justement vraiment besoin de ces thérapies… Vraiment besoin de secouer tes idées préconçues. Tu vis dans une prison mentale. Oui. C'est cela l'hypnose sociale.

Par contre, ça ne choque personne qu'un individu, qui semble sain d'esprit par ailleurs, prie à heures fixes dans un temple de la foi, quel qu'il soit, pourvu que cette secte ait été adoubée par les autorités depuis des siècles. C'est normal puisqu'on t'a dit que c'est normal depuis ta naissance ! J'ai effectivement des griefs contre les religions, dont je parlerai plus tard si cela vient naturellement sous ma plume. Qui décide, selon toi, de ce qu'il est permis ou pas d'adorer, quelle secte a le droit d'exister ou non, du fait qu'un groupement d'individu doit être assimilé à une secte ou pas ? Si je te dis que les catholiques sont les représentants d'une immense secte, tu ne vas pas apprécier cette affirmation, n'est-ce pas ? Surtout si tu es catholique. Te demandes-tu pourquoi ? Juste parce qu'on t'a suffisamment répété que le catholicisme est une religion tout ce qu'il y a de propre, normal, distinguée ? À ne pas assimiler avec une vulgaire secte. Tu parles d'une explication ! En réalité, le Vatican en a décidé ainsi parce qu'il est une grande force obscure de l'ombre aux secrets bien gardés. Ce minuscule état possède un chef, grand manipulateur lui aussi. Peut-être lui-même manipulé, c'est possible. Les manipulateurs vivent dans un monde de poupées russes manipulées et manipulables. La religion catholique a décidé elle-même qu'elle n'est pas une secte, et s'est imposée économiquement, financièrement, idéologiquement par la force, les guerres de Religion, l'inquisition, le prosélytisme, le chantage, la torture, le vol, la colonisation, le bourrage de crâne et la barbarie la plus totale. J'en pense autant de toutes les grandes religions. Elles n'ont fait et ne font que du mal. Elles sont des sectes au même titre que tous les groupements d'individus qui prient un ou des dieux quelconques. Tu t'énerves et je ne suis pas là pour polémiquer ou te blesser mais te dire ce que je sais. Tu as le droit d'être en désaccord et je me réserve également ce droit.

Au moment où je relis et corrige ces lignes, deux ans plus tard, *Sodoma* de Frédéric Martel vient de paraître, balayant bien des naïvetés, mettant à jour bien des horreurs. La vérité est enfin dite sur les turpitudes ignobles qui se déroulent au Vatican.

Pour les thérapies, tu en trouveras bien d'autres en te penchant convenablement sur la question. Les thérapeutes qui exercent leur métier avec amour sont des bienfaiteurs de l'humanité. Crois-moi. Ils commencent à être nombreux. Et beaucoup plus utiles que les hommes de religion, quelles que soient leurs confessions, enfermés derrière les murs de leurs sectes, reconnues ou pas. Ceux qui travaillent sur le terrain de la misère, comme Guy Gilbert, sont tellement rares ! Ceux-là sont par contre des frères.

Certains thérapeutes sont des saints laïques. Nombre d'entre eux croient en une force qu'ils appellent Dieu, l'Univers, la Source, l'Intelligence infinie… Ils donnent à leur espérance le nom qu'ils veulent et c'est parfait ainsi. Ils prient seuls s'ils prient. Ils n'ont pas besoin de temples, de lieux dédiés. Leur foi leur appartient. Elle est ce qu'ils veulent en faire. Elle ne regarde qu'eux. Ils ne se croient pas obligés de faire du prosélytisme. Si tu rencontres un thérapeute qui en fait, fuis-le comme tu fuis les sectes de tous poils.

Revenons-en à nos frères humains qui se battent pour une vie meilleure, ces héros ignorés. Ils portent haut le panache de leur bravoure. Certains se démènent pour une cause, parfois maladroitement ou très efficacement. Ils créent des pétitions, des actions, des événements, organisent des grèves, distribuent des tracts, montent des associations, montrent leur désaccord, mettent en place des modes de fonctionnement d'entraide. Ils obtiennent parfois de belles victoires : la création d'un parc biologique, la libération d'un condamné à mort, le lever d'une interdiction absurde, ou au contraire l'interdiction d'un acte barbare, la levée d'une limitation de nos libertés, la condamnation d'une corruption, etc. Il faut être reconnaissant. Il faut les soutenir à notre mesure, financièrement et en signant leurs pétitions, et c'est facile aujourd'hui grâce aux réseaux sociaux. Nous n'avons plus aucune excuse quand nous ne les soutenons pas. Et s'engager à leurs côtés si on possède l'énergie et la conviction. Ils luttent pour une vie meilleure pour tous. Je crois en leurs actions.

Enfin, il existe tous les malheureux qui fuient des dictatures, des guerres, des génocides, des exactions, la misère, la faim, la soif, une épidémie, l'injustice, fuyards de la démence de l'homme, de ses manipulations, sa mégalomanie, ses névroses meurtrières, sa cupidité, sa voracité, sa cruauté, son indifférence... La liste est toujours interminable. Certes les hommes sans visage et sans nom tentent de les empêcher de traverser les frontières, et nous manipulent, programment et conditionnent pour que nous les rejetions, mais toi, être humain sans grandeur, sans bonté, sans compassion, tu n'es pas forcé d'adhérer à leur programme de mort annoncée. Ils nous manipulent aussi pour déclencher des guerres qui servent leurs intérêts financiers. Tu n'es pas toujours obligé d'obéir. De prendre les armes pour tuer ton frère humain, et pourtant tu le fais ! Que penser de ce que tu as commis avec ta haine des Tutsis ? Ta haine des Cambodgiens ? Des Arméniens ? La liste est inépuisable. De ce que tu commets tous les jours dans tant de parties du monde ? Tu ne voudrais pas que j'applaudisse ? Quand tu es une sommité de ton pays que tu affames, tu n'es pas obligé, par-dessus le marché, de voler les sacs de riz offerts par la communauté internationale pour les revendre au prix fort ? Je ne vais pas t'abreuver de faits et d'anecdotes atroces, elles sont malheureusement le fonds de commerce de notre humanité souffrante, tu sais tout cela.

Je vois mes frères humains, mes frères fuyards d'univers en déroute, en cendres, de sociétés d'incendies et de violences, je vois la masse énorme des migrants déborder des frontières, malheureux usés jusqu'à la trame, ventre vide, gorge aride, terreur aux tripes, yeux injectés, âme épuisée, esprit révolté, au cœur espérant toujours et encore, animé par un courage millénaire, et la vieille habitude de se battre pour se relever. Voici ce que j'ai à ajouter, frère humain : crois-tu que nous soyons lavés de toutes les atrocités parce qu'elles ne se déroulent pas chez nous, parce que nous ne sommes que petits-cousins lointains géographiquement, culturellement, idéologiquement ? Crois-tu que l'éloignement nous donne le droit de les abandonner à un exil sans fin, sans aide, ou à les parquer sous nos ponts de banlieue, dans des bidonvilles ? Ou de les renvoyer d'où ils viennent, sous les bombes, les coups, la folie meurtrière, en proie à la famine, les épidémies, la torture ou l'esclavage ? Que dirais-tu s'il s'agissait de ton père, ton fils, ta femme, ta fille ? Tu te sentirais sans doute davantage concerné.

Ceux que tu méprises, frère humain, sont nos frères. Nous descendons tous de la même poussière d'étoiles, du même atome, la même bactérie. Tu le sais du fond de ta vérité et tu grognes, tu montres les dents ; tu veux m'intimider parce que tu n'aimes pas ce que je te dis. Ceux que tu méprises et renvoies à la mort ou la souffrance d'un mot, d'un geste définitifs, sont nos frères de sang, frère humain. Ça ne te plaît pas mais c'est la vérité.

Ils tentent de vivre sur un autre monde, dans un environnement différent. Ne plus vivre dans un univers de meurtres quotidiens. Ils tentent leur chance car ils n'ont rien à perdre, tout à gagner. Et s'ils meurent en route, c'est en sachant qu'ils seraient morts de toute manière s'ils étaient restés. Es-tu sensible, mon frère ? Ou es-tu totalement insensibilisé comme les hommes de l'ombre ? Et comme ils désirent que tu le sois ? Ils mettent en place les informations rituelles des mass-médias, pleines de bruit et de fureur, que tu écoutes et lis chaque jour, pour en faire des instruments de peur. Tu as pris le pli de manger devant une stupide boîte noire qui projette des images parlantes en te délectant de jeux réels et abominables de violence et de mort, de visions de sang et de cervelle humaine. La propagande pour la peur des étrangers est en marche. On te dit qu'on va les recevoir mais on ne fait rien de concret pour les recevoir. La contradiction ne t'échappe pas ; tu as peur que cela ne se déroule pas comme dans un rêve mais tourne au cauchemar et tu as raison. Je suis persuadée que c'est fait exprès. Les hommes sans visage se frottent les mains : une façon de plus de distiller la peur ! De te faire vivre dans un monde de violence et de haine. Et d'en déchaîner davantage au-dedans même de notre pays !

C'est ce que veulent les maîtres du monde pour mieux t'asservir. Diviser pour mieux régner. Ils ne veulent surtout pas que les hommes fraternisent. Ce serait la fin de leur règne. L'humain doit s'entre-déchirer. Il y est conditionné dès son plus jeune âge. Aux États-Unis, un enfant de douze ans a assisté en moyenne à 8 000 meurtres devant l'écran honteux de la débilité et l'insensibilité qu'on appelle couramment télévision. Je te cite le livre de Serge Tisseron et Bernard Stiegler, *Faut-il interdire les écrans aux enfants ? :* « *Des chercheurs ont calculé qu'un enfant américain qui consomme trois heures de télévision par jour aura été témoin avant 12 ans d'environ 8 000 meurtres... »* Et je ne parle pas même pas de l'exposition à la sexualité. Aucun adulte conscient ne devrait regarder la stupide boîte noire, pas plus que ses enfants. Les dégâts psychiques sont forcément incroyables. Il ne s'agit plus de programmation mais de véritable conditionnement à la violence et l'insensibilité. Si tu regardes la stupide boîte noire depuis longtemps, émotionnellement tu es devenu un bout de bois mort. Aussi manipulable qu'une électrode entre les mains d'un tortionnaire. Frères humains, regardez-vous ! Observez-vous !

  - *Comment oses-tu ?* me rétorques-tu. *Je suis un bon père, un bon fils, un bon mari un bon employé, un bon patron, une bonne grenouille de bénitier ! Comment oses-tu ?*

J'ose. Je suis calme et certaine de ce que j'avance. J'ose. Oui, j'accuse. Je ne suis pas une justicière pour autant. Je me fous que tu ailles sur le banc des accusés. Je n'écris pas pour cela. Ça ne m'intéresse pas. Je veux que tu réfléchisses et que tu changes. Je te considère comme un grand malade, un grand manipulé, un être profondément programmé et conditionné à faire le mal sans conscience. Comme une grande victime devenue à son tour un bourreau sans le savoir. Une machine à ravager son entourage en l'ignorant ! Je veux contribuer à te rendre ta liberté et ta sensibilité. Ta lucidité.

Est-ce qu'un bon père va laisser son enfant assister à 8 000 meurtres virtuels ? Tu connais la réponse. C'est absurde, tu le constates toi-même. Pourtant, on laisse les enfants des heures durant devant cette cochonnerie de télévision ! Au début des années 1990, déjà, *The Journal of The Medical Association* publiait cette conclusion de Brandon Centerwall, épidémiologiste américain célèbre pour ses travaux sur les conséquences de l'exposition à la violence dans les médias : *« Les évidences épidémiologiques montrent que si, hypothétiquement, la technologie télévisuelle n'avait jamais été développée, il y aurait aujourd'hui, aux États-Unis, chaque année, 10 000 homicides de moins, 70 000 viols de moins et 700 000 agressions avec blessures de moins. »* Et il y en a encore des psychiatres et psychanalystes incultes et irresponsables qui croient que la violence à la télévision sert de catharsis ! Non : la violence alimente la violence. Pour te déconditionner, il faut que tu prennes du recul. Que tu reconsidères toute ta vie et tes actions, tes croyances, tes idées. C'est très difficile. Je veux que tu te soignes. Je veux que tu te déprogrammes du programme général, que tu te désolidarises de l'hypnose collective et sociale. Que tu sortes de l'hypnose.

Viens, monte, embarque, nous te voulons avec nous, frère humain. Nous te tendons la main. Nous sommes ton ultime chance. Viens, saisis-la, commence par une thérapie, peu importe laquelle, la route sera longue et tu en suivras plusieurs jusqu'à trouver celles qui te conviennent le mieux, te révèlent et tu feras enfin rayonner ta bienveillance.

Tu l'offriras au monde et tu n'ostraciseras plus tes frères humains en déroute. Je les vois les yeux mangés de mouches ignobles, les enfants, vêtus de haillons, au ventre trop gonflé. Je vois tant d'images de détresse que je vais t'épargner. Je ne les ai pas vues, comme toi, sur l'écran noir du conditionnement. Je ne me repais pas de ce genre d'images dans mon confort occidental. Je les ai vues quand je vivais à l'étranger, dans une vie ancienne maintenant lointaine. J'ai vu la souffrance et la mort sans écran interposé. Or j'étais née rebelle. Insensible à toute propagande. Sensible à l'injustice. À la douleur. À la pauvreté extrême et ses maux.

Si tu as lu les auteurs du Sud américain, William Styron, Robert Pen Warren, Faulkner, Pat Conroy, Carson McCullers, Caldwell, tu comprendras plus facilement ce qui suit. J'étais pétrie de culpabilité occidentale, française, judéo-chrétienne. Pourvue de confort en vivant en Afrique, je voyais la pauvreté et son vrai visage, loin des images d'Epinal de l'exotisme. Pourquoi profitais-je de tant de confort et de bienfaits alors que les gens du pays crevaient ? Pourquoi jouissais-je de tant de libertés et privilèges tandis qu'ils n'en avaient aucun ? Les écrivains du Sud américain étaient des Blancs pétris de la culpabilité que faisait naître en eux la condition terrible faite aux Noirs. De mon côté, c'était la culpabilité de l'Occidental face à l'Oriental, du colonial face au colonisé, de la Française face aux Arabes colonisés. Les colonies n'existaient plus mais les Français à l'étranger en restaient et en restent la survivance. On ne parle pas de cette culpabilité mais elle est terrible. J'ai longtemps vécu dans cette culpabilité qui m'a fait inconsciemment échouer bien des choses. Je connais l'envers du décor. Mais je ne vais pas t'embêter avec cette problématique que j'ai fini par résoudre à ma façon. Cette expérience a exacerbé ma sensibilité, ce qui a été utile à mon inspiration artistique. Elle m'a aussi appris le respect de l'autre dans sa différence : c'est pourquoi je n'ai plus de pitié pour les gens mais de la compassion. C'est aussi pourquoi je ne me sens plus coupable mais responsable. C'est pourquoi je n'aime pas le pardon car il déresponsabilise. Je ne demande ni n'exige le pardon. Je suis responsable de mes erreurs ; l'autre est responsable de ses erreurs. Il faut être lucide avec ce que nous sommes : il y a des choses que nous n'aurions pas dû faire. Demander pardon ne serait pas honnête. Ce serait demander à être dédouanés. Ce n'est pas à la victime de porter le poids de notre faute ; c'est à nous. Nous devons nous sentir profondément responsables de nos fautes pour ne plus les réitérer.

Je n'ai pas chassé la vérité de mon esprit parce que cela m'aurait arrangé. La situation était injuste, anormale, intolérable. Non pas du fait que je jouissais de ma liberté et mon confort, mais que mes frères humains d'Afrique n'en jouissaient pas. C'est cela le scandale. Alors quand ils traversent les océans, les déserts et les brousses, au péril de leur vie, pour venir les trouver chez nous, tu voudrais que je les repousse d'un coup de pied parce qu'il leur manque un bout de papier de quelques centimètres ?

Mais tu es fou, frère humain ! Tu patauges dans l'absurdité ! Dans les règles convenues de l'administration – que tu n'as même pas conçues ! Imagine le pouvoir que tu donnes à cette abstraction qu'est l'administration ! Le droit d'asile est parfois un droit de vie ou de mort ! Un titre de travail, c'est la vie ou la survie : un bout de papier leur manque ! Es-tu conscient de cette aberration ? Marches-tu vraiment dans cette combine ? Pourquoi ? Ce n'est pas toi qui as décidé qu'il faut un bout de papier pour avoir le droit de vivre décemment. Et même de vivre tout court. On a réussi à te faire croire que c'est normal et on y est parvenu ! Toujours les grands maîtres de l'ombre. La vie contre un bout de papier ! Ça y est, tu te rends compte de la loufoquerie du système, de l'hypnose sociale mise en place autour de ces papiers, ce passeport, ce droit de séjour, cette carte d'identité, cette attestation de droit au travail ? Ce que je t'assène commence-t-il à faire sens ? Il faut un papier pour avoir le droit de travailler ! Cela peut se traduire ainsi : un papier pour avoir le droit de vivre. Ne serait-on pas moins hypocrite en le nommant ainsi : document de droit à la vie ? Aucun papier n'est une identité. L'être par contre possède une identité. La sienne. Le bout de papier n'est rien qu'un bout de papier.

Et bon sang, ce n'est pas seulement un bout de papier qu'il leur manque en réalité, dessille tes yeux ! C'est bien davantage ! On leur a tout ôté : dignité, liberté, habitudes, famille, argent, maison, biens, culture, environnement, sécurité, certains ont perdu tout leur entourage, décimé, métier, relations, papiers identitaires (ah, que ceci est donc important sur notre planète où le factice a remplacé le naturel), santé, droit à se nourrir, se désaltérer, se laver, s'habiller, et même leur lit, bon sang, frère humain ! Ils ont tout perdu, ils survivent presque nus, au froid, au chaud, sous des portes, devant des gares en Europe, et toi tu leur réclames… un bout de papier !

Si tu fais ceci, frère humain, tu es fou. Profondément atteint. Malade de conditionnement. Malade de peur. D'anxiété. La propagande journalistique et économique est bien huilée par nos maîtres. À heures fixes, tu avales tes informations. On t'intoxique. Tu es terrorisé : pour ton travail, ta sécurité, ta culture, ta religion, ta retraite, tes économies... Tu crèves de trouille. Et si ces migrants allaient te prendre ta fille, ton fils ? Un mariage est si vite arrivé ! Tu crèves de peur, frère humain. Bien organisées, méthodiques comme une messe du dimanche : les nouvelles des journaux, de la télé, la radio, les discours politiques. Les hommes sans visage et sans nom sont contents. Du travail bien fait qui ne laisse pas de traces, pas de coups sur le corps, rien. Tu es intoxiqué. Tu as peur du migrant.

Et parce que tu as peur toi aussi, politicien de mes deux, tu ne fais rien pour les accueillir décemment, surtout pas, surtout pas. Car toi aussi tu rejettes ce qui te dérange. Et puis c'est pratique : ne créer aucunes structures décentes pour les recevoir les rend effectivement dangereux, et ça encore, ça divise le peuple... Pourtant, politicien, tu es là pour bâtir ce genre de structures quand la nécessité l'exige. Tu as été élu pour cela également. Mais tu ne fais pas grand-chose de ce pour quoi tu as été élu... Tu fais la sourde oreille.

*- Des migrants ? Où ça ? Je n'ai rien vu, rien entendu ! Sauf quand je me réveille de temps à autre : alors là, je les chasse de leurs pauvres refuges improvisés comme des chiens, à coups de CRS, et qu'ils crèvent ! Quant à la population que j'ai laissée se faire envahir par ces camps improvisés durant des mois, voire des années, je n'en ai rien à foutre non plus !*

J'exagère ? Si tu veux. Que tu penses que j'ai raison ou tort ne change rien à mes convictions. Ceci te regarde : tu es face à ta conscience comme je suis face à la mienne.

Certains de nos frères humains, pourtant poursuivis par une malchance de naissance, parviendront à rendre leur vie matériellement meilleure. Pas toujours épanouissante mais quand on revient de si loin, c'est

déjà beaucoup. Quelle endurance, quelle bravoure !
Voici des vrais héros des temps modernes.

Maintenant, je t'annonce un court aparté. Quand j'ai
pris ma plume, il y a cinq jours, pour écrire quelques
mots qui me montaient aux lèvres, je ne savais pas que
je commençais un livre. J'ai rapidement vu que je
m'épanchais aisément. À mon étonnement, les mots
venaient de loin, dictés, et tout ce que j'avais à faire était
de les transcrire le plus vite possible. Mes mots ont été
parfois plus prompts que ma main et je sais qu'il
manque des phrases, des idées intermédiaires, des
finesses, peut-être des passages, qui ne reviendront
jamais à ma mémoire. C'est la règle du jeu et il faut
l'accepter ou ne rien rédiger. J'ai écrit en pleine
conscience que je ne maîtrisais rien, m'étonnant de ce
qui jaillissait. J'ai décidé de poursuivre car j'ai vite
compris que je rédige un nouveau livre, à ma grande
surprise puisque j'étais en train d'en terminer un autre,
ce qui m'interrompt dans sa rédaction pour me
précipiter dans cet élan neuf ! Je poursuis la route car
je sais que les mots perdus ne réapparaissent jamais.
C'est un tourbillon fougueux qui, depuis cinq jours,
emporte mon cerveau et mes tripes et j'ai dû m'y
consacrer, toutes affaires cessantes. Je ne sais où je
nous mène, frère humain, je n'ai pas le temps de me
relire car ma main sur le papier galope et je ne dois pas
l'interrompre car je briserais l'inspiration. J'ai
seulement l'impression de parler de choses qui fâchent
d'une manière qui peut fâcher plus encore. Je n'ai pas
la sensation d'être diplomate mais authentique. Je
verrai cela à la relecture. Je pressens déjà que je ne
tricherai pas en affadissant ma pensée quand je
rédigerai un deuxième jet. Je sens qu'il sera léger afin

de préserver ma véhémence, mon enthousiasme, ma volonté de vérité.

Frère humain, tu sais à présent que je suis aussi stupéfaite que toi de mon sujet et mon ardeur. Je verrai en me relisant s'il y a trace de colère mais je ne crois pas : à aucun moment, je n'en ai ressenti. Je vis la paix et le soulagement de celui qui réalise une chose pour laquelle il se sent fait. Pourtant, avant de saisir ma plume, j'ignorais que j'avais à écrire ce pamphlet. Je n'ai même pas eu le temps d'y songer durant ces quelque 120 heures. J'ai eu beaucoup à faire. J'ai préparé un sac de voyage avec ma fille, nous sommes parties dormir dans un village, nous y avons pris des bains de mer, avons refait nos bagages, pris le bus, sommes revenues chez nous, avons acheté des billets de train, et maintenant je dois régler des papiers et recommencer les bagages avec ma fille pour repartir demain, plus loin. J'écrirai demain dans le train.

J'ai seulement eu le temps de remarquer qu'Albert Cohen avait certainement écrit le bouleversant *Ô vous, frères humains…,* en référence à la *Ballade des pendus* de François Villon, cet immense appel à la compassion :

*Frères humains qui après nous vivez*
*N'ayez les cœurs contre nous endurcis*
*Car, si pitié de nous pauvres avez*
*Dieu en aura plus tôt de vous mercis*

Puis j'ai songé au magnifique *Ô vous, frères humains* d'Albert Cohen qui m'avait tant remuée, jeune :

*Ô vous, frères humains, vous qui pour si peu de temps remuez, immobiles bientôt et à jamais compassés et muets en vos raides décès, ayez pitié de vos frères en la mort, et sans plus prétendre les aimer du dérisoire amour du prochain, amour sans sérieux, amour de paroles, amour dont nous avons longuement goûté au cours des siècles et nous savons ce qu'il vaut, bornez-vous, sérieux enfin, à ne plus haïr vos frères en la mort.*

Voici d'où vient ce *frère humain* que je t'assène si généreusement : je n'ai rien inventé. Vais-je le garder ou l'ôter ? Puisque je ne l'ai pas imaginé. À moins que je l'ose tout de même ? Je verrai à la réécriture. Pour l'instant, je quitte mon stylo à regret : les bagages et les papiers m'appellent. Je suis fort en retard. Je reviendrai à l'écriture cette nuit.

Je n'ai pas terminé mes bagages. Je les reprendrai plus tard. L'urgence me pousse, je reviens vers mon carnet. *« Quelle urgence ? »* me demandes-tu. Je ne sais. Je me rends compte que ces pages ne trouveront peut-être pas d'éditeur. Que tout ce que j'écris est une eau qui s'en va. Mais j'imagine que c'est l'urgence d'une personne qui ressent le besoin d'incarner ce qu'elle est, ce qu'elle vibre, poussée par la nécessité de semer sa minuscule graine. Dérisoire petite graine. Dérisoire future petite plante. Si je parviens à ce qu'elle soit lue par quelques milliers de personnes, ce sera beau ! Ce livre n'est que cela. Pas de quoi se hausser du col. Pas de quoi pavoiser. Un livre est un acte dérisoire et humble. C'est la multitude des graines de toutes sortes qui créera la forêt d'un monde neuf, une nouvelle mentalité, un oxygène renouvelé, un savoir-être et savoir-vivre différents. La multitude des plantes sera belle. Je crois à une moisson future sur les ruines de l'ancien monde. Mon livre n'est important que par la multitude des livres, des actes, pensées, créations diverses qui forment cette somme de culture et d'intelligence émotionnelle qui appelle à vivre et ressentir autrement. Mon livre en soi, isolé, n'est rien.

Pourtant l'appel me taraude, l'intuition me souffle d'écrire encore, même si je ne sais pas exactement à propos de quoi. C'est l'urgence, ce sentiment que l'on doit accomplir une chose avant toute autre, et qu'il y va de notre équilibre.

Depuis quelques années, une multitude de frères humains vit, respire, travaille, crée dans l'urgence. Je sens ce mouvement qui appelle à notre transcendance, je le sens à travers tous mes sens. Ceci existe. Ceci se passe. Mais il n'est pas certain que tu sois au courant. Mouvement humaniste. Nouvelle Renaissance ? New Age ? Nouvelle conscience ? Je me fous des étiquettes.

Les étiquettes sont bonnes pour les hommes de l'ombre et du pouvoir que la moindre de nos théories, nos mouvements, nos libertés terrorisent. Alors ils nous cataloguent et nous rangent dans les tiroirs bien tenus de leur pensée : un catalogue du genre humain. Les hommes soumis, les pauvres, les riches, les esclaves, les ultra-riches comme eux, 1 % de la population mondiale, les perturbateurs durs, révoltés (syndicats, anarchistes, pétitionnaires, associations de défense, lanceurs d'alertes), les éléments à corrompre (politiciens, industriels, banquiers, rois, justices, armées, institutions, promoteurs, eux-mêmes), les éléments déjà corrompus (eux-mêmes, une partie de ceux cités au-dessus, presse, mass-médias, religieux, laboratoires pharmaceutiques, d'autres encore), les gêneurs (électrons libres, artistes, écrivains, conférenciers, thérapeutes), les contrôlés (l'immense majorité de la planète), les contrôleurs (dont eux), les asociaux à réprimer (prisonniers, fous dans les asiles, voyous, libres penseurs.) J'oublie sûrement des catégories mais c'est sans importance car tu saisis le propos.

Tu me trouves cynique ? Moi ! Je vais trop loin ? J'affabule, j'invente ? Non. Le manipulé n'aime pas voir le manipulateur. Le manipulateur n'aime pas voir son manipulé. Il l'expulse de son paysage quotidien. Il vit dans un monde aseptisé, fréquenté de gens semblables à lui. Les manipulés, c'est la lie. Il accepte cependant ses domestiques avec morgue parce qu'il en a besoin. Le monde doit lui obéir et le servir. Non, je n'exagère pas. Maintenant, je dois retourner à mes bagages, sans envie, car la nuit est bien avancée et je suis fatiguée.

Frère humain, me voici ce matin dans le train, d'où j'écris ces mots et où le désenchantement me saisit, comme souvent depuis des années. Par hasard, l'employée m'a proposé des billets de train de 1$^{re}$ classe en promotion car il n'y en avait plus aucun en 2$^e$ classe. Va pour la 1$^{re}$. Or la première chose qui nous a sautés aux yeux, à ma fille et moi, en entrant dans le wagon, il n'y a pas dix minutes, c'est la saleté. Chips et miettes indéfinies sur les sièges, vitres opaques de crasse, une moquette qui n'a pas été aspirée - depuis combien de temps ? Quelle image offrons-nous, nous, habitants du pays le plus visité au monde, à nos visiteurs ? Je soupire. Partout, je trouve le laisser-aller, la facilité, la médiocrité. Des constats beaucoup plus rares il y a encore dix, quinze ans. Nous nous habituons à la médiocrité. On nous raconte qu'il n'y a plus de croissance, qu'il faut "remercier" les gens. Quel terme hypocrite pour remplacer celui de *licencier* ! Moins de personnel, de frais, une rentabilité maximale. L'argent disparaît dans un gouffre sans fond. Ce n'est jamais suffisant. Il faut encore *réduire le personnel*. Expression à triple sens. Toi mon frère humain, entends-tu bien :

*réduire le personnel ? Réduire* en nombre, *réduire* en écrasant les ambitions de la personne puisqu'elle va perdre son poste, *réduire* enfin la personne, c'est-à-dire son être ! Voici où nous en sommes *réduits* : à entendre parler de notre *réduction* sans broncher ! Nous encaissons cela ! Nous avalons le salmigondis d'économistes, soi-disant experts incompétents, qui racontent à tout-va qu'il faut *réduire, réduire, réduire.* On *réduit.* Les têtes qui dépassent, on les coupe. La coupe, c'est l'économie ; l'économie c'est la réduction. Tu crois à leurs raisonnements sur la croissance économique, aux vertus du libéralisme ? Du libre-échange ? De la compétitivité à outrance ?

Quand je pense que le TGV a été l'un des fleurons de la fierté française ! Que la SNCF était un service public ! Pas un service pour enrichir un grand patron et des actionnaires, non, un service rendu aux habitants de France et aux étrangers qui la visitaient. En ce temps-là, proche encore, les wagons sentaient le propre ! Les gares de village étaient ouvertes… Je me demande si les très jeunes gens, comme ma fille de 11 ans, connaissent encore la notion de service public. Il faudra que je lui en parle tout à l'heure : je ne suis pas certaine qu'elle en ait jamais entendu parler !

*- Frère humain, ce sont de petits malheurs,* me rétorques-tu, *comparés à ce dont tu nous bassinais tantôt : l'immigration galopante et son cortège de misères et d'impuissances, cette survie parfois impossible.*

Tu as raison : que sont des miettes de chips collées aux sièges si ce n'est la preuve de notre richesse occidentale ? C'est juste. Le désenchantement est quand même présent partout, à tous les niveaux de la société, sauf dans les milieux les plus luxueux auxquels toi et moi n'avons pas accès. Ce désenchantement permanent est fruit de déceptions et désillusions répétées. J'ai bien lu le désenchantement sur le visage de ma fille de onze ans : quoi, c'est donc cela une 1$^{re}$ classe ?

On nous habitue donc à la médiocrité. La médiocrité est une éducation forcée, pas un choix. Une qualité de services et de biens tirés vers le bas tout le temps, partout. L'art de vivre à la française fout le camp. Bientôt, il ne sera plus qu'un souvenir. Tu me diras que je ressasse des histoires de vieille dame. Tu as sans doute raison. Mais la saleté du siège dans lequel je suis calée est bien réelle, aussi présente que notre désenchantement.

J'aime l'émerveillement. Nous aimons tous être émerveillés. Je le suis encore souvent, heureusement. Même si c'est plus rare car ce qu'on est en droit d'attendre d'émerveillement, on ne l'obtient pas souvent puisque la qualité des biens a baissé de manière terrible (regarde les vêtements que tu portais vingt ans en arrière et tout sera dit), la qualité des services a chuté (je suis très mal reçue la plupart du temps par les restaurateurs, les employés d'administration, le personnel médical, les vendeurs, et j'en passe), que l'environnement est de plus en plus laid (médiocrité ahurissante de l'architecture depuis les années 1980, envahissement terrible du paysage par des routes, des autoroutes, des carrefours, des rocades, des zones industrielles, commerciales, des constructions minables, des *no man's land* sur des kilomètres, des cités minables.) C'est donc aussi le constat du désenchantement visuel que je fais. Nous manquons d'occasions de nous émerveiller, frère humain. Et ce n'est pas par hasard.

Quand on s'émerveille, on se sent vivant. Cette sensation procure du bonheur. Cela ferait mal aux maîtres du monde que nous soyons heureux. Eux ne le sont pas toujours : ils sont surtout pouvoir et domination, violence et pourriture morale, corruption et hypocrisie. On ne peut pas tout être. Il faut faire des choix. Nos bonheurs légers les choquent profondément, notre émerveillement les agace. Ils les mettent peut-être en colère, ce n'est pas impossible. Stop ! Le peuple ne doit pas avoir accès à des denrées qui procurent émerveillement, pétillement, magie. Il pourrait se sentir léger, bien dans sa peau. Ce sont des sensations qui favorisent l'intelligence. La lucidité. La maîtrise de soi. La conscience. « *Ils pourraient voir clair dans notre jeu ! Hors de question ! Abrutissons-les de médiocrité, de petitesse, de désenchantement. Conditionnons-les à la médiocrité jusqu'à ce qu'ils n'imaginent plus autre chose. Enfermons-les dans une prison mentale ! Usons d'hypnose sociale.* » Ah, qu'ils sont puissants les hommes sans visage et sans nom ! À la hauteur de notre soumission.

Tu me diras que je fais feu de tout bois. Que je vais un peu vite. Que je prends prétexte de tout pour critiquer le système. Qu'il me suffit d'entrer dans un wagon de TGV pour conclure à un système de manipulation supplémentaire. Détrompe-toi. Tout ce que j'écris est le fruit d'observations, de pensées. J'observe le monde depuis longtemps. J'ai dépassé le demi-siècle. Ce n'est pas toujours une manipulation volontaire : l'exercice et la volonté de la domination sont tellement ancrés chez les dominateurs qu'elle peut être inconsciente. Que leur apporte cette domination ? L'argent, bien entendu, l'argent. C'est l'appât du gain qui pousse les actionnaires de la SNCF à plonger les usagers dans la médiocrité. Une chose me surprend : je te raconte ce bouillonnement dans ma tête sans aucune censure. Les exemples fusent parce qu'ils sont partout.

Je les choisis très simples, presque naïfs, car j'ai à cœur de te montrer que la manipulation se cache sous des masques courants et débonnaires.

Je reprends la plume que j'ai laissée hier. Je ne t'ai pas raconté la suite de mon voyage. Elle disputera le manque de glamour au sordide. Ce ne sera pas un passage qui glorifiera mon bon goût. Va pour le mauvais goût ! Va pour l'authenticité ! Hier, arrivées en gare de Lyon-Perrache, ma fille et moi avons voulu aller aux toilettes. Quinze mètres avant l'entrée, une odeur âcre, abominable, nous a submergées. Nous nous sommes aussitôt inquiétées de la propreté que nous allions trouver. Début du désenchantement... Car nous pouvons même être désenchantés quand nous n'attendons aucun enchantement ! Car nous n'attendions pas d'enchantement des toilettes de la gare, mais sûrement pas du désenchantement ! Des tourniquets barrent l'accès : 70 cts de droit de péage, notre dîme pour nous soulager. Consommer un billet de train ne donne pas droit à ce service. Passons. Comme ma fille et moi fouillons nos porte-monnaie pour trouver les seules pièces de monnaie acceptables pour la machine, 50 et 20 cts, un homme crie : « *Mais c'est invraisemblable, c'est d'une saleté répugnante ! Comment osez-vous faire payer pour un truc pareil ? Pourquoi ne nettoyez-vous pas ?* » Nous percevons nettement sa colère et son indignation, vibrantes. Une voix de femme répond vivement : « *Je n'y suis pour rien, moi ! Je suis toute seule pour tenir ici !* » Nous sommes au cœur du désenchantement.

Le type sort comme une bombe, dépasse le tourniquet comme on jaillit hors de l'eau pour respirer (l'odeur était incroyablement odieuse), en haranguant dans le hall l'entourage des pressés de la vessie, nombreux, comme ma fille et moi : *« Je vous invite à ne pas payer ! C'est insensé de faire payer des toilettes dans un état pareil ! C'est scandaleux. Je vous invite à ne pas payer ! 70 cts pour ça ! Ne payez pas ! »* Désenchantement total.

Nous nous regardons. Ma fille dit : *« On n'y va pas. »* Je réponds : *« On n'y va pas. Nous attendrons d'être arrivées à Clermont. À moins qu'on trouve un W.-C. praticable dans le prochain train. »* À côté de moi une dame, qui fouillait ses poches pour trouver de la monnaie, dit à une autre : *« Je n'y vais pas. 70 cts ! De toute façon, c'était trop cher, si encore c'était 20 cts ! 70, c'est trop. »* Elles sont parties comme nous. Respirer ailleurs l'air sale mais moins acide. Désenchantement absolu.

Nous avons laissé derrière nous les toilettes en révolution ; les plus alertes sautaient par-dessus les tourniquets tandis que l'employée, hystérique, hurlait en litanie : *« Il faut payer, il faut payer ! »* Pour nous, il fallut tenir quatre heures de plus et nous les tînmes. Car dans le train suivant, les toilettes étaient… condamnées ! Le prix - pourtant onéreux - d'un billet de train, disais-je plus haut, ne comprend pas obligatoirement le service qui consiste à procurer au voyageur un lieu où il peut soulager sa vessie. C'est aléatoire. Vous me direz : *« Ce n'est pas votre histoire de chiottes qui va changer l'humanité. Si vous attendez de l'enchantement des W.-C. d'une gare, c'est foutu pour vous ! »* Un : c'est la multitude de nos histoires quotidiennes qui construisent nos vies, y compris les histoires de chiottes. Deux : je n'attends aucun enchantement de mon passage dans les toilettes d'une gare. Mais je n'en attends non plus aucun désenchantement. C'est là l'important. J'en ai assez d'être en butte au désenchantement, voire au sordide. Pourquoi devrions-nous accepter d'être traités ainsi ?

Finissons sur une note plus optimiste. Quatre heures plus tard en gare de Clermont, nous sommes allées, comme l'année dernière, aux toilettes : sur le quai, une tinette de chantier qui n'en finit plus de devenir provisoire. Comme l'année dernière, avec beaucoup de gentillesse un usager qui en sortait m'a tenu la porte, sans que je le lui demande, pour que j'entre sans payer (là aussi, il fallait glisser des pièces dans un boîtier et avoir la monnaie juste), m'expliquant qu'il considérait que l'usage d'un tel lieu dans une gare doit être gratuit car les billets de train sont exorbitants. J'ai remercié et suis entrée. Devant la médiocrité que nous infligent les services, publics ou non, la population devient spontanément solidaire, ce qui me ravit. Nous commençons à nous humaniser, nous rendre de menus services, à contre-courant de ce que les grands manipulateurs veulent provoquer.

Tu te demandes maintenant : *« Bon, j'ai acheté un livre d'histoires de chiottes, dois-je rire ou me scandaliser ? »* C'est en riant que je te réponds : ris de bon cœur ! Oui, il existe infiniment plus grave et sordide. Mes anecdotes sont simplement symptomatiques d'une société qui évolue vers le bas.

Désenchantement donc. Frère humain, je ne te cache pas que je ris, ce qui bouscule ma main et mon stylo. Tout me paraît tellement aberrant ! Le dérisoire côtoie la grandeur, c'est indéniable. J'aime les frères humains qui nous invitent à cesser de nous laisser pigeonner. Ce type de comportement n'existait pas il y a quinze ans à peine. Les gens avalaient de grosses couleuvres en silence. Ils commencent à se rendre compte qu'ils sont pris pour des sots. Et ils n'aiment pas cela. Certains, enfin, n'hésitent plus à le dire, à nous mettre en garde. Tu peux considérer que l'homme de la gare Lyon-Perrache fait du scandale, c'est ton droit. Pour ma part, je pense qu'il a fait ce qu'il fallait faire et je lui dis : merci, frère humain. De plus en plus de personnes mettent en place des pétitions, écrivent des livres, contestent. Cela me rassure sur l'avenir de l'humanité.

Le désenchantement m'amène directement à son contraire : la magie de la poésie. La poésie, c'est mon cheval de bataille. Je veux de la poésie partout : dans les rapports humains, les âmes, les sentiments, la parole, les actes, les constructions mentales, architecturales, les arts, les créations, partout... Nous sommes loin du compte. Ce n'est pas une pause artistique, un désir intellectuel mais un vrai besoin. Chez moi, il est très vif. Le besoin de poésie touche l'humanité sous toutes les latitudes, dans toutes les cultures. Ce n'est pas un besoin artificiel de surface mais un besoin extrêmement profond dont on trouve trace depuis le commencement des âges. On trouve la poésie en toutes circonstances, en tout temps, dans les objets, les vêtements, les coiffures, les maquillages, les rituels, les coutumes, les jardins, les livres, les tableaux, la cuisine, les meubles, les objets, le génie quotidien, les ponts, les cathédrales, les mosquées, les temples, les fêtes, les feux d'artifice, les monuments funéraires... Je ne suis pas ethnologue mais je la vois partout. Tu m'as saisi : le génie humain exprime sa poésie dans ses réalisations sans aucunes limites. La poésie donne du sens aux choses, à l'existence. La poésie est une manière très forte de vivre le symbolisme qui s'attache à toutes les fonctions sociales, et de développer son imaginaire propre. Un monde sans poésie court à sa perte. Un monde sans poésie n'a aucun sens. Chacun, comme une fourmi, vaque à sa survie et c'est cela le monde. Oui, mais pas seulement. C'est trop peu pour que le monde dure. Il a besoin de donner de la poésie et un sens symbolique à ses actions et réalisations. Sans cela, ce serait trop dur ; il serait plus facile de se coucher et mourir. Même les hommes de la préhistoire aimaient la poésie. Leurs dessins, leurs sculptures étaient des poèmes à la vie et des symboles de ce qu'ils vénéraient, craignaient ou aimaient.

Une société qui assimile respectueusement sa poésie, ses troubadours, ses griots, ses ébénistes, ses antiquaires, poètes, écrivains, architectes, musiciens, cuisiniers, sculpteurs, dessinateurs, ses peintres, ses artisans, comédiens, jardiniers, joailliers, stylistes et j'en oublie, tous gens qui insufflent du sens et de la poésie à la vie, par leur savoir-faire, la création, le raffinement, la beauté, l'harmonie, est une société vivante. Chacun doit chercher à exprimer sa poésie avec le plus de liberté possible. Œuvrer à son petit bout de poésie avec amour. Ce peut être un pot de confiture comme un jardin de curé, une toile sublime comme une pièce d'orfèvrerie. Et d'en vivre peut-être, si l'on est artiste ou artisan de métier d'art, et c'est tant mieux. Mais dans un monde où la mécanisation a pris le pas, où le temps nous est compté, où l'on nous pousse sans cesse à être fonctionnels, utiles, et non sensibles et sensés, où l'uniformisation est de mise, il faut beaucoup de résistance pour être poète. L'architecture est en partie régie par des règles administratives stupides, plus restrictives les unes que les autres. Le design des objets fait passer la fonctionnalité avant la beauté - quant à la pauvreté des matériaux utilisés, la nullité de leurs finitions et leurs formes depuis une vingtaine d'années, c'est à en pleurer ! Les écrivains voient passer leurs livres par des critères de sélection de plus en plus commerciaux, les couturières ont disparu au profit du prêt-à-porter, les cordonniers se font rares, etc. Et notre vision est blessée sans cesse par la laideur ; certaines parties d'océans ressemblent à des puzzles de plastiques, les forêts sont souillées de déchets, les banlieues et les zones commerciales s'étendent à l'infini, les centres villes sont à l'abandon... Frère humain, tu n'as pas besoin que je poursuive la liste, tu as compris ce que je veux dire. La rentabilité, le profit, la production de masse tuent la poésie aussi sûrement que des armes. C'est une mort annoncée bien entamée. Notre monde est moribond. Il faut réagir !

Frère humain, je vais te demander un gros effort. Après ce paragraphe, referme ce livre. Tu le rouvriras plus tard. Tu te lèveras et iras rendre visite au meilleur antiquaire de ta ville ou ta région. Tu constateras jusque dans quels détails se logeait la poésie, voici un siècle à peine. Entre dans la boutique, regarde, pose des questions, émerveille ton regard, tes sens. Baigne-toi de poésie pure. Observe bien, vraiment bien. Noie-toi dans la magie poétique des objets, des tissus, des meubles, des tableaux. Fais cet effort pour toi, frère humain, tu ne le regretteras pas. Va te baigner de poésie et reviens lire ce livre qui défend le droit à la beauté, la liberté, l'intime, l'individualité, le bonheur, la poésie, l'autonomie. Pour l'instant va admirer ce patchwork américain de 1840 fait de riens, bouts de tissus récupérés sur les hardes de pionniers misérables, adore ses couleurs, l'agencement de ses formes, son audace, sa liberté, sa poésie, la patience de la femme qui l'a fait naître sous ses doigts usés par le travail de la terre, les charges quotidiennes de la maison en planche et des enfants. Va admirer les transparences, les teintes, les dessins, les gravures et l'élégance d'un vase de Gallé, d'un Daum, d'un Lalique. Va t'émerveiller de cet ex-voto d'un raffinement inouï, représentant un arbre, une croix ou un cœur, créé à partir de simples bandes de papiers collés par une Sœur infiniment patiente dans un couvent. Ou les broderies d'or sur la chasuble d'un Cardinal. Va admirer l'admirable. Émerveille-toi de la poésie née d'un couteau au manche d'ébène incrusté de fleurs de nacre. Pense à l'amour du coutelier quand il l'a façonné. Va admirer le galbe d'un secrétaire, l'ingénieux mécanisme qui cache son compartiment secret où une femme, depuis longtemps éteinte, déposait ses lettres d'amour. Va admirer ce pilulier en porcelaine peint à la main de roses délicates, au fermoir d'argent, où quelqu'un rangea longtemps ses gélules. Ou ces flacons de sels en cristal que l'on mettait vite sous le nez des dames car les corsets étaient une vraie calamité qui coupaient la respiration et restreignaient les mouvements. Va admirer cette bague ancienne, travail d'orfèvrerie sublime. Tu ressentiras combien l'âme de tous ces artisans devenait poétique quand ils concevaient leurs créations. Tu te laisseras enivrer par la magie qui se dégage de l'antre de l'antiquaire. Si tu le veux, tu le remercieras chaleureusement d'exercer un tel métier car il est l'un des rares gardiens de ce que fut autrefois la poésie du quotidien et des moments d'exception. Tu compareras cela à nos meubles Ikea, et au design stérile et misérable de la majorité de nos objets vendus en grande surface. La poésie est raffinement de la pensée, de l'âme, des émotions, des sensations. La poésie est à la fois culturelle et symbolique, sensuelle et émotive.

Ce n'est pas dans nos grandes surfaces que nous trouvons cela, n'est-ce pas ? Ni dans nos objets manufacturés que nous pouvons acheter de la poésie, n'est-ce pas ? Pense à la simple cuiller en bois gravée, taillée d'une pièce, d'un paysan d'autrefois. Au travail d'un forgeron pour le moindre outil, à la ligne (le design d'alors) des rabots, des fourches, des faux. Ou à la coiffe touchante des dames Bigouden. À la ligne d'une harpe. Aux peintures toujours fraîches, représentant un sous-bois, d'un clavecin du XVII$^e$ siècle. Tu me suis ? Fais-le, ferme ce livre, et va chez l'antiquaire. Puis rouvre cette page. Je t'attends.

Ah, tu as tenté l'expérience ! Tu reviens de l'antiquaire. Qu'en penses-tu ? Que ressens-tu surtout ? Tu sens comme moi que nous ne vivons pas dans un monde poétique ? Tu es également frappé par la laideur des voitures quand tu imagines un cheval, une calèche ? Horrifié par ta toile cirée quand tu penses au bois poli d'une modeste table de ferme, à sa douceur patinée, ou à la nappe ajourée, damassée, brodée par tes aïeules pour les grands jours ? La beauté et la poésie, tu le vois, font bon ménage.

C'est pourquoi on te donne à voir de plus en plus de laideur dans les expositions institutionnelles et les musées. Ce qu'on nomme pompeusement « art contemporain » est largement corrompu par l'argent et la bêtise. Tout notre système social et économique pousse à une laideur uniformisée et à l'uniformisation par la laideur. Tu comprends bien que la laideur est plus rapide à produire. La laideur, c'est le rendement. On présente comme des chefs-d'œuvre des toiles, des sculptures, des installations, des vidéos qui ne sont rien. Des barbouillages, des inepties, de la laideur. Ni poésie, ni beauté, ni harmonie. Surtout pas : ce n'est pas rentable ! Trop lent à créer puisque que la beauté et l'harmonie demandent du labeur. Surtout pas ! Il s'agit de faire monter la cote de la toile et de l'artiste artificiellement et très vite. De la laideur rapidement réalisée pour renouveler souvent l'opération. Tu trouveras des renseignements sur la question : articles, vidéos et surtout d'excellents livres. Tout le monde de l'art est frappé par ce fléau, pas seulement la peinture. Aucun domaine artistique n'est épargné car des gens ont trouvé le moyen de s'y faire beaucoup, vraiment beaucoup d'argent. Le marché de l'art brasse des sommes colossales. C'est une économie florissante en constant progrès. Ce qu'on te présente comme des œuvres révolutionnaires, à contre-courant du capitalisme, méfie-toi en comme de la peste : elles sont en général des quintessences du capitalisme ! Cela fait longtemps que la *pissotière* de Marcel Duchamp a été récupérée par le grand Capital. Ce que cet ami des Dadaïstes avait conçu comme une blague, une ironie, une provocation a été désamorcé : c'est maintenant un objet-culte qui vaut très cher ! On en a fait l'inverse même de ce que Duchamp désirait. Il a perdu la bataille. Je l'ai déjà écrit, il me semble : plus la ficelle est grosse, plus tu l'acceptes ! Et de là, et de *ton acceptation et ta complicité,* frère humain, découlent les ordures de Spoerri enfermées dans des cubes de résine, la machine à fabriquer de la merde de Wim Delvoye, les horreurs d'Orlan sur son propre corps… Tu es coupable parce que tu vas voir complaisamment ce genre d'exposition, parce que tu commentes avec complaisance ce genre d'expositions quand tu es critique d'art (critique de quoi, je me le demande, car tu passes ton temps à opiner du chef et accepter n'importe quelle cochonnerie comme le béni-oui-oui que tu es), à traîner tes élèves dans ce genre d'exposition en leur disant que c'est de l'art alors qu'eux, moins bêtes que toi, réalisent tout de suite l'enfumage scandaleux, à prodiguer tes cours d'histoire de l'art sans le moindre sursaut de révolte, sans la moindre critique, à présenter cela comme de l'art quand tu es journaliste. Frère humain, si tu es sain d'esprit et de cœur, ne ferme pas les yeux sur cette déshumanisation terrible qu'on t'impose sans cesse : celle d'un monde sans poésie, sans beauté ni harmonie, qui fabrique artificiellement des sommes colossales d'argent virtuel.

Refuse de toutes tes forces. Arc--boute toi, refuse ! Ne paye pas pour voir des insanités ou des médiocrités. Ne joue pas leur jeu. Ne te fais pas complice. Ne visite pas les FRAC, les DRAC, et autres mangeoires institutionnelles, boycotte les expositions du genre que celle où, dans la galerie du Louvre à Versailles, Jeff Koons exposait des ballons géants en forme de langoustes, pendus au plafond ! On se fout de toi ! Et plus c'est énorme, plus cela fonctionne ! On n'a plus aucun respect pour toi, ton intelligence, ton bon sens, ta sensibilité ! Bon sang, ne te laisse plus ridiculiser ! Quand je pense que des gens se sont montrés assez stupides pour acheter leur droit d'entrée pour aller voir cela ! Hypnose sociale. Bon sang, retrouve ta lucidité, ton sens de la Beauté, la Poésie, l'Harmonie, emmerde ceux qui veulent te faire croire que tu es un arriéré, un réactionnaire, un inculte et un ignare ! Ils te prennent pour un con, les imbéciles et les malhonnêtes qui te manipulent pour vendre leurs billets et leurs ignobles expositions. Le capitalisme est une machine à lobotomiser. Les prétendus artistes qui participent à cette mascarade juteuse me scandalisent. Et toi ?

Frères humains, certains d'entre vous sont d'accord. D'autres me pensent passéiste et réactionnaire. Pour ces derniers, je me répète : ce qu'on te présente comme des œuvres révolutionnaires, à contre-courant du capitalisme, méfie-toi en comme de la peste ; elles sont en général des quintessences du capitalisme ! Observons ceux qui participent à créer cette bêtise et laideur absolues : pseudo-artistes dépourvus de talent et d'honnêteté, galeristes et marchands d'art sans goût, incultes, âpres au gain, salles des ventes prestigieuses, institutions artistiques régies par des gestionnaires comptables ignorants mais prétentieux, fondations, musées. Emboîte mes pas, accuse-les de te prendre pour un demeuré car c'est ce qu'ils font. Passe donc comme moi aux yeux des plus influençables, des passifs, des véritables idiots, pour un type ringard, pas dans le coup. Quel plaisir de se faire traiter de crétin par plus crétins que nous ! Car toi, tu sais reconnaître la création véritable, la poésie, la beauté, l'intelligence, la sensibilité, le raffinement, le talent, le savoir-faire, la nuance, l'harmonie, non ?

N'oublie jamais qu'accepter les insanités que l'on nous jette en pâture, c'est faire le jeu des maîtres sans visage et sans nom. Tu ne le voudrais pas plus que moi. Alors envoie balader Jeff Koons, la laideur prétentieuse de la majorité des buildings, la médiocrité du design actuel, les saloperies des plasticiens de tous poils, le manque flagrant de poésie de trop nombreux costumes et décors de théâtres et d'opéras, et la liste est comme toujours trop longue pour que je puisse en faire le tour. Je te laisse la poursuivre toi-même.

Exercer son droit à apprécier la poésie, à en créer, s'en entourer, c'est aussi exercer son droit à la liberté. La poésie est l'une des plus belles conséquences de la liberté d'âme. C'est pourquoi elle est mon grand cheval de bataille. La poésie est chère à mon cœur. Je ne crois pas à un monde sans poésie. Je n'en vois pas l'intérêt. Un monde sans poésie est un monde sans âme. Un tel monde peut disparaître, je n'y vois pas d'inconvénient. Il faut de la poésie pour faire un monde heureux.

La plus belle sécrétion de l'âme, c'est la poésie. Elle dissout l'ego. Elle l'élève. J'ose dire que la poésie est conviviale. Elle invite au partage. Elle rassemble. Elle donne envie de la chanter, la regarder, la caresser, l'offrir, la montrer, l'admirer, la lire, la déclamer, la goûter… Tu as compris que je parle de poésie au sens large, pas seulement de poésie écrite. La poésie permet aux âmes sensibles de vibrer ensemble : un opéra, une pièce de théâtre, une chanson, un film, un livre, un bel édifice, une maison charmante, un bijou, un meuble, un vitrail, un vêtement, un tapis, un paysage émouvant, le soleil, un simple nuage, un conte, un tour de magie, un plat raffiné, tout ce qui émane la poésie rassemble les hommes. Et quand elle ne le fait pas (car pour se rassembler et la partager ne serait-ce que d'un mot, d'un sourire, il faut aimer se rassembler et partager), elle habille de la plus intelligente et sensible des manières la solitude des hommes.

À te parler de poésie, j'ai envie d'évoquer la poésie la plus évidente, celle qui émane de la nature : de la terre, la mer, le feu, l'air, le vent, la pierre, les plantes, les sources et les fleuves, les animaux, les planètes, les étoiles, la lune… La poésie qui ne doit rien à nos fabrications humaines ou nos créations artistiques. La poésie spontanée et incroyable, frères humain, que vous vous employez avec une coupable ardeur et par tous les moyens à détruire.

Ah, frères humains, c'est peut-être mon plus grand grief : la destruction de la planète… et bientôt d'autres planètes… La destruction annoncée de l'univers ! Car je ne me fais pas d'illusions, frère humain, c'est vers cette démence que tu glisses inexorablement. Tu veux conquérir l'univers ! Alors qu'il te suffirait de marcher sous les futaies et t'asseoir dans l'herbe pour te sentir heureux ! La poésie est partout dans la nature. Le souffle de la poésie englobe tout, passe-partout, se faufile entre chaque interstice de vieilles pierres, entre les mousses et les champignons, remonte les déserts, agite les océans, inonde les étoiles, allume les comètes, charme les animaux, illumine les teintes des poissons tropicaux, des plantes les plus folles, fait miroiter les cieux et les lacs, s'enroule jusqu'au cœur des fleurs, aspire les bancs de nuages, fraye dans leurs dentelles de fumée, danse avec la pluie, fredonne avec les planètes dans les froideurs de l'espace, frissonne dans les marronniers et tremble dans les tilleuls, refroidit avec les rosées des matins et se réchauffe à l'haleine des bisons, endort les bêtes fauves des savanes, chante pour les oreilles sensibles et se mêle à la flûte du berger, roule dans les torrents de montagne, s'accroche aux herbes folles, charme les algues, épouse les coraux roux, courtise les anémones aux fils de soie, frémit dans l'eau des puits, s'insurge dans les tempêtes, s'adoucit dans les bras tendres des femmes, et claque dans le tonnerre. Tout cela est d'une beauté à nous couper le souffle, pauvres humains que nous sommes, frères en petitesse et mesquinerie. La nature est grandiose, désolée, courageuse, endurante. La nature possède sa poésie qui n'est ni molle ni douce mais épique, souvent tragique, toujours flamboyante.

Et vous frères humains, vous bétonnez la nature, la cimentez, la torturez. Vous retournez la terre pour en extraire les diamants, beaux mais inutiles, toutes sortes de pierres, minéraux, et l'or, bien sûr l'or : souviens-toi de celui des Incas que volèrent les Espagnols, causant meurtre sur meurtre avec la bénédiction de la

Couronne et de l'église espagnole. La controverse de Valladolid n'a, hélas, existé que pour mieux déplacer les hommes vers un autre centre d'intérêt, territoire neuf où tout piller et violer à nouveau, où capturer des esclaves : l'Afrique. Notre berceau pourtant, frère humain, car nous descendons tous du continent africain. La nature, frères humains, qu'elle soit humaine, animale, végétale, minérale, vous la violentez de mille manières. Même l'eau, vous la détournez, l'asséchez, la polluez. Vous la vendez, spéculez ; de quel droit ? Vous vous battez pour la posséder au lieu de la partager. Votre aveuglement est total, votre stupidité sans égale, votre manque d'intelligence équivalent à votre manque de poésie. Il nous faut collaborer pour restaurer le monde.

Frères humains, si vous aviez tous une âme de poète, vous ne pourriez commettre tant d'assassinats d'une main ferme et résolue, et même parfois persuadés d'agir pour le bien de l'humanité ! Ceci me sidère.

Je vous entends, frères humains dépités qui ne comprenez pas mes mots. Vous vous demandez pourquoi je m'acharne sur notre race maudite, pourquoi je nous considère sous notre jour le plus noir. Vous ne réalisez pas tout ce que vous détruisez chaque jour en violentant la terre, cupides, comme si elle avait été mise là, tout exprès à disposition pour que vous vous serviez à volonté. Et vos appétits sont grands, frères humains, comme ils sont grands ! Dernières tribus d'hommes libres, animaux, végétaux, vous exterminez tout ce qui se trouve sur votre passage. Vous êtes de pitoyables pantins, vous courrez d'un continent à l'autre pour creuser comme des taupes, détourner les fleuves, bâtir des barrages, des ponts, des tunnels, des routes, des buildings, des centrales nucléaires, électriques, des pipelines, extirper des minerais, du pétrole, déboiser massivement, et pas une fois vous ne vous posez la question fondamentale : « *Est-ce que cela me rend heureux ? Et rend heureuse l'humanité ? Cette insécurité que je ressens si profondément, cette sensation de manque qui me pousse à tout saccager, à amasser, à piller, qui me rend malheureux, est-ce comme cela que je vais la combler ? Ou est-ce que je fore un puits sans fin ?* »

Arrête-toi un instant, frère humain. Arrête-toi sur ta pile de pont géant en construction. Arrête-toi sur les fondations de ton barrage. Arrête-toi au fond de ta mine de cuivre. Arrête-toi devant ce goudron fumant. Arrête-toi sur ta plate-forme pétrolière en pleine mer. Arrête-toi sur l'échafaudage de cet immeuble vertigineux de 100 étages et 600 mètres où aucune personne sensée ne voudra vivre. Cesse tout. Respire calmement. Porte le poignet à ton front et essuie ta transpiration. Tu as chaud, frère humain, car tu travailles fort. Tu as chaud, frère humain, parce que tu es pressé et obnubilé par ta terreur. Tu ne le sais même pas.

Tandis que les siècles passent, que toute poésie est systématiquement écartée de ton quotidien, ton insécurité intérieure et ta peur du manque croissent jusqu'à l'écœurement, jusqu'à ce que tu ne réalises même plus l'horreur de ce que tu bâtis. Tu ne sais même pas pour le compte de qui exactement ni pourquoi. Respire. Retrouve ton calme et tes esprits. Tes émotions. Tes sensations. Tu n'es pas que cette machine bien huilée programmée pour sa survie, qui accepte n'importe quel travail pour faire bouillir la marmite. Cet automate au petit doigt sur la couture. C'est ce que veulent les maîtres du monde sans visage et sans nom qui tirent d'immenses profits de ta sueur, ton abrutissement, ton épuisement, ton inconscience, ta soumission, ta lutte pour la survie. Parce qu'ils t'ont placé dans une situation où ton travail te semble l'unique manière de survivre. Or ce n'est pas forcément vrai pour tout le monde. Il existe sûrement un autre métier où tu pourrais t'épanouir sans nuire à la planète. Sinon crée-le. Tu fais peut-être partie de ceux qui ont encore le choix. Si c'est le cas, saisis ta chance. Tout humain mérite mieux. Mais dans la plupart des pays du monde, le jeu est fait ; il n'existe rien de mieux pour ceux issus de la classe sociale la plus défavorisée.

Si tu es issu de pays dits développés, oublie l'hypnose sociale. Déconditionne-toi des habitudes et programmations de ta classe sociale, surtout si c'est la classe défavorisée. Va chercher la minuscule graine de ton espoir et sème pour toi, tes enfants, pour le monde. Laisse la pioche et la truelle, abandonne la grue, la bétonneuse, et tourne-leur le dos. Tu le peux encore ; fais-le. D'ici dix ans, je ne sais pas si ceci sera toujours possible ; la paupérisation programmée de l'Occident est en marche. Ne calcule pas trop tes risques. Ils sont souvent moins grands que tu les imagines. Toi qui végètes dans un bureau à remplir des dossiers abscons, participe à enrégimenter le peuple avec des règlements absurdes que tu fais respecter, tu ne prends aucun risque à quitter ce travail infâme. Les hommes de papier ne prennent pas grand risque car il leur est plus facile de trouver ou se créer un autre métier. Alors oublie ton bureau, tes dossiers, et sors rencontrer la Vie. Pas la vie de bureau et ses pauses-café, la Vie.

Sortez de ce système imposé, frères humains. Vous êtes des jouets que les maîtres disposent où ils veulent et jettent selon leurs besoins. C'est un leurre de croire qu'il existe de la sécurité à être employé. Hypnose sociale. Tu es de la chair à obéir, rien d'autre. Quand les maîtres n'ont plus besoin de toi, ils se débarrassent de toi. Tu n'es qu'un matricule. Quand ils claquent des doigts, tu perds ton travail.

Frère humain, tu ne régleras jamais ta sensation de manque et ton insécurité intérieure en détruisant autour de toi, en t'en fourrant plein les poches si tu le peux, en croyant gagner l'estime de tes supérieurs par des papelardises, en saluant militairement tes chefs, en baisant l'anneau de ton cardinal.

Frère humain, c'est en toi qu'il faut creuser, qu'il faut fouiller pour découvrir tes propres pépites. En toi se trouvent ta sécurité, ta plénitude. Il ne faut pas chercher ailleurs. En toi se trouve la source de ton bonheur.

Frère humain, si tu acceptes pleinement de vivre ton expérience terrestre et non de te contenter d'exister, si tu assumes de ne pas faire les choses à moitié mais de t'engager complètement dans ce que tu veux réaliser, si tu t'incarnes vraiment, tu me comprends d'instinct. si tu penses que tu es une âme incarnée dans un corps, tu sais parfaitement de quoi je te parle. Puisque nous sommes sur terre, âmes incarnées dans la chair, tu admets que notre boulot, en quelque sorte, est bien de s'engager à fond dans cette expérience incroyable de la Vie et non de faire la fine bouche. Nul sentiment de peur et d'insécurité : nous sommes ici pour expérimenter, nous améliorer, nous engager. Même nos erreurs deviennent nécessaires. Si nous n'aimons pas ce que nous vivons, nous pouvons tout quitter d'un instant à l'autre, basculer vers une autre expérience. J'affirme que nous en avons les possibilités, suffisamment de liberté (du moins dans notre société) pour changer du tout au tout d'existence. Je ne dis pas que c'est facile ; je dis que c'est possible. Je ne dis pas de nous déresponsabiliser et d'abandonner ce qui ne doit pas l'être. Mais si un mari, une épouse, des amis, un patron, un métier, un pays, un lieu de vie, des parents ou des enfants malveillants nous démolissent, qu'est-ce qui nous empêche réellement d'en changer ou de les laisser ? Dans nos pays riches, c'est en général la peur, le doute, la culpabilité, la crainte de l'avenir et de la solitude, nos projections et fantasmes sur l'avenir, et non des réalités qui nous gênent. Ce qui arrange bien nos grands manipulateurs. Pense à ton âme immortelle. Si tu ne crois pas à l'âme, pense alors à ton esprit, ta conscience. C'est la même chose. Tu la soumets à la propagande de terreur des journalistes, à l'hypnose collective. Tu ne vis pas tes expériences. Tu les évites et quand tu ne le peux pas, tu les traverses comme si quelqu'un d'autre les vivait. Tu ne t'engages pas. Tu te restreins. Tu te condamnes à vivre une existence dont tu ne voulais pas ; tu me rétorques chiffres, pourcentages, chômage, guerre, insécurité, terrorisme. Je ne pense pas que tu aies tort ; je te réponds même que tu as raison. Oui, les risques d'échouer existent. Hé bien ! Si tu échoues, recommence ! Mais recommence différemment. Les défis sont des expériences à dépasser pour trouver ta voie et ton épanouissement. Et c'est difficile. Mais salutaire.

Bien entendu, d'autres ont moins de chances que nous. La majorité des gens vit dans des régimes franchement totalitaires. Même si l'hypnose sociale est un fondement absolu de toutes nos sociétés, même si le despotisme se fait de plus en plus présent et pressant chez nous aussi, la libération du moi naîtra quand même dans les pays riches. Si tu connais la pyramide de Maslow, tu vois de quoi je veux parler : la réalisation de soi et le dépassement de soi sont placés tout en haut de la pyramide. Comment s'occuper de bonheur, de liberté, d'épanouissement, de transcendance quand on a le ventre creux ? L'occupation de toute une vie devient la survie. C'est la terrible réalité de cinq milliards d'individus sur terre. Nous avons donc une responsabilité énorme et sans précédent dans l'histoire du monde. Nous devons montrer l'exemple et plus que ceci : nous devons nous engager et incarner, chacun, ce que nous sommes venus incarner sur terre. Je sais à quel point ce raisonnement peut te paraître utopiste, fumiste, rêveur ou mal ficelé. Pourtant… Arrête deux minutes la fuite de ton cerveau qui court en automatique, bien réglé pour les craintes, les doutes et les peurs. Sois honnête, c'est de la peur que tu ressens ! Ce gargouillis, cet étranglement dans ta gorge, et même cette colère que tu sens monter alors que je ne t'agresse pas - mais tout cela te semble tellement naïf que tu t'imagines que je me moque de toi ! - tout cela est signe de tes résistances.

*- Je ne suis pour rien dans la marche du monde, je ne suis qu'une victime comme les autres ! Comment veux-tu que je laisse tomber tout ce que j'ai bâti pour mener ma vraie vie, incarner qui je suis, cesser le factice, les apparences ? Comment veux-tu que je balance tout pour vivre une vie sincère ?*

*- Mais parce que tu le décides ! C'est toi qui décides de ta vie ! Personne d'autre.*

*- J'ai toujours vécu sous des masques, je me suis perdu, comment veux-tu que je vibre soudain ce que je suis alors que je ne sais plus qui je suis ? Comme si cela allait changer la face du monde ! Franchement, c'est ridicule !*

*- Vraiment ? Une part de toi a cependant envie d'y croire,*

*n'est-ce pas ? Oh, elle n'est pas très développée mais néanmoins tu la sens, non ? Cette espèce de toute petite boule de chaleur dans ton cœur ou tes tripes ? Tu nies ? Soit. C'est ton problème. Si tu choisis le néant pour ta vie, c'est ton choix. Mais tu entraînes ton entourage dans ta chute, prends-en conscience.*

*- Ah, ah, tu essaies la culpabilité maintenant ? Comme tu n'arrives pas à me rallier à ton projet démentiel, tu tentes de me mettre mal à l'aise ! Tu es drôlement culottée !*

*- Je manque de diplomatie, c'est probable. Je ne tente pas de te culpabiliser mais de te prévenir. Qui, durant toute ton existence, s'est donné la peine de te dire : « Tu vas contre le mur. Tu cours à la déception. Tu ne joues pas le jeu de la Vie. Tu fuis tes réelles responsabilités. Tu n'es pas qui tu es ! Tu vis ton existence dans un rôle social, programmé et conditionné ! » Qui a eu l'audace de te le dire ? Qui s'est donné cette peine ? Qui a pris ce risque d'être haï ? Qui t'a jamais parlé avec son cœur ? Quant à mon projet démentiel, l'est-il vraiment ? Que chacun vive la vie à laquelle il aspire te paraît démentiel ? Demande-toi alors qui est le plus dément de nous deux ?*

J'ai fini ma diatribe – encore une. Je suis virulente mais, bon sang, comment ne pas l'être ? C'est sans doute l'une des expériences que je suis venue vivre : lancer l'alerte, crier fort : « *Vivez sans limites, ne vous abritez pas derrière vos inquiétudes, incarnez qui vous êtes et vivez ce que vous devez vivre ! Faites-le ! Prenez des risques ! Sortez de l'hypnose sociale ! Soyez heureux ! Brisez vos chaînes et vivez !* » Je suis sans doute ici pour cela. En écrivant ces mots qui te paraissent sans doute les fruits d'un cerveau dérangé ou exalté, je réalise ce pour quoi je suis née. Je vis pleinement mon expérience terrestre. Je me sens à ma place, et je ressens profondément que je fais ce que je dois faire.

Ferme les yeux durant quelques minutes, fais le vide, respire amplement. Si tu n'as pas l'habitude de te trouver dans ton silence, tente de diminuer le bavardage mental de ton esprit, porte ton attention sur le point interne entre tes deux sourcils (une simple technique de yoga que tu connais peut-être), et tu entreras plus facilement dans ton propre silence où ta vérité peut se montrer à toi. Si c'est encore difficile, ferme aussi les yeux et colle la pointe de ta langue à la racine de tes dents de devant, bouche fermée. Le flot de tes pensées va vraiment beaucoup ralentir. Quand tu te sentiras plus calme, moins débordé, c'est-à-dire dans quelques minutes, pose-toi la question : *est-ce que je sens que je réalise chaque jour ce que je dois réaliser ?* Ne presse rien. Laisse venir ta réponse ; elle peut être fulgurante. Cela peut également prendre des heures, des jours ou des mois. Tu ne peux rester à l'attendre. Rouvre les yeux et vaque à tes occupations. La réponse viendra, tu peux en être certain. Sous une forme que tu n'attends pas, mais elle viendra. Sois vigilant. Apprends à reconnaître la réponse. Ce sera une réduction de personnel dont tu feras partie et tu retrouveras ta liberté. Ce sera ton enfant qui te dira qu'il en a assez des contraintes stupides que tu lui imposes. Et tu décideras enfin de te conduire comme un parent aimant et non un garde-chiourme. Ce sera un mot entendu, ou une pensée qui te traversera. Une invitation où tu rencontreras une personne qui te parlera de sa passion et tu te rendras compte que tu as rêvé toute ta vie de la pratiquer ou d'en faire un métier. Ce sera un passage dans un livre, un dialogue dans un film. Peu importe d'où et comment viendra ta réponse, mais sois à l'écoute. Fais cet exercice autant de fois qu'il le faudra pour la déclencher. Des années de conditionnement à vivre une existence dépourvue de sens t'ont endurci, ne l'oublie pas. Or il s'agit de laisser parler ton âme brutalisée. Donne-lui le temps. Et quand la réponse se fera jour, remercie-la. Et agis. Honore-toi.

Si tu fais partie de ceux qui creusent dans le bon sillon, celui de la vie pour laquelle tu es vraiment fait, tu as dû abandonner cette lecture depuis longtemps car je n'ai rien à t'apprendre que tu ne saches déjà. J'écris plutôt pour toi en quête d'une vie meilleure. Ce qui est dur, compliqué, c'est de mener une vie qui va à l'encontre de ce que nous sommes. De considérer la Vie comme une lutte. Un combat. C'est pourtant exactement ce à quoi toutes les sociétés poussent leurs citoyens, ce que toutes les éducations favorisent ! Cette existence-là ne coule pas de source ; elle est emplie de heurts et de fracas, de mauvaises relations et de sensations terribles, d'émotions toxiques, d'expériences douloureuses, de maladies, de misères quotidiennes, de manques de tout, y compris de moyens financiers. Et même quand il y en a, l'argent n'arrange rien. Le Veau d'Or ne résout pas ce qui se passe dans notre âme et notre corps. Il ne résout que ce qui vient de l'extérieur - en partie et c'est déjà bien - mais jamais de l'intérieur. Il apporte du confort matériel mais pas du confort affectif, ou émotionnel, ou de l'harmonie. Une certaine liberté d'action - cela aussi, c'est beaucoup et essentiel - mais ce n'est pas la liberté d'esprit. Pour aimer l'argent de la bonne manière, sans exagération négative ou positive, il faut d'abord s'aimer soi.

Pour que l'existence soit belle, il faut donc non seulement ne pas manquer de moyens matériels mais vivre au plus près de notre essence intime, respecter notre personnalité et lui permettre de s'épanouir. Alors notre âme se réjouit et nous ressentons profondément bonheur et accomplissement.

Et ce bonheur et cet accomplissement ne sont pas forcément confortables. Je sais que c'est un paradoxe qui te paraît absurde et insupportable, frère humain. Le confort et le bonheur sont deux notions qu'on nous a appris à coupler comme deux jolis petits amants de vingt ans. Le bonheur confortable, cela sent le propre, la lessive bien faite, immaculée, les jours qui coulent sans heurts tels un bord de Marne au printemps ; le confort dans le bonheur fleure bon l'existence diluée dans les journées qui passent, semblables. Mais le bonheur et le confort ne forment pas forcément un couple idéal. On peut jouir de beaucoup de confort sans atteindre au bonheur. Pour autant, le bonheur sans confort n'est pas facile à atteindre, surtout pour nous, gens des pays riches, enfants gâtés de la surconsommation. Mais c'est possible. Pourtant, le bonheur sans le confort, je ne suis pas certaine que tu y croies, frère humain. Et pour ma part, je préfère le bonheur avec le confort. Car oui, c'est possible. Mais le grand secret, c'est que le bonheur n'est pas nécessairement confortable émotionnellement !

Nous entrons dans le grand secret des dieux. Tu sais, les grands manipulateurs... Ils ne veulent pas que tu fasses la différence entre bonheur et confort. Ils te présentent sans cesse les deux ensembles sous forme publicitaire ! N'es-tu pas censé ressentir les deux en croquant ta barre de céréales, en buvant ta boisson gazeuse, en conduisant telle ou telle marque de véhicule ? Car si l'on te fait croire qu'en achetant le confort, tu achètes le bonheur, tu vas consommer, n'est-ce pas ? On t'embrouille facilement, on superpose les deux notions, et te voici vêtu d'un bonheur et d'un confort en prêt-à-porter. Pas de sur-mesure. Le même bonheur, le même confort pour tous les individus ! Ça y est, on t'a habillé, tu porteras le même costard jusqu'à la fin de ton existence ! Perversion des notions et même de tes sens. L'écran stupide de la télévision est très fort à ce jeu. La publicité fait de toi un humain-jouet : elle te dicte tes comportements jusqu'aux moindres détails. Et tes comportements, somme toute, c'est ta vie. C'est grave. Inadmissible. Hypnose sociale.

Tu abandonneras peut-être ce livre parce qu'il n'est pas confortable. C'est un pamphlet qui fait la révolution. Un texte abrupt qui te raconte que le bonheur n'est pas forcément confortable ! Que pour le trouver et le tenir en équilibre, il faut te dépasser, te surpasser, magnifier qui tu es, devenir plus adulte, plus responsable, plus autonome, plus seul, plus puissant (je ne parle pas d'exercer ton pouvoir sur autrui mais de puissance intérieure.) Crois-tu que ce soit toujours confortable ? Le bonheur est un chemin inconfortable !

Comme a chanté Léo Ferré : *je vis dans la marge.* Toi, vis-tu dans la marge ? Où es-tu bien établi dans le texte réglé par les maîtres du monde et les mille mauvaises habitudes quotidiennes, bien confortables, qui te détruisent, frère humain ? Où en es-tu de toi, de tout ? Affrontes-tu ton destin d'une âme ferme ? Essuies-tu les intempéries de ceux qui ont choisi leur destinée ? Ou joues-tu le jeu du confort, la sécurité, le doute, la crainte, la paralysie, la mort vivante ? Es-tu un zombie qui joue les règles imposées ?

Ou assumes-tu qui tu es ? L'inconfort de ne pas être coulé dans le moule ? De vivre dans la marge ? L'inconfort de ton autonomie - que tu finiras par trouver très confortable en un sens !

Fuis l'embrigadement. Ne fais pas partie d'un groupe bien défini pourvu d'une hiérarchie : un parti, une secte, une armée. Ne sois jamais membre de quoi que ce soit, c'est que j'ai envie de te dire ! Conserve ta précieuse liberté. Le groupe, c'est déjà la connerie ! Non, ce n'est pas malveillant. C'est éprouvé. C'est même la grande leçon de l'Histoire. Si tu ne me crois pas, penche-toi sur les livres d'Histoire. Les armées, les gouvernements, les empires, les royautés, les clergés, les consortiums, les fédérations (et la Communauté Européenne en est un bon exemple), les partis, tout cela c'est le fascisme. Le mal. Je crois encore plus ou moins en l'État car je ne sais pas encore imaginer de meilleure organisation. Évidemment il faut énormément l'améliorer en commençant, par exemple, à créer un système de référendum populaire car il n'est pas assez démocratique puisqu'il concentre le pouvoir entre trop peu de mains. Et des mains sales… Non, l'état tel qu'il existe actuellement n'est pas démocratique. Le mieux serait un système collaboratif. Un état collaboratif. C'est le seul type de groupe dans lequel je fonde espoir. Et une économie collaborative ;

Ne me demande pas de croire en l'armée ou la religion. Regarde les meurtres commis par ces groupes depuis leurs commencements… Le pire est que nous ne pouvons plus nous passer des armées car il faut nous défendre en cas d'agression. Cela ne sera possible que dans un monde sain. Oui, dépassé le chiffre de 4 ou 5 personnes, nous devenons cons et dangereux. Parfois même à 2 seulement ! Regarde les couples : la plupart sont en guerre !

J'ai toujours pensé que je suis plus anarchiste que les anarchistes car faire partie de la Fédération, c'est déjà faire partie d'une organisation ! Donc je ne suis même pas anarchiste. *Je vis dans la marge* comme chantait le regretté Léo Ferré, magnifique frère humain qui avait choisi son destin librement, ses règles du jeu et son terrain. Je ne veux pas faire partie d'un parti. Je veux seulement faire partie d'une humanité aimante, heureuse et non souffrante. Je vous invite à vous lever, frères humains, pour incarner ce que vous êtes réellement. Pour cesser d'être les fantoches des maîtres invisibles, des institutions, des banques, des partis politiques, des organisations religieuses... Ce serait encore un groupe, me direz-vous, que celui d'une humanité heureuse. Vous avez raison. Ce groupe-ci, j'accepterais enfin d'en faire partie, ne craignant plus que nous nous conduisions comme une bande d'imbéciles !

Nous sommes plus de 7 milliards. C'est bien assez. En attendant, je vis dans la marge depuis plus de dix ans. Avant cela, je n'étais pas pour autant un modèle d'obéissance, un de ces êtres dont on est fier et dont on dit : *« Il fait de bonnes études ; il sera médecin. »* Ou : *« Il est tiré d'affaire ; il a eu son diplôme d'ingénieur. »* Ou : *« Il a hérité ; il est notaire. »*

Tu dois te demander pourquoi j'ose te balancer mes vérités. Après tout, ce ne sont que les miennes car toute vérité est subjective. Tu dois trouver mes conclusions radicales. Évidemment, je force le trait pour être mieux comprise. Mais je te dois ma vérité, frère humain, car tu prends la peine de lire ce long réquisitoire qui appelle à la liberté. Je n'ai pas toujours été ce que je suis. J'ai eu mes craintes et mes doutes ; parce que je les ai nourris beaucoup trop longtemps, je connais cette corde psychique, qu'on se passe soi-même autour du cou : je peux donc me permettre de t'en parler. D'abord, s'engager dans la vie, c'est accepter qu'elle ne sera pas forcément linéaire. Pourtant, enfant, on nous présentait la stabilité en tout comme le Saint Graal de l'équilibre émotionnel, l'objectif à atteindre absolument, sans quoi nous serions considérés comme nuls ! Des zéros sociaux. Mais s'engager dans l'existence, c'est assumer que nous allons changer dans le temps, évoluer. Or on nous disait : « *Voilà, tu prends un boulot, tu le gardes jusqu'à ta retraite ; tu prends une maison, tu meurs dedans ; tu prends des amis, tu les gardes jusqu'à la mort ; tu prends un mari, une épouse, si ça se passe mal, tu mets un mouchoir dessus et tu continues en te gangrenant mais fais en sorte que ça ne se voie pas ; tu collectionnes les timbres, tu les collectionneras jusque sur ton lit de mort ; tu aimes le saucisson, tu aimeras toujours le saucisson ; tu détestes le clafoutis, tu détesteras toujours le clafoutis ; etc.* » Tu n'avais pas commencé à vivre que ta messe était déjà dite. Tu imagines aisément que l'idée de devenir adulte ne me passionnait pas dans de telles conditions. Rester figé, c'est la mort avant l'âge. C'est une mort vivante. Le monde est plein de zombis. Tu en as vu des tonnes, frère humain, de ces gens statufiés, rigides, qui emmerdent copieusement leur entourage et paniquent complètement au moindre imprévu. Nous en avons tous quelques-uns en mémoire, mais ce n'est pas pour leur plus grande gloire.

Donc vivre pleinement, c'est en réalité progresser au mieux de nos dispositions, nos possibilités et efforts, nos talents, nos connaissances, nos apprentissages, nos expériences. C'est le minimum. Et l'on peut même s'élever au-dessus de soi pour s'épanouir parfaitement. Je pense que nous sommes d'accord sur ce point. Jusqu'à l'âge de presque quarante ans et mon départ du métier gagne-pain, dans lequel je m'étais engluée pour les mauvaises et habituelles raisons décrites précédemment (doutes, craintes, peur du manque, insécurité intérieure), j'étais devenue la moitié de moi-même. Je ne m'étais exprimée qu'en pointillé, à côté de mon métier. Une part de moi écrivait depuis mes 19 ans, désirait devenir écrivain et poète à plein temps ; une autre part dessinait, peignait, exposait ; enfin une autre encore, pétrie d'obligations, de devoirs, de contraintes (je croyais encore que me conformer aux attentes de la société était un devoir), craintive, fuyante, submergée de complexes et de culpabilité, n'acceptait pas ce que je suis réellement : une âme qui délivre des mots, des poèmes, des romans, des écrits de toutes sortes, et fait passer, par ce truchement, son message de paix, de tolérance, de respect de la Vie. J'assumais mal cette part et c'est pourquoi j'avais pris un travail alimentaire comme 80 % de l'humanité qui se réjouit peu ou pas de son métier. Je ne forçais pas les portes de l'édition. Je ne faisais que des tentatives marginales qui retombaient comme des soufflets. Certes, il est très difficile d'être édité. Mais la réalité m'oblige à constater que je n'entrais pas par les fenêtres quand on me fermait les portes. C'est du reste toujours une chose qu'il m'est très difficile à faire. Mais pire : je décrochai deux occasions d'être éditée et les rejetai dans un splendide sabotage inconscient ! Car désirer ne suffit pas : il faut être prêt à accepter sa réussite. Je n'étais pas prête : je ne croyais pas en moi. Je végétais donc, avec un certain plaisir, dans mon métier, pour remplir mon panier de courses et me garantir un toit. Tu connais tout cela, frère humain. Très peu nombreux sont ceux qui ont su éviter les écueils du syndrome de l'imposteur et du sabotage. Je suis évidemment tombée malade, d'une maladie très mystérieuse, dont on ne sait rien, qu'on ne sait toujours pas soigner, dont le nom même était inconnu des médecins à l'époque. J'ai mis huit ans à obtenir un diagnostic. Onze ans avant que l'on me prescrive un médicament qui réduisait en partie les symptômes. J'ai pu reprendre l'écriture, ce pour quoi j'ai toujours su que j'étais faite. Cette année, nouveau diagnostic : on me dit que j'ai en fait deux maladies, aussi mal connues l'une que l'autre. J'ai débuté un traitement. Je ne vais pas te raconter davantage ma vie, ça n'a pas d'intérêt. (Deux ans plus tard, je t'annonce que je suis enfin guérie.)

Mais je veux t'éviter le pire : si j'évoque rapidement cela, c'est pour que tu saisisses que si tu mènes trop longtemps une existence qui n'est pas la tienne, il va t'arriver quelque chose de vraiment terrible. Ce peut être une maladie comme cela l'a été pour moi, un accident, une ruine financière, une séparation, peu importe ; tu vas te débrouiller inconsciemment pour te stopper dans ta course folle et te forcer à réfléchir : *suis-je à ma place ? Suis-je qui je suis ? Ou suis-je entré dans un rôle ? Me suis-je laissé dévorer par l'hypnose sociale ?* Puis durant des mois ou des années, tu te poseras ces questions : *que dois-je faire ? Est-ce que je fais enfin les bonnes choses pour moi maintenant ?* Tu approcheras de ta vérité mais insuffisamment. Approcher n'est pas trouver. Trouver c'est mettre en place les bonnes stratégies pour vivre ce que l'on est véritablement, et abandonner cet ersatz de toi-même. Car la seule question à se poser est : *qui suis-je ? Qui ai-je envie d'être ?* De cela découleront évidemment d'autres questions *: Pourquoi ? Quelles sont mes valeurs ? Quels sont mes talents ? Mes compétences ? Mes besoins ? Mes désirs ? Que dois-je matérialiser dans ma vie ? Comment sortir de mon rôle pour être authentique ? Etc.*

Mais la première question à te poser, la plus

importante de toutes et, frère humain, si tu m'écoutes tu t'éviteras de coûteuses thérapies et une errance de dix ou vingt ans, la première question est : *qui suis-je ?* Et la deuxième : *quels sont mes besoins ?* La troisième : *quels sont mes désirs ?* La quatrième : *Comment les vivre, les incarner ?*

Car si tu sais qui tu es, tout est simple. Tu mets naturellement tout en place pour incarner qui tu es. Vivre pleinement, vibrer pleinement qui tu es. Si tu exprimes clairement qui tu es, personne ne peut se tromper sur toi. Tes relations s'en trouvent assainies. Il n'y a plus jamais tromperie sur la marchandise : tu annonces clairement qui tu es, juste en étant. Pas besoin de discours. Ta santé même devient meilleure parce que tu ne cherches plus de dérivatifs, de palliatifs à ta misère interne. Ta motivation et ton enthousiasme deviennent naturels : tu n'as plus besoin de te forcer à agir car tu es aligné avec tes besoins et désirs. Et ce que tu accomplis est beaucoup plus aisé et fluide. Cela ne veut pas dire que tout est facile sur le chemin de ton accomplissement, loin de là. Bien entendu, il y a des étapes, des objectifs et parfois des difficultés énormes. Et tu placeras la barre toujours plus haut car tu étendras, à chaque défi accompli, davantage ton terrain de jeu et tes règles. Si tu as foi en qui tu es, ce que tu dois faire, pourquoi tu dois le faire, ce sera aisé et fluide de poursuivre ta route par tous les temps, sous toutes les latitudes. Non plus avec la sensation de corvées terribles, injustes et ingrates, mais celle de participer à un grand jeu, de vivre des expériences qui te grandissent et te rendent plus sûr de toi, plus autonome, plus affranchi. Jouer vraiment au grand jeu de la Vie n'est rien d'autre. Les difficultés ne sont plus des problèmes mais des défis à résoudre. Les obstacles sont surmontés un à un, au lieu d'être considérés comme infranchissables. Et si l'un d'eux est vraiment infranchissable, malgré des tentatives diverses, et bien, tu n'en fais pas une maladie, frère humain : tu lâches prise et passe à autre chose.

Ce qui fait la différence, c'est ta foi en toi, en qui tu es devenu et qui tu tends à devenir, qui tu as toujours été et que tu reconnais et assumes enfin. Toutes les parties qui nous composent ne se développent pas en même temps. Ne t'impatiente pas ; ton seul labeur, c'est de jouer au grand jeu des expériences. À ce stade de mon livre, je sais que nombreux sont ceux qui l'ont jeté aux orties. Mais nombreux sont ceux qui comme toi, frère humain, se demandent s'ils ne devraient pas oser être ce qu'ils sont, ôter leur masque d'hypocrisie sociale, abandonner les devoirs non désirés, le mépris de soi, pour les troquer contre leur vérité intime, la simplicité et la sérénité.

Frère humain, je sens ton cœur battre derrière cette page, ce muscle qui t'honore depuis ta conception sans jamais défaillir, muscle à qui nous devons tant de gratitude, muscle fraternel sans le travail incessant duquel nous retournerions d'où nous venons. J'entends ton cœur qui s'échauffe dans ta poitrine, frère humain, il réchauffe ma main et fluidifie l'encre de mon stylo, car il est ému, frère humain, à l'idée de vivre enfin dans sa vérité et non dans la contrainte que tu lui imposes. Car c'est toi frère humain qui décide ! Oui : c'est toi qui as fait de ta vie cette prison ! Ce carcan d'inhibitions ! L'hypnose sociale, tu n'es pas obligé d'y adhérer. Sors du prêt-à-penser. Du prêt-à-sentir. Du prêt-à-vivre.

Comme toi, frère humain, j'ai fait vivre durant des années chacun de mes organes, chacune de mes fibres, de mes cellules, de mes nerfs, chaque parcelle de ma chair et mon âme, dans la terreur du non-dit et de l'hypocrisie sociale - qui est l'une des conséquences de notre hypnose sociale - et je les ai rendus malades. Ils se remettent à peine. Voici deux ans (quatre ans au moment où je corrige ce manuscrit), j'ai enfin publié mon premier roman, et n'ai plus cessé d'écrire. Je ne me mens plus sur la personne que je suis : je suis quelqu'un qui aime écrire et rire. Simplement. Je rends enfin hommage à mon corps qui me porte et que j'habite. Je le respecte. Je ne lui impose plus les mille contraintes d'un univers qu'il n'aime pas, d'un métier qu'il n'a pas envie d'exercer, de relations toxiques... Et je n'ai pas fini mon ménage : il me reste d'autres choses à mettre en place pour satisfaire aux exigences légitimes de mon corps et mon âme. C'est le chemin même. On le découvre au fur et à mesure que nous avançons car nous changeons.

Viens frère humain, je te tends la main fraternellement, prends la route, quitte la fausse sécurité extérieure pour la sécurité intérieure, quitte ton confort de pacotille pour le confort réel de celui qui sait qu'il peut compter sur lui quoi qu'il arrive, et vaincre tous les inconforts. Viens frère humain, fraternisons sous ce ciel limpide et accomplissons notre tâche : soyons ce que nous sommes. Loin des masques. Et ce que nous sommes, rendons-le plus vaste, plus puissant, plus intelligent, plus lumineux et plus bienveillant. Rayonnons, chacun à notre manière.

Je sens que ce livre est une déflagration. Dans le paysage intellectuel bien sage et formaté que le monde nous propose depuis des dizaines d'années, à quelques rares exceptions près, ce livre semble une curiosité dangereuse car il propose un autre modèle d'existence.

Je ne suis pourtant pas la seule à écrire sur une autre manière de voir, sentir, penser, envisager l'existence. Je sens cependant que ce livre est une déflagration. Peut-être à cause de mes mots, leurs agencements, ma façon de dire les choses. Mon ton. Je n'invente rien cependant : d'autres ont écrit des livres au contenu beaucoup plus puissant. Alors, me direz-vous ? J'ai quand même l'impression de mettre le feu aux poudres, d'exprimer clairement ce que tant d'êtres s'efforcent de camoufler. Sera-t-il seulement lu ? *Ecoute, petit homme !* de William Reich était une révolution : qui le lit encore ? Il n'a pas changé la face du monde. Les livres ne changent pas la face du monde sauf s'ils sont bourrés d'inepties fantasmées par des illuminés : les textes religieux et politiques ont fait et font toujours autant de dégâts !

Je voudrais que ma déflagration porte loin mon message : soyez vous-mêmes, pourvu que vous ne blessiez pas autrui, soyez vous-mêmes, cessez le jeu stupide de l'hypocrisie sociale. Faites tomber vos masques ! Je voudrais un orage qui tremble dans le ciel, et que l'écho du tonnerre parvienne jusqu'à vous, frères lointains de l'autre côté du monde, que vous entendiez : soyez vous-mêmes. Soyez qui vous êtes. Agissez en conséquence.

Je ne désire ni sang ni effusion de colère. Juste une révolution de l'esprit. Qui est une évolution de l'esprit. Que vous contrôliez vos ego. Votre conscience. Votre inconscience. Que vous collaboriez avec vous-même. Que vous cessiez d'être votre propre ennemi. Que vous viviez connecté à votre âme. Que vous respectiez votre subconscient. L'âme, après tout, n'est peut-être que notre conscient et notre subconscient ?

Tout cela vous paraît mystique ou irréalisable. Ceux

qui ne croient pas à l'âme me pensent folle. C'est possible. Mais croire en Dieu ou Bouddha n'est pas moins improbable. La foi n'exige pas de preuves ; et il n'existe aucune preuve scientifique en ce domaine. Je pars donc librement du postulat que nous sommes tous l'incarnation physique d'une âme immortelle. Que c'est à cela que sert notre incroyable corps. Je comprends que cela puisse te gêner aux entournures. Surtout si ta tournure d'esprit est particulièrement scientifique, ou que tu as été éduquée comme moi dans la religion de l'athéisme. Mais je te le demande : oublie ton bavardage mental et discute avec ton âme. Demande-lui ce qu'elle désire, pourquoi elle est là avec toi qui es aussi corps, que veut elle accomplir ? Qui est-elle ? Car qui elle est, c'est qui tu es. Tu es ton âme. Le temps de ta durée terrestre, et avant cela et après cela. Puisque après, elle est encore toi sans ton corps. Ton âme est bien immortelle. Écoute-la ! C'est la moindre des politesses, entends-la ! Cesse de te conduire comme une brute, respecte-la ! Aucune preuve, je sais. Frère humain, il se peut qu'un jour nous ayons la preuve de l'existence de l'âme. Alors personne ne pensera que je suis mystique, timbrée ou irréaliste. Quand le fait sera fermement établi, plus personne n'y reviendra : nous possédons une âme. Et si je me trompe, peu importe au fond.

En attendant, la chasse aux sorcières n'est pas terminée : chacun se bat pour son petit dieu. Mais nous sommes les dieux ! Puisque nous ne mourrons pas ! Jamais. Notre âme est immortelle. Et ce postulat qui n'est peut-être pas de ton goût, dis-toi qu'il n'est pas plus stupide que le postulat que nous sommes des êtres physiques sans âme : dans un cas comme dans l'autre, il n'existe pas de preuves.

Frère humain, prends de la hauteur. Un dieu peut-il

se conduire comme tu te conduis sans passer pour un pitre ? Sois digne, relève la tête, ressens ta grandeur et ta puissance. Frère humain, réveille-toi : tu es un dieu ! Un créateur !

Tant que tu n'as pas senti cette étincelle divine en toi, cette énergie qui te rend créateur de ta vie, tu demeures meurtri, prostré, bon pour l'hypnose sociale. Pauvre bétail ! Frères humains, vous êtes ce grand troupeau de moutons qu'on envoie à l'abattoir.

Je vous contemple avec tristesse, frères humains : vous semez mort et souffrance à chaque pas, geste, parole. J'ai l'air de donner la leçon mais je ne suis meilleure en rien. Ma route est aussi longue que la vôtre. Il m'arrive encore de m'étonner quand je m'écoute : soit que je démoralise quelqu'un, soit que je me démoralise. On nous a appris la critique, les conclusions vite et mal ficelées, les actes avortés, la bonté difficile, le rejet au lieu de la reconnaissance, la pitié au lieu de la compassion, jamais la sympathie sincère. Frère humain, comme toi je suis entraînée par l'hypnose collective, comme toi je dois travailler dur pour m'en dépêtrer ; les sales habitudes prises depuis l'enfance reviennent plus rapidement que les bonnes habitudes ne se mettent en place. Cependant je tends à me bonifier avec les autres et moi-même. Surtout moi-même car j'ai été mon bourreau durant si longtemps ! Je me suis souvent montrée généreuse avec mes frères humains, et je n'y avais pas de mérite : je suis née sensible à leurs malheurs. J'ai aussi parfois échoué à monter de la générosité, me découvrant mesquine et rabougrie. Humaine, me diras-tu, frère humain. Oui, humaine dans son versant le plus obscur : médiocrement humaine ou d'une médiocrité tout humaine. Avec moi, je me suis montrée longtemps si peu généreuse… Je me suis forcée à exercer des métiers que je n'aimais pas pour « gagner ma vie », quelle expression stupide ! Pour m'assurer ce minimum nécessaire que sont le gîte et le couvert. Jusqu'à en tomber malade. Je me suis heurtée à moi-même. Je me suis heurtée systématiquement, jour après jour, à la porte close de mon cœur en gaspillant mes forces, mes talents, mes compétences. J'étais née pour écrire, créer, partager et non faire autre chose. Je ne reviendrai plus sur ces années vécues à moitié.

Sois généreux avec toi, frère humain. Choisis le métier qui te convient. Si tu te sens investi d'une mission, réalise-la. Si tu sens que tu possèdes un talent à exprimer, exprime-le. Mais la standardisation sociale, refuse-la de toutes tes forces. N'exerce pas un métier pour lequel tu n'es pas fait parce que tes parents l'ont exigé ou que ton père l'exerçait, ou que tu es issu d'une famille de militaires, de fonctionnaires, de ceci ou cela, ou qu'un professeur ou une conseillère d'orientation en a décidé pour toi. Non. Arrête-toi et observe-toi. Quand es-tu heureux ? Quand trouves-tu que tu es à ta place exactement ? Qui es-tu ? Trouve ton essence et tu sauras qui tu es. Ce que tu as à accomplir en découlera naturellement. Si tu es jeune et que tu lis ce livre, c'est parfait. Si tu es âgé et embourbé dans une existence sans aucun sens, c'est parfait. Tu sais aussi ce qu'il te reste à faire.

Il me semble avoir déjà écrit ces mots. Tant pis : la répétition est mère du succès. Ils le savent bien ceux qui nous harcèlent afin que nous devenions leurs hommes de main, leurs automates. Ils ne s'y prennent pas autrement. C'est par la répétition qu'ils asservissent les masses dont nous faisons partie, frères humains. Par l'hypnose sociale.

La répétition peut être à l'inverse un outil formidable. C'est le développement personnel qui m'a fait découvrir l'importance de nos rituels, nos habitudes. Le développement personnel part du postulat que nous sommes la somme et le résultat de nos habitudes et nos croyances. C'est à la fois simple et génial. Ceci veut dire que le développement personnel croit davantage à la programmation et au conditionnement qu'à l'hérédité. Combien j'y crois aussi, tu l'as compris. Tu es donc libre, libre de choisir ta vie. Qu'importe ton hérédité, tu n'es pas obligé de t'y asservir. Qu'importe ton milieu d'origine, tu n'es pas forcé de t'y soumettre. Qu'importe ton passé, tu n'es pas obligé de t'y assujettir. Le passé est le passé et l'on ne peut vivre qu'au présent. Le passé n'est pas le présent. Tu peux te déprogrammer, te déconditionner en te programmant et conditionnant à autre chose ; et cette autre chose peut être la personne et la vie que tu souhaites au plus profond de toi.

Le développement personnel part du postulat, entre autres, que tu es en grande partie le résultat des habitudes que tu as mis en place durant toute ton existence. Ce qui te place, une fois de plus, face à tes responsabilités. Si tu vas au bistrot tous les soirs pour t'enfiler des bières, tu es gros, mou et stupide. Si tu frappes tes enfants, ils ont peur de toi et ne t'aiment pas. Peut-être même te haïssent-ils. J'ose espérer que tu ne t'étonneras pas quand personne ne viendra te visiter, plus tard, et que tu crèveras seul. Surtout ne te plains pas : la cruauté envers les enfants n'a aucune excuse. Si tu commères partout où tu passes, attends-toi à entendre de drôles de choses sur ton compte. Si tu asservis un peuple, prépare-toi à une révolution et à être pendu, même s'il y faut trente ans. Si tu vis dans la pollution, la malbouffe et le stress, attends-toi à un cancer. Je ne vais pas m'étendre mais tu saisis ce processus, très simple : la répétition d'habitudes toxiques tue.

Mais la répétition peut également te sauver. Mettons que tu boives de l'eau de qualité en quantité suffisante tous les jours, ton corps est correctement hydraté, c'est certain, et ton cerveau plus vif. Si tu es aimant et tendre avec tes enfants tous les jours, il existe de fortes probabilités pour que tes enfants t'aiment et te soutiennent dans ta vieillesse. Si tu fais du sport plusieurs fois par semaine, ton corps est en meilleure forme et vitalité. Etc.

C'est une idée simple mais géniale : nous pouvons changer notre existence en changeant nos habitudes. Fais donc la liste de toutes tes habitudes nocives et élimine-les. Remplace chaque habitude nocive par une habitude constructive. Une par une, s'il le faut sur deux ou trois ans, mais cesse de te plaindre de ta vie, tiens-toi droit et agis ! Ton bien-être est sous ta responsabilité ; surtout si tu as la chance de vivre dans un pays dit démocratique. Il est certain que ce coup de gueule s'adresse surtout à des gens dont le niveau de liberté est suffisamment élevé pour réussir le pari de la transformation de soi malgré l'hypnose sociale.

Fais donc la liste de toutes les habitudes simples qui t'aideront à suivre la voie la plus heureuse pour toi, et mets-les en place pour ta santé, tes relations familiales, amicales, ton travail, tes finances, ta spiritualité (je ne parle pas de religion mais de ton rapport à toi et au monde, méditer ou marcher par exemple peut être parfait), pour tes passions, tes besoins, tes plaisirs, tes objectifs et autres. Voici le genre d'actions que tu peux mettre concrètement en place très facilement. Rien d'ésotérique. Pas de baratin psychanalytique non plus. Cela me sera reproché, c'est sans importance : il faut bien laisser un os à ronger aux gens qui pensent que la complexité est une garantie de sérieux. Mais la complexité est en général une source de complications. Voici déjà une façon facile de te soigner, frère humain, et de t'approcher de ta vie rêvée.

Je t'entends crier, frère humain :

*- Mais elle ne se rend pas compte, je n'ai pas le temps, moi ! J'ai autre chose à faire ! Si elle croit qu'avec ce genre de conneries, je vais transformer ma vie ! C'est ridicule, franchement, c'est pas sérieux, si c'était si simple, ça se saurait !*

Mais ça se sait ! Mais personne ne veut pratiquer ce qui est simple. Ce n'est pas valorisant ; en France on valorise tellement la complexité, voire la complication, les raisonnements, l'intellect, pas ce qui est pratique, direct, propre. Peu de gens décident de changer leur vie en la transformant, non en démolissant tout, par des actes simples, et avec douceur, pas à pas, en posant des rituels quotidiens différents puis de plus en plus audacieux. Les gens qui le font réussissent à transformer leur existence et la rendre meilleure. Frère humain si résistant au changement, écoute : mes journées ne font que 24 heures comme les tiennes. Ne me raconte pas que c'est différent pour toi, que ta journée ne fait que 12 heures. Tout le monde possède 24 heures par jour. Cesse de te vautrer devant ton stupide écran de télévision ou tes réseaux sociaux quatre ou cinq heures par jour. Tu vas avoir le temps d'installer à la place de nombreuses habitudes valables. Ensuite, oui, c'est avec ce genre de conneries que tu vas transformer ta vie ! Ne me crois pas, tente ! Qu'as-tu à perdre ? Tu as tout à gagner ! Fais un effort, frère humain, dépasse tes doutes, ta peur, tes résistances, essaie. Fais-le. Car ce genre de conneries va t'emmener naturellement à mettre en place d'autres types de comportements qui vont changer ta vie. C'est la loi des conséquences. Tu n'y crois pas car c'est plus confortable pour le moment d'être paresseux. C'est ce que tu crois. Mais ce n'est pas vrai, frère humain, tu es au fond la plupart du temps très malheureux dans ta routine. Et ça ne fera qu'empirer jusqu'à devenir intolérable. Ce que tu imagines être du confort n'est que l'inconfort dans lequel tu es installé : c'est devenu ton rituel ce sentiment de misère et de médiocrité qui t'accompagne partout ! Tu n'en as plus conscience. Tu penses que la normalité, c'est ça. Mais la normalité n'est pas le malheur ou la misère. Et si tu installais plutôt la joie et l'enthousiasme en toi et autour de toi ?

Je sens que tu n'aimes pas ce que je te dis. Je sens ta colère :

*- Tu crois donc qu'avec tes quelques foutaises mon existence de m... va changer ? Tu te fous de moi ? C'est un truc de charlatan ton développement personnel ! Et tes thérapies comportementales ! De toute façon, ce n'est pas vrai que mon existence est merdique, je vais très bien, moi ! Parle pour toi !*

Non, c'est un truc de personne adulte, mâture, responsable, consciente. Si tu préfères te plaindre, geindre sur ton sort, pleurnicher, te mettre en position de victime passive et consentante, c'est ton problème. Rester infantile, refuser de grandir, c'est ton problème mais alors arrête d'emmerder les gens avec les problèmes que tu crées en toi et autour de toi.

Mais si tu acceptes le défi, tu es mon homme, tu es ma femme, frère humain. Ensemble nous bâtirons un monde neuf, conscient, responsable. Un monde heureux. Mature.

Et le bonheur, souviens-toi, n'est pas une morne

plaine. Le bonheur peut également secouer et être inconfortable. Mais il vaut toujours mieux que ce que nous vivons aujourd'hui. Partout l'horreur. Je détourne souvent le regard pour ne pas me laisser intoxiquer, me laisser habiter et habituer par l'horreur. Je finirais par la trouver normale et je ne prends donc pas ce risque. Car les maîtres sans visage et sans nom, frère humain, nous imposent l'horreur comme rituel quotidien plusieurs fois par jour avec le Journal télévisé par exemple. Car comme la répétition est là aussi mère du succès, les gens écoutent la radio ou voient la télévision à des heures rituelles pour se délecter de l'horreur du monde jusqu'à en vomir : journaux télévisés, émissions putassières, feuilletons dégradants, téléréalité. Tu notes qu'il n'est pas besoin de le leur rappeler, leur ordonner : d'eux-mêmes ils cherchent les moments les plus horribles, vulgaires, violents ! Rituel, quand tu nous tiens… Hypnose sociale. Oui, c'est une réussite incroyable pour les maîtres sans visage et sans nom.

Alors installe de jolis rituels dans ta vie pour une jolie vie. Si tu trouves anormal de t'abreuver à heures fixes de monstruosités chaque jour de ton existence, tu es en bonne voie. Fuyons ensemble l'hypnose sociale.

Le philosophe Serge Carfantan a parfaitement décrit en quelques phrases les mécanismes mis en place pour créer l'hypnose sociale dans laquelle nous vivons déjà : texte désormais devenu célèbre, et qui passe pour avoir été écrit par Huxley. En réalité, Serge Carfantan extrapole sur ce qu'Aldous Huxley aurait pu écrire de notre époque. Voici ce texte formidable tiré de sa *Leçon 163 : Sagesse et révolte.* Elle se trouve sur son site www.philosophie-spiritualite.com :

*Pour étouffer par avance toute révolte, il ne faut pas s'y prendre de manière violente. Les méthodes du genre de celles d'Hitler sont dépassées. Il suffit de créer un conditionnement collectif si puissant que l'idée même de révolte ne viendra même plus à l'esprit des hommes. L'idéal serait de formater les individus dès la naissance en limitant leurs aptitudes biologiques innées [...]. Ensuite, on poursuivrait le conditionnement en réduisant de manière drastique l'éducation pour la ramener à une forme d'insertion professionnelle. Un individu inculte n'a qu'un horizon de pensée limité et plus sa pensée est bornée à des préoccupations médiocres, moins il peut se révolter. Il faut faire en sorte que l'accès au savoir devienne de plus en plus difficile et élitiste. Que le fossé se creuse entre le peuple et la science, que l'information destinée au grand public soit anesthésiée de tout contenu à caractère subversif. Surtout pas de philosophie. Là encore, il faut user de persuasion et non de violence directe : on diffusera massivement, via la télévision, des divertissements flattant toujours l'émotionnel ou l'instinctif. On occupera les esprits avec ce qui est futile et ludique. Il est bon, dans un bavardage et une musique incessante, d'empêcher l'esprit de penser. On mettra la sexualité au premier rang des intérêts humains. Comme tranquillisant social, il n'y a rien de mieux [...]. En général, on fera en sorte de bannir le sérieux de l'existence, de tourner en dérision tout ce qui a une valeur élevée, d'entretenir une constante apologie de la légèreté ; de sorte que l'euphorie de la publicité devienne le standard du bonheur humain et le modèle de la liberté. Le conditionnement produira ainsi de lui-même une telle intégration, que la seule peur - qu'il faudra entretenir - sera celle d'être exclus du système et donc de ne plus pouvoir accéder aux conditions nécessaires au bonheur. L'homme de masse, ainsi produit, doit être traité comme ce qu'il est : un veau [...]*

C'est si bien expliqué ! D'autres intellectuels ont pensé et écrit que le monde ne prend pas la meilleure pente possible. En 2000 par exemple, Pascal Lainé rédigeait, dans sa postface à *Casanova, dernier amour* :

*Casanova n'a pas fini de nous parler, de nous interroger sur nous-mêmes et notre propre siècle, de nous questionner sur nos certitudes et notre orgueil.*

*Nous subissons aujourd'hui l'invasion d'une nouvelle force conquérante, celle du "libéralisme» tout-puissant, d'origine essentiellement protestante et anglo-saxonne, ultime avatar de ces philosophies pragmatiques de Hobbes et de Locke qui eurent tant d'influence, déjà, au Siècle des lumières.*

*Tout comme les soldats de Cortès pillaient et assassinaient en brandissant la Croix, les nouveaux conquistadors avancent sous la bannière des Droits de l'Homme et de l'individu. Mais de quel "homme» nous parle-t-on ici ? À quoi ressemble ce "moi» qui n'existe plus qu'en fonction de ce qu'il produit, consomme, épargne ? Qui bientôt ne communiquera plus qu'à l'aide d'un téléphone portable ou à travers Internet ? Qui sue sang et eau pour accéder à une espèce d'existence abstraite et statistique, hors de laquelle il n'est point de salut ?...*

*Il me vient soudain cette pensée, fort désespérante en vérité : malgré son habileté, son énergie et toute son audace, Casanova, aujourd'hui, n'aurait pas réussi son évasion des Plombs de Venise. Sur un point, notre siècle est en progrès incontestable sur tout le passé de l'humanité : les barreaux d'une prison sont désormais d'une solidité à toute épreuve. Surtout ceux qu'on ne voit pas.*

Je ne suis donc pas seule à radoter. Je remercie Pascal Lainé pour sa pensée lucide et de bon sens. J'aime le bon sens et la lucidité. Je tente de les exercer le plus possible avec la simplicité et l'authenticité. Ce qui ne va pas sans contradictions. Ni sans, parfois, ne pas y parvenir parfaitement. Mais je vais tous les jours, sans me lasser, vers la simplicité et la vérité, du moins les miennes.

Le bon sens et la simplicité sont très liés dans mon esprit, frère humain. Je parle de simplicité, pas de simplification, jamais. Je donne le bâton pour me faire battre parce que le bon sens et la simplicité sont des valeurs jugées rustres, un peu simplettes. Mais je m'en fous. Je me fous de ce que tu penses de moi. Mon bonheur n'en dépend pas. Ma pensée n'en dépend pas. Ma vérité n'en dépend pas. Qui je suis n'en dépend pas. Qui je ne suis pas n'en dépend pas. Si tu es d'accord c'est agréable pour moi. Si tu n'es pas d'accord c'est ton affaire, pas la mienne.

J'ose te conseiller de rechercher la simplicité et le bon sens, frère en poursuite de bonheur et de sérénité, bien que tu ne m'aies pas demandé conseil. Tu peux me renvoyer mon conseil à la figure, je ne me vexerai pas : c'est ton droit. J'ai tellement envie de vivre dans un monde différent que je ne peux m'empêcher de t'exhorter à vivre différemment, frère humain. Je ne me contente pas de si peu. J'ai en horreur la médiocrité.

Il m'arrive dans mes propos de dépasser les bornes tolérées par notre société - qui ne trouve pas obscène la pornographie, la vente d'armes, les enfants battus, la course au pouvoir, la location de ventres des femmes les plus démunies du monde, et autres joyeusetés - mais trouve obscène la vérité. Ce livre est un coup de gueule que j'assume. Une déflagration dans le silence ahurissant, obscène justement et déterminant, hélas, des intellectuels médiatisés d'aujourd'hui. En méritent-ils seulement le nom ? Michel Onfray excepté, je ne vois pas grand monde dans les grands médias pour dénoncer les vérités et ne pas travestir les réalités. Tous ceux qui le font comme lui, et à leur manière, et ils sont des milliers pourtant, lanceurs d'alertes, journalistes, auteurs, écologistes, scientifiques, militants, psychothérapeutes, et tous ceux que j'oublie ne sont pas médiatisés, surtout pas. Ils sont même éjectés comme l'a été Natacha Polony. Même un Pierre Rabhi, pourtant célèbre, n'est pas médiatisé, surtout pas ! Je fais partie de ces obscurs, ces tâcherons du changement, de la grande gueule, du refus. Je me sens parfois un peu seule, frère humain, comme tu dois te sentir seul parfois. Marchons ensemble, réchauffons-nous au lait de la tendresse humaine – tant qu'il y en a encore. Je ne suis pas Lady Macbeth : je ne crains pas le lait de la tendresse humaine.

*Glamis tu es, et Cawdor tu seras.*
*Tu es promis à cela. Pourtant je crains ta nature,*
*Elle est trop pleine du lait de la tendresse humaine*
*Pour prendre le chemin le plus court.*

Shakespeare, *Macbeth*, acte I, scène V

Je te prends par le bras, frère humain, marchons ensemble et prenons donc notre temps. Cet étroit et long chemin de terre cahoteux où pousse la tendresse humaine, promenons-nous y à deux. La vie est une promenade, pas une course. Engageons-nous tranquillement mais avec ferveur, avançons doucement vers un monde meilleur. Le plaisir de la balade sera déjà immense. Nous n'avons pas à être productifs mais à nous sentir heureux. Crois-tu vraiment que ton âme immortelle cherche à être rentable ? Que son expérience terrestre est de produire des inepties à la chaîne pour le compte d'une humanité déréglée ? N'est-ce pas lui faire insulte ? Ou crois-tu comme moi que ton âme est venue éprouver le bonheur terrestre et jouir de tes sens ? Je te laisse répondre à cette question dont la réponse me paraît évidente. Reprends-toi, frère humain ! Crois-tu que ton âme soit venue exercer et ressentir le bonheur ou la productivité et la rentabilité ? Posée ainsi, cette simple question paraît même grotesque tant la réponse est naturelle. Du reste, je suis en train de me tordre les côtes, et de bon cœur ! Je me sens joyeuse, qualité qu'on s'escrime à démolir par tous les moyens sur cette terre. On la remplace par la vulgarité. On fait croire aux gens que la joie est la vulgarité. Les imbéciles sont légion à ne pas faire la différence. C'est très flagrant à la télévision, au cinéma. Joyeux, joyeuse, cet adjectif qu'on n'entend plus guère dans les conversations est encore moins en odeur de sainteté chez les grands maîtres, insensibles à l'humour, qui exercent leur autorité sur les peuples : tyrans, dictateurs, grands banquiers, chefs d'armée, rois, politiciens, grands industriels, intégristes et mafieux divers. Ceux que les médias nous laissent parfois entrevoir ne baignent pas dans la joie mais le stress, la folie des grandeurs, et pour beaucoup la maladie mentale grave. Quant à leurs manants, leurs admirateurs et leurs grouillots inconscients, ils ne paraissent pas davantage souriants ni désireux d'installer la joie dans le monde et leur vie. Ils se réunissent en groupes, groupuscules divers, passionnés par l'idée d'imposer au monde entier le malheur, la misère, la répression. Ils s'y emploient très activement et par tous les moyens. Ils veulent installer un malheur pire que celui qui nous tenaille déjà. Ce sont de bonnes recrues au petit doigt sur la couture. De bons militants de causes merdiques et insensées, hooligans, attardés religieux, yuppies au bord de la crise de nerfs, politiciens véreux, membres de confréries et sectes hystériques…

Imaginons une seconde que tous ces gens mettent autant d'énergie à conspirer à rendre le monde meilleur, plus joyeux, plus aimant : sur quelle merveilleuse terre nous vivrions !

La répression donc. Pourquoi ? Je suis en peine de comprendre le véritable pourquoi. Pour la domination, le pouvoir, l'argent, l'avidité ? Détruire l'autre, tous les autres pour un résultat aussi minable ? J'ai du mal à le croire. Or ce n'est peut-être que pour cela. Je reconnais que j'ai du mal à l'admettre. C'est si stupide ! **La répression est devenue un projet social sur l'ensemble de la planète.** Comment s'y prennent les maîtres sans visage et sans nom ? Nous le savons : arrestations arbitraires, tortures, décapitations, terreur, drogues, polices secrètes, terrorisme, corruption, sociétés secrètes, institutions, la liste est toujours longue quand il s'agit d'horreur, frère humain. Je te laisse encore la poursuivre seul ce qui n'est, hélas, pas difficile. Mais pourquoi ? Qu'est-ce qui cloche chez l'être humain ? Pourquoi tant de plaisir à la haine et la destruction ? Un plaisir cependant sans joie si j'en crois la gueule des tyrans et des peignes-culs qui les entourent et les servent. Je ne trouve pas d'explication valable. Comme toi, j'ai pensé : désir de toute-puissance infantile, mégalomanie, retour du refoulé, vengeance du mal-aimé ou du réprimé, pulsion sadique, plaisir de la manipulation et de la méchanceté. Mais ce ne sont que les conséquences d'autre chose. Cela n'explique rien. Ce ne sont que des mots, au mieux des bribes de diagnostic, d'étiquettes posés sur le mal, d'appellations. Cela ne nous renseigne pas sur le mal lui-même. Cela le décrit seulement. Je me suis autrefois perdue en conjectures, frère humain, et j'avoue mon ignorance. Sauf à penser que l'humain naît profondément mauvais, je ne vois pas. Cela m'ennuie considérablement de penser l'humain mauvais, intrinsèquement mauvais. Le mal serait dans sa nature. Le mal serait même sa nature. Point. Voilà. Penser que l'humain naît bourreau ou victime ne me plaît pas davantage. Cela semble manichéen. Un peu facile. Noir ou blanc. Chez les spécimens humains les plus avancés, civilisés, il existerait à la limite des nuances de gris. Pas de joyeuses couleurs sauf cas rares. C'est possible mais cela me paraît si court, si simple ! Et pourtant j'aime la simplicité.

Mais je rechigne. Le degré de civilisation de chacun serait donc un caractère acquis. Mais je pense également que le degré de conscientisation sur ce que je suis et ses répercutions sur mon entourage, je pourrais le faire évoluer au courant de mon existence par un travail joyeux pour me rendre meilleur. Ce serait donc la clef, une clef non acquise, non innée, une clef à chercher ? Je le crois.

Ce que nous faisons de notre conscience ne regarde pas que nous. Cela concerne les autres au plus haut point. Nous ne tressons pas seulement des couronnes de fleurs. Nous semons aussi des cadavres autour de nous, consciemment ou non. Comment expliquer que certains soient si heureux de voir souffrir d'autres humains ? Parfois leur propre entourage ? Certes ils se trouvent au degré zéro de la civilisation (qu'ils soient déguisés en costard-cravate-attaché-case ou non) ; ils sont très conscients de ce qu'ils font puisqu'ils agissent pour satisfaire leur jouissance. Juste des salauds. Ces gens sont un mystère pour moi. La perversion est un mystère pour celui qui ne la pratique pas.

Seule la conscientisation nous sauvera du mal. C'est tout ce que je sais. C'est fort peu mais de ce peu il faut faire quelque chose, et quelque chose de grand et de bon. Sinon... La perversion des gens malsains, leur sadisme, leur démence prendront définitivement le dessus. Ceci à tous niveaux de la société. Ne lisais-je pas ce matin qu'un beau-père a mis un enfant de trois ans dans son lave-linge une demi-heure en position essorage ? Évidemment l'enfant est mort. Sa mère n'a pas levé le petit doigt : elle jouait tranquillement avec la petite sœur ! À tous niveaux, dis-je, à petite et grande envergure et dans tous les milieux sociaux.

Ce n'est pas la partie la plus drôle de ce livre qui n'est pas déjà pas drôle en soi, je m'en rends compte. Comme toi, frère humain, j'ai peur. Comme toi, frère humain, je sais combien il est difficile d'avancer sans masque avec des armes de douceur et d'intelligence face à un ennemi masqué bardé d'armes de mort, de bêtise crasse, de malignité et de destruction. Je sais combien c'est difficile d'y croire. Il me faut justement toute ma conscience pour ne pas sombrer dans le désespoir ou la haine. La diplomatie n'est pas dans ma nature. Ma nature, c'est le coup de poing. Le coup de gueule. Certaines colères sont salutaires. Jésus n'a-t-il pas chassé les marchands du temple ? Je crois à l'énergie de la colère quand elle est utilisée justement. Elle entraîne le mouvement, l'action. Elle génère de l'énergie. Frère humain, qu'il est difficile de demeurer calme dans cet univers de demeurés sadiques ! Frère humain, ne lâche pas ma main, tiens-la fortement, nous ne devons pas nous sentir seuls devant l'immense ampleur de la tâche. D'autres l'ont fait avant nous. Il faut contempler du haut des siècles la transformation du monde et être fier de Ghandi, Martin Luther King, Mandela, Leich Walesa et tant d'autres. Le monde a progressé au quotidien et il est mieux pour nous, frère humain, qui avons encore la liberté de lire ce livre que nous vivions aujourd'hui qu'au XVe siècle. Sans doute serais-je en train de gratter la terre pour tenter de trouver un tubercule à manger ou grelotterais-je de froid, couchée contre mon unique vache sous le toit de mon unique pièce à vivre. Or je suis en train d'aligner ces mots dans un confort modeste qui dépasse celui dont jouissait une reine du XVIIIe siècle ! Eau chaude, froide, gaz et électricité à tous les étages : une férie pour la majorité des hommes sur terre même aujourd'hui encore !

Frère humain, ne nous lâchons pas la main. Poursuivons notre route vers le bonheur individuel, ne cédons pas aux sirènes du désespoir et au matraquage médiatique qui nous serine que tout est économiquement, écologiquement, et humainement perdu. Espérons plutôt rayonner et contaminer le monde de notre appétence à vivre. Oui, je radote ! Tu as raison. C'est que, comme toi, il faut que je m'exhorte à croire ! Croire. Tout est là. On ne peut rien créer qui n'ait été déjà imaginé. On ne peut créer ce en quoi nous ne croyons pas. Il faut une foi absolue pour créer.

De notre degré de civilisation dépend la marche de l'Histoire. Nous sommes maintenant très près de verser à nouveau une barbarie plus grande. Elle est bien installée dans de nombreuses régions de la planète. Et toi, barbare, tu te frottes les mains de plaisir. Tu prépares en différents points de la terre des génocides majeurs ou les réalises en cette seconde même, profitant de notre indifférence ou notre ignorance coupable.

Croire. Il s'agit bien de foi. Non d'une foi religieuse où tu remettrais encore ta responsabilité à une instance supérieure, un dieu quelconque et sa hiérarchie terrestre. Non une foi en toi, frère humain, une foi qui déplace les montagnes, n'a pas besoin de support extérieur puisqu'elle loge en toi. Avoir foi en toi, c'est également avoir foi en les autres. Pas en la totalité des autres car, méfiance, nous savons que les maniaques du pouvoir, les sadiques et les fous travaillent main dans la main à tous niveaux de la société. C'est le rôle des maîtres sans visage et sans nom de nous ôter toute foi en nous, en notre puissance. Mais quand même, avoir foi en la nature humaine, croire qu'on peut en tirer quelque chose de vraiment bon.

Il faut croire que nous œuvrons pour le bien. Le bien : ce mot suranné que j'aime et que l'opinion publique tient aujourd'hui pour imbécile ! C'est qu'ils ont bien œuvré les maîtres ! Leurs manants, partout recrutés, inconscients pour la plupart, aiment ce mépris du bien, de la bonté, car ils sont sadiques. Ils œuvrent à créer autour d'eux le désespoir, le mal, le malheur, la terreur, la misère. Ce qui arrange bien les maîtres : la terreur et la misère gouvernent si bien et si aisément ! Sans foi en soi, qui peut avancer et s'élever au-dessus de sa condition ? Personne.

Le bien et le mal sont des notions qui ont malheureusement mal vieilli. Parler de bien et de mal, c'est parler de moralité. J'entends déjà mes détracteurs, frère humain, et tu en fais peut-être partie. Je n'ai pas peur du ridicule ; pas peur de passer pour désuète, moraliste, attardée, arriérée, ringarde en un mot. Je me fous de la mode. Je me fous du laisser-aller général. Je me fous du consensus mou dans lequel nous baignons depuis des décennies. Je me fous de l'hypnose et l'embrigadement qui visent à nous tirer vers le bas et nous contrôler au plus près possible. Je me fous de toi, frère humain, si tu fais partie de ceux qui croient que nous pouvons nous passer de morale et de foi.

Tu peux refermer ce coup de gueule s'il ne te

convient pas. Tu peux acheter un tombereau de tomates et me le déverser dessus. Tu peux m'entarter. Je me lèverai quand même pour dire ce que j'ai à dire. Pour le hurler s'il le faut. Nous avons besoin de savoir où sont le bien et le mal. Où nous situer. Je vois les gens perdus. Ils n'osent plus aller contre la mode. Et la mode est aujourd'hui érigée en système de pensée. En prêt-à-penser. Mode du jeunisme. Mode de l'irresponsabilité. Mode du politiquement correct. Mode de l'acceptation de tout et surtout n'importe quoi sous couvert d'acceptation de la différence. La mode, entre autres folies, c'est de jouer avec des embryons, des presque fœtus, de trafiquer la vie comme on trafique des cigarettes ! Aucune morale chez les rats de laboratoire qui détricotent les fondements même de la vie, pas l'ombre, pas l'étincelle d'une pensée morale. Comment osent-ils ? Ce sont des monstres payés par des gens monstrueux pour faire des choses monstrueuses. Tranquilles. Sereins. L'air de rien. Ah, tu peux me jeter des œufs maintenant, frère humain ! Et tu crois que je vais me taire ? Tu penses que je vais user de diplomatie ? Tu t'imagines que je vais enrober mes mots de sucre comme un politicien ? Frère humain, voyons ! Il s'agit de la vie et la vie est sacrée. Du moins encore pour quelques d'entre nous. GPA, mères porteuses, clones, trafics d'organes, de ventres, de spermatozoïdes, de fœtus, de gênes : mais tu es donc devenu dingue, frère humain ! Tu n'as donc plus aucune notion de ce qu'il convient de désacraliser ou non ! Tu fais de la vie une vulgaire marchandise, un truc à acheter, aussi monnayable qu'un yaourt de supermarché ! Et tu me traites d'arriérée ? À moi de te dire : comment oses-tu ? Oui, comment oses-tu faire tant de mal pour obtenir ta médaille scientifique, pour tes applaudissements de conférencier, pour les félicitations hypocrites de tes collègues, jaloux de ton succès et tes contributions dans des revues scientifiques, ou tout simplement pour de l'argent ? Les états, les médecins, les laboratoires participent à ce grand cirque de l'Horreur. Tu manipules les lois de la génétique comme s'il s'agissait de greffer des arbres ! Tu joues avec la vie et la mort pour flatter ton ego ou remplir ton tiroir-caisse ! Frère humain, tu deviens de plus en plus con, il n'y a aucun doute ! De plus en plus inhumain aussi. Romain Gary a écrit cette phrase lapidaire qui résume tout :

*Ce qu'il y a de plus humain dans l'homme c'est son inhumanité.*

Quelle claque ! Claque parce que c'est vrai. Tu n'es qu'un barbare. Lis ce que disait Seattle, chef indien Suquamish :

*Nous le savons ; la terre n'appartient pas à l'homme, c'est l'homme qui appartient à la terre. Nous le savons : toutes choses sont liées. Tout ce qui arrive à la terre arrive aux fils de la terre. L'homme n'a pas tissé la toile de la vie, il n'est qu'un fil de tissu. Tout ce qu'il fait à la toile, il le fait à lui-même.*

Frère humain, ça me fait mal de l'écrire mais tu es un immense salaud. Dans quel monde nous as-tu projetés ? Dans quel système où la vie s'achète avec un bout de papier ou le bout de plastique d'une carte bancaire ? Réveille-toi, frère humain, car c'est sur ce monde de merde – que tu as fabriqué de toutes pièces - que tes futurs enfants et petits-enfants se réveilleront un jour, issus de quel ventre, de quelle mère porteuse, de quelle mère génitrice ? De mère d'amour, je ne parle même pas car je ne pense pas qu'une mère capable d'acheter son enfant soit capable du moindre amour. Le père ne vaut pas mieux.

Voici trois jours, une institutrice que je connais bien m'a raconté cette anecdote terrible, et il ne s'agissait que d'adoption ! Alors le reste... Voici l'anecdote : une parente d'élève se plaint de sa fille, 5 ans, en maternelle. Elle l'a adoptée, avec son mari, depuis un an. L'enfant vient de Russie ; elle a appris à parler français dans l'année. Mais pas absolument couramment. Elle rentrera en CP à la prochaine rentrée. Mais avant cela, a décidé le couple, elle fera 2 heures de français tous les jours durant les deux mois de vacances d'été car elle n'a pas appris assez vite ! Car « vous comprenez, au prix où je l'ai payée ! » Oui, tu as bien lu. C'est ce qu'elle a dit : « au prix où je l'ai payée ! » Mécontente la dame, ça ne va assez vite à son goût ; l'investissement n'est pas suffisamment rentable à ses yeux. Quand on paye on veut un petit génie, marche ou crève ! Je dois dire que j'enverrais bien ce couple passer une année dans un camp de travail russe pour apprendre la langue. Pas certain qu'ils s'en tirent aussi bien que leur fille adoptive de 3 ans... L'institutrice m'a dit qu'elle était tellement stupéfaite qu'elle est restée sans voix. Il y a de quoi.

Jouer avec la vie, c'est jouer avec la mort. Frère humain apprenti sorcier, tu me fais vomir. Tout cela pour briller ou encaisser des billets ! Aucune morale. Aucune compassion pour l'embryon qui deviendra enfant puis adulte. Ton petit ego, c'est tout. Après toi le déluge. Pour l'enfant, qui sera sa mère ? La porteuse, l'autre, celle qui a fourni l'ovule, ou encore celle qui l'achète ? Au point d'inhumanité où tu en es, pourquoi ne pas faire grandir le fœtus jusqu'à neuf mois dans une poche technologique imitant un utérus et le livrer aux clients en temps voulu, comme on livre une voiture à la sortie de l'usine ? C'est ce que tu prépares, j'en suis certaine. Oui, frère humain, si tu es de ceux-là, tu n'es qu'un salaud de la pire espèce. L'argent, la gloriole, le pouvoir, voici ce qui t'importe.

Et les pères là-dedans ? On s'en fout des pères puisque les banques de spermes sont pleines à craquer ! Il y a des stocks pour faire des enfants jusqu'à l'éternité ! Tu démolis la paternité comme la maternité. Sais-tu seulement ce que tu imposes à tes propres frères humains ? La perte de repères pour les enfants ? Pour les pères ? Les mères ? Tu t'en fous. Tu démolis la paternité comme la maternité. Tu démolis les enfants. Tu démolis les liens filiaux. Et même les liens fraternels. Tu démolis tout ce que tu touches. Tu démolis la notion même de famille, te croyant plus malin, imaginant que tu peux remplacer ce que la nature a créé, le noyau familial, par tes artifices légaux et tes élucubrations intellectuelles. Mais les familles recomposées sont en majorité des paniers de crabes dont les parents et beaux-parents se jalousent et les demi-frères et sœurs se détestent et souffrent de manque d'attentions et d'amour. Ce sont des champs de bataille. Ah, ah, je sais, ce n'est qu'une généralité de plus ! L'exception heureuse existe, heureusement. Mais c'est l'exception. Toute la société cache cela ; on n'en parle pas ; c'est un sujet absolument tabou. Personne ne me fera croire que les familles recomposées sont en majorité heureuses et équilibrées.

Je viens avec mes gros sabots t'assener quelques vérités bien senties. Enfoncer des portes ouvertes. Et tu me hais pour cela. Tu me traites d'arriérée, de passéiste, de réactionnaire. Vas-y tant que tu veux. Ce n'est pas mon problème, c'est le tien. Je me tiens droite devant ma conscience. Vautre-toi tant que tu veux dans la fange de ton irresponsabilité. Continue à penser que tout t'est dû, que tu as tous les droits même les plus imbéciles, dangereux et ridicules. Tu n'aimes pas ce que je représente et c'est ton problème. Je n'aime pas non plus ce que tu représentes, frère humain : une science mercantile et imbécile, sans âme, sans cœur, sans morale, froide comme un cadavre. Frère humain, comment peux-tu ?

En Inde par exemple, on fait grandir en batterie des enfants dans le ventre de mères porteuses enfermées durant neuf mois comme des vaches dans une ferme ! Et tu penses que tu ne dois pas t'insurger ? Et les "parents", ça ne les gêne pas les "parents" de participer à cela ? C'est monstrueux. Je ne possède pas de mots suffisants. C'est criminel. C'est un crime contre l'humanité. Quelle sorte d'amour donneront ces "parents" à leurs "enfants" achetés ? Oui : achetés. On revient aux temps anciens de l'esclavage. On achète la Vie. On achète "son enfant". Le supermarché de la Vie est créé et ses clients sont sans vergogne. Au point où nous en sommes, viendront aussi le temps des promotions, peut-être même des soldes et des occasions... Un handicapé vaut-il moins cher sur ce marché de la Vie ?

Tu sais, si je pouvais mettre l'allumette au bout de la mèche pour voir exploser tout ce système, je le ferais. Qu'offre-t-on à ces mères porteuses ? Qu'offre-t-on à ces enfants ? Comment se sentent-ils quand ils apprennent qu'ils ont été le fruit d'un terrible marchandage qui a mis en jeu la vie d'une femme dans la misère, exploitée par le libéralisme et le capitalisme ? Comment acceptent-ils le manque de morale de leurs propres parents, des médecins, des techniciens de la santé, des états, des intermédiaires, bref de ces marchands et acheteurs de Vie ? De ces esclavagistes des temps modernes ? Acceptent-ils d'avoir été des enfants achetés ?

Je vomis sur tout cela, mon frère. Tu me répliques que tu es bien heureux de ce système parce que tu n'arrives pas à procréer ? Eh bien, continues à considérer que c'est un grand malheur au lieu de considérer que c'est juste une fatalité. Puisque tu adores être conditionné à te plaindre et te déresponsabiliser, à geindre et te tordre les mains avec complaisance, à pleurnicher, toi et ton ego surdimensionné. Tu peux également choisir l'option noble qui consiste à assumer, te responsabiliser, accepter, sécher tes larmes, et décider que tu vas sublimer ton destin, en faire quelque chose de plus grand que toi. Comme adopter un enfant qui n'attend que cela, ou t'engager dans un combat qui consiste à sauver des vies, distribuer des repas, soutenir des malades ou simplement éclairer le monde de tes œuvres ou porter ton sourire et ta gentillesse partout où il en manque. Les occasions de sublimer ton infortune sont partout. Bon sang, ouvre les yeux ! Et je ne dis pas que c'est facile : je dis que c'est nécessaire. C'est terriblement douloureux mais nécessaire : on ne peut faire commerce de la Vie sans entrer dans la monstruosité.

Dans ce monde de fureur et de sang, tu peux faire tant de bien, frère humain, fournir tant d'aide utile ! Mais tu préfères louer un ventre ! La facilité toujours, la paresse, et la croyance qu'avoir un enfant est un droit et un dû. Et quelle arrogance, quelle suffisance, petit Occidental riche, toujours prêt à sortir tes billets pour ne pas te salir et te fatiguer, toi. Des siècles de conquêtes et de colonisation t'ont très mal éduqué, minuscule frère humain. Prends de la hauteur quant à ton petit problème personnel : oui, il est malheureux que tu ne puisses faire un enfant si tu en as le désir, que tu sois du reste homme ou femme, mais cela te donne-t-il le droit d'acheter la Vie ? Une Vie n'est pas un plat surgelé, tout prêt à l'emploi ! En participant à cela, tu ouvres des voies ignobles à tous ceux qui ne reculent devant rien pour se couvrir d'or : des couveuses géantes pour livrer des enfants en batterie ! Voici ce que tu les aides à préparer ! Cela a donc commencé. Ce n'est que la première phase du processus, ils en sont à l'expérimentation à petite échelle. Et c'est toi qui leur permets d'expérimenter cette merde ! Et tu n'es pas assez intelligent pour le comprendre ! Ou tu t'en fous ce qui est pire… Je préférerais encore que tu sois plus con que méchant.

Quant aux enfants nés de cette façon, échangés à la naissance contre un chèque, remis par les parents officiels à d'ignobles passeurs (appelés pudiquement agences), et dont une partie ira à la malheureuse mère porteuse, je les considère comme des victimes. Ce monde n'offre aucun droit aux enfants. Pas même celui d'une lignée familiale claire. Le droit énorme des parents sur les enfants, qui est en réalité un droit de vie ou de mort, ne nous leurrons pas, est aussi une conséquence de notre brutalité foncière, notre besoin maladif de possession et domination, notre inconscience, notre haine de la moralité. L'avenir nous dira de quelles nouvelles pathologies psychologiques seront affublés ces enfants échangés comme des paquets de lessive contre une somme d'argent. Nous n'allons pas être longs à le savoir : une dizaine d'années tout au plus, peut-être moins. Les psychiatres doivent déjà commencer à se frotter les mains : de la clientèle, et de plus en plus jeune !

Certains d'entre vous sont des monstres car vous avez trafiqué la Vie. Vous préférez l'ignorer, vous mentir, frères humains qui jouez avec la Vie. Car oui : vous jouez avec les dés de la Vie. Et se faisant vous jouez avec la mort. La plupart d'entre vous n'en sont pas conscients parce que vous êtes trop stupides et trop malhonnêtes. Ceux qui en sont pleinement conscients, absolument cyniques, sont ceux qui transforment les fœtus en montagnes d'or. Il suffit de trouver une femme perdue et misérable – matériellement ou moralement -, de la convaincre, et le tour est joué.

Et se poursuit l'antique histoire du monde : l'enfant et la femme réduits à l'esclavage, bêtes de somme, juste là pour combler les désirs de ceux qui consomment. Qui paient. À quand la vente aux enchères d'enfants encore dans le ventre de mères porteuses ? On pourrait aussi bien les exposer sur un podium et les clients - comprenez les futurs parents – pourraient supputer sur la qualité gestative des mères, les tâter, palper leur ventre, leur ouvrir la bouche pour vérifier leur état général de santé et celui de leurs dents comme le faisaient les négriers. Puis demander à étudier leur dossier médical, les échographies, et se donner l'air de médecins. C'est de fait ce qui se passe déjà plus ou moins en réalité et tout à fait du côté des médecins qui encadrent cette pratique esclavagiste.

Comment, tu ne ris pas ? Tu la trouves saumâtre ? Tu me trouves en colère ? Inadaptée à mon siècle et à l'avenir ? Passéiste ? Tu trouves que je chipote avec toute cette moralité ? Tu as raison : je suis dans une rage folle. J'entrevois un futur sans gloire dont je ne veux pas. Je vois un avenir où la parentalité de sang n'aura plus d'importance puisqu'on pourra faire des enfants sans mère et ni père dans des utérus artificiels.

Qui les éduquera ? Qui les aimera ? Qui les respectera ? Qui leur donnera le sens de leur humanité ? Et comment ? Puisqu'on pourra créer des armées de soldats, d'ouvriers, de domestiques ou même de technocrates ou de comptables en un presque claquement de doigts. **Jouer avec la vie c'est hypothéquer notre liberté.**

Toute l'histoire du monde, des civilisations nous montre que dès que l'homme a un quelconque pouvoir en mains il en abuse. Alors la Vie, le plus immense de tous les pouvoirs ! Ces enfants placés en couveuse, on pourra plus tard les éduquer dans des sortes de campus pour les programmer et les conditionner selon les désirs des maîtres sans visage et sans nom. Ce n'est pas de la science-fiction, c'est notre avenir tout tracé si nous ne cessons pas immédiatement nos manipulations génétiques. Et les clones, on en discute des clones ? Cela se fait déjà sur 22 espèces animales ! C'est devenu un business comme un autre… (Tu peux aussi regarder ce qui se passe du côté des animaleries : tu seras sidéré par l'horreur du trafic animal et la quantité d'argent qu'il rapporte.)

Sans compter l'hybridation du corps et de la machine qui va transformer l'homme en mutant. Et sans compter tout ce nous ignorons mais qui se prépare discrètement. La science avance toujours en ne dévoilant que ce qu'elle veut bien nous dire, à nous ignorante humanité. Ce décalage entre ce que le public sait et ce que les scientifiques font est maintenu volontairement.

On ne rit pas souvent dans ce livre. Sauf s'il s'agit de rire jaune ! Mais ne crois pas que je perds le moral. Je trouve de l'énergie à vider mon sac. J'écris au fil de la plume et tu penses peut-être que ce coup de gueule manque de plan. Tu es en droit de me reprocher mon manque de rigueur. D'un autre côté, tu mesures mieux ma sincérité. Je la crois plus virulente que si je m'astreignais au jeu de la thèse savante ou de l'essai. J'ai très envie de préserver ma virulence et mon authenticité. Je vais continuer à ne pas t'assommer de chiffres et de pourcentages ; de toute manière, comment savoir s'ils ne sont pas truqués ou complètement bâclés ? Je sais de quoi je parle : j'y ai eu une triste expérience chez un très grand institut français de sondage, frère humain. J'y ai vu l'esclavagisme moderne de près et je suis partie dès le premier jour sans oublier de dire ce que j'avais pensé de ce que j'avais vu et subi : dans une salle vaste comme un hangar, entre les rangées où nous étions installés face à un téléphone, des chefs d'îlots passaient sans cesse avec de grands bâtons et tapaient sur notre bureau ou notre épaule en nous hurlant dessus s'ils trouvaient que nous n'allions pas assez vite ; c'est-à-dire sans cesse. Pour aller au W.C, il fallait demander l'autorisation, supplier, et il était interdit, je dis bien interdit de se lever, de parler, de communiquer avec notre voisin, même un seul mot. Sinon licenciement immédiat. Oui, oui, tu as bien lu. Dans les années 1990, à Paris. Parfaitement. Ces sondages, pourquoi devrais-je m'y fier ? On nous en bassine toute la journée : sondages sur les mangeurs de choucroute, de chorizo les jours de pleine lune, sur l'évolution du béribéri, l'addiction des vers luisants à la lanterne, et la consommation d'eau bénite au dernier Conciliabule. Si tu savais comment sont faits ces sondages et par qui ! Pauvres bougres que j'ai abandonnés derrière moi sans regret. Mieux valait crever de faim que vivre ça ; de toute façon le salaire ne permettait que de crever de faim en marnant dans une ambiance digne d'un camp de redressement chinois. Il faut être sacrément dans le besoin pour accepter cela et je l'étais ; mais rien n'aurait pu me convaincre de me plier à ce désastre, ce naufrage humain. Regarde de près le nombre de participants de la plupart de ces sondages : parfois on tire des statistiques sur un échantillon de 300 de personnes à peine. On fait des multiplications, c'est facile, et hop, voilà une moyenne vite calculée qu'on te présente comme représentative de ce que pense la moyenne de la population française ! Le nombre de participants est ridiculement bas et on en tire pourtant une leçon ! Fausse bien sûr. Une fois de plus, on se moque de toi, mon frère !

La vie n'est pas une moyenne. La vie possède ses hauts et ses bas dont il faut tenir compte. Mais la statistique, c'est du nivellement, c'est une moyenne. C'est rarement représentatif de la réalité avec ses hauts et ses bas. Je ne suis pas une personne qui produit des preuves soi-disant irréfutables, scientifiques ou techniques ; je suis juste une personne qui t'ouvre mon cœur et mon esprit. Ce que j'apporte, c'est du bon sens. Je te l'ai dit : c'est le fond de ma nature. Mon bon sens va de pair avec une certaine simplicité. Simplicité souvent rugueuse, il est vrai. Tu n'as que ma bonne foi, ma foi aussi, ma vérité – qui n'est que la mienne. C'est peu mais c'est beaucoup. Car la sincérité, tu l'as remarqué, frère humain, se rencontre difficilement par nos temps de consensus mou et de dictature de la pensée. Nous vivons un temps où les médias te dictent ce que tu dois penser et même sentir. Hypnose sociale. Quand quelqu'un ouvre son bec pour dire sa vérité, elle est prise pour un sacrilège, une provocation. Sortir de la standardisation de la pensée, voici qui heurte. Alors moi, avec mes gros sabots ! Je dois te faire l'effet de l'éléphant dans un magasin de porcelaine. Je m'imagine du reste très bien en vieil éléphant, me dandinant d'un pied sur l'autre entre les rangées de délicieuses porcelaines. J'avoue que l'image m'amuse beaucoup : un simple coup de trompe et tout vole en éclats !

Toi, frère humain, je ne sais pas si tu t'amuses autant. Je t'ai malmené, je t'ai craché ma vérité sans masques, sans artifices, dans l'émotion, la sensibilité, le ressenti. Je n'ai d'intelligence et de connaissances pour comprendre le monde que celles de mon observation minutieuse. Mon intuition me tient souvent lieu de savoir et me guide, m'emmène sur les chemins hasardeux - en apparence - de l'association d'idées, m'éclaire sur des points précis, me dicte ce que j'ai à te dire, sans fioritures ni dentelles. Du bon sens, du bon sens à l'état brut, rien d'autre. Des mots parfois frelatés comme un Gin de contrebande acheté au Nigéria, des mots qui ne sont pas toujours empreints de distinction mais vrais. Tu le ressens, n'est-ce pas frère humain ? Pardonne-moi mes emportements ; tu sais qu'ils viennent d'un cœur pur qui n'abdique jamais. Alors les démonstrations, les preuves, les références savantes, je m'en fous. Je ne suis pas ici pour me faire mousser avec des chiffres, me hausser du col avec un vocabulaire technique ou jouer à l'experte mais te parler franc : frère humain, cesse de te conduire comme un porc !

Quel éditeur sera assez fou et sympathique pour éditer ce texte sans éducation ? S'il existe, je remercie ce frère humain de posséder la hauteur de vue suffisante pour comprendre qu'un coup de gueule est utile pour réveiller ceux qui somnolent dangereusement. Et si je ne rencontre pas cet éditeur, frère humain, il me restera l'autoédition. Je verrai. Toi qui lis ces mots, tu sais ce qu'il en est ! On écrit toujours au présent pour être lu au futur. C'est un paradoxe qu'il faut accepter quand on est écrivain. Je me demande avec beaucoup de curiosité si toi, frère humain Lecteur, aurait édité ce texte si tu avais été éditeur ? L'aurais-tu soigneusement rejeté, jugé politiquement incorrect et invendable ou l'aurais-tu édité ? Y aurais-tu trouvé la preuve que tu n'es pas seul à posséder de drôles d'idées envahissantes de liberté, de dignité, de bonheur ? Aurais-tu eu envie de promouvoir le droit au bon sens, cette notion désuète ? Qui es-tu, frère Lecteur ? De quel côté du manche te situes-tu ? Le sais-tu vraiment ?

C'est un grand mystère que le lectorat pour un écrivain. Son lectorat est une grande masse, mouvante comme un fleuve ou une marée. On ne distingue pas les gouttes dans la mer ou le fleuve. Juste un ensemble qui forme l'eau, ondule et dont on ne distingue pas clairement le fond. J'aurais aimé te rencontrer, frère humain, pour savoir si tu adhères ou repousses ce livre.

Ma vie, mes expériences, ma mémoire jaillissent en mots, débordent sur la page blanche en dehors de ma conscience. Je me trouve en quelques jours submergée par des dizaines de pages écrites de ma main ! Je les découvre avec stupeur et, se faisant, me découvre moi-même et redécouvre le monde. Quelle étrange expérience que l'écriture et la création ! Peux-tu imaginer vivre cela, frère humain ?

Découvrir les méandres de ta pensée en te lisant pour la première fois ! Imagine un instant. C'est ce que je vis et c'est pourquoi tu voudras bien me pardonner d'être si occupée à te rendre mes mots frappants, vivants, et non figés par une rhétorique de penseur. De ne pas user de formules techniques ou distinguées mais d'images qui vont droit au but et suscitent des émotions. L'évocation de la Vie est à ce prix. Au prix d'abandonner une certaine distinction, un vocabulaire commun à un mode de pensée et de traitement des mots qui appartiennent à une élite ou un groupe particulier. Je veux au contraire communiquer au plus grand nombre. Je ne suis ni philosophe ni psychanalyste, ni sociologue ni politologue mais simple écrivain de poésie, de roman qui a pris sa plume. Je suis une artiste avant tout. Je prévois peu, j'improvise énormément. Cette spontanéité m'est nécessaire et le sera pour rédiger jusqu'au bout ce livre qui ne ressemble à presque rien de tout ce que j'ai lu. Je pense toutefois à un ouvrage que je révère depuis mes 15 ans, le *Écoute, petit homme !* de William Reich. Je suis très loin de son talent, sa verve, son intelligence, sa finesse, son expérience. Ce que je possède de particulier, c'est ma spontanéité et mon authenticité. Je ne ferai que peu de retouches pour ce pamphlet. Il vaudra ce qu'il vaudra et j'en vois déjà les faiblesses. Le génie, c'est autre chose. C'est William Reich :

*Mais il y a une chose que tu ne sauras pas, que tu ne voudras pas savoir : que tu es le propre artisan de ton malheur, que tu produis tous les jours, que tu ne comprends pas tes enfants, que tu leur brises les reins avant même qu'ils aient la force de se tenir debout ; que tu voles l'amour ; que tu prends un chien pour être toi aussi le « maître » de quelqu'un. Ainsi tu feras fausse route pendant des siècles, en attendant de mourir de misère sociale avec les masses, et cela jusqu'à ce que la première lumière de compréhension se fasse jour en toi-même.*

*Écoute, petit homme !,* édité en 1945.

Le génie, c'est aussi Aldous Huxley :

*La standardisation génétique est encore impossible, mais les Gros Gouvernements et les Grosses Affaires possèdent déjà, ou posséderont bientôt, tous les procédés pour la manipulation des esprits décrits dans* Le Meilleur des Mondes, *avec bien d'autres que mon manque d'imagination m'a empêché d'inventer. N'ayant pas la possibilité d'imposer l'uniformité génétique aux embryons, les dirigeants du monde trop peuplé et trop organisé de demain essayeront d'imposer une uniformité sociale et intellectuelle aux adultes et à leurs enfants. Pour y parvenir, ils feront usage (à moins qu'on les empêche) de tous les procédés de manipulation mentale à leur disposition, et n'hésiteront pas à renforcer ces méthodes de persuasion non rationnelle par la contrainte économique et des menaces de violence physique. Si nous voulons éviter ce genre de tyrannie, il faut que nous commencions sans délai notre éducation et celle de nos enfants pour nous rendre aptes à être libres et à nous gouverner nous-mêmes.*

*Cette formation devrait être, ainsi que je l'ai déjà indiqué, avant tout centrée sur les faits et les valeurs – les faits qui sont la diversité individuelle et l'unicité biologique, les valeurs de liberté, de tolérance et de charité mutuelle qui sont les corollaires moraux de ces faits. Mais malheureusement des connaissances exactes et des principes justes ne suffisent pas. Une vérité sans éclat peut être éclipsée par un mensonge passionnant. Un appel habile à la passion est souvent plus fort que la meilleure des résolutions. Les effets d'une propagande mensongère et pernicieuse ne peuvent être neutralisés que par une solide préparation à l'art d'analyser ses méthodes et de percer à jour ses sophismes.*

Retour au Meilleur des Mondes, édité en 1957.

Pourquoi génies ? Parce qu'ils étaient visionnaires. Tu penses soudain, en même temps que moi, que j'aurais pu placer ces extraits en exergue de mon pamphlet et tu as raison. Ils auraient parfaitement convenu. J'aurais aussi pu me contenter de ne pas rédiger ce livre. Mais il n'a pas été prémédité. Il sort de mes doigts et ma pensée comme le vent. Nul ne sait ce qui le pousse, nul ne sait ce qui l'arrêtera. Pas même moi. J'écris avec ferveur les mots qui me sont dictés ; ils viennent de plus loin que moi. Par moments, cela va si vite que ma main a du mal à suivre le rythme ; les mots tombent dans ma tête régulièrement comme des notes de musique, rapides comme le rythme d'un métronome déchaîné. Parfois j'ai le temps d'inventer consciemment une image, choisir une tournure, et je sens que cela va alors un peu moins vite, je suis plus proche de ma conscience, de ce que j'en connais. Cela ne dure pas : mon subconscient reprend le relais aussitôt.

Frère humain qui reçoit mes gifles depuis que tu as entamé cette lecture, je m'étonne de cette source qui jaillit comme si elle n'attendait que cela depuis très longtemps. Il existe une jouissance, frère humain, à ne rien diriger, ne rien décider, ne rien prévoir, ne rien céder, ne rien vouloir que transcrire les mots qui se forment dans ma tête en mots d'encre noire, bêtement en quelque sorte. À obéir à une dictée intérieure. Tu me demandes si cela tient de la nécessité intérieure et je te réponds : oui. C'est une brûlure. Je me réveille la nuit, le silence enveloppe le monde, et je suis seule, avec mon sang qui bat lentement et le rythme inexorable des lettres qui se dessinent sur la feuille. Je suis la servante. J'écris. Mon rôle pour l'instant s'arrête ici. L'écrivain viendra quand je taperai les mots sur traitement de texte, les reprendrai, les polirai. Quand je ferai ma part de travail conscient. Pour l'instant, je rédige au creux des jours, des nuits. Je vis, mange, joue avec ma fille. J'ai de la chance, je suis en vacances, j'ai le temps. Ce n'est pas un hasard : mon subconscient a choisi le moment le plus favorable. Je cesse soudain toute activité car quelques mots viennent sur mes lèvres, je pourrais les prononcer à voix haute, ils me brûlent, c'est un début de phrase, je saisis vite ce cahier – je me débrouille pour qu'il ne soit jamais loin -, je les transcris, j'enchaîne, et la suite vient seule, si vite qu'elle se fait en dehors de ma raison. Mon écriture est régulière, mécanique, un modèle de propreté, aucune reprise, rien ! Un mystère. Même en écrivant ce mot : "mystère", cela ne dévoile rien. Vois-tu, mon frère humain, il est 3 heures 42 du matin et l'exigence d'écrire est si rude qu'elle m'a réveillée et j'aligne ces mots comme une enfant qui obéit.

Si je dois croire en Dieu, c'est dans l'un de ces instants où je suis dépassée, possédée par une intelligence qui m'envahit, une évidence et une facilité telles que j'ai peine à les croire miennes. D'autre part, je me dis que la création c'est justement ceci : quand tu es dépassé par toi-même, ramené à ton insignifiance, quand tu vis au-delà de la plénitude, quand tu éprouves que ce qui sort de toi est plus grand que toi. La femme l'éprouve dans l'enfantement. Or je suis une femme. Ce livre est une sécrétion de mon âme. Plus grand que moi, il naît pourtant dans mon corps d'écrivain. Il restera après moi. Il laissera un certain temps une trace dans l'univers, même si c'est une infime trace, tandis que j'aurais disparu depuis longtemps. Sa qualité de livre sera meilleure, je l'espère, que ma qualité d'être d'humain. Si tu es un homme, frère humain, je voudrais t'expliquer : la femme ne donne pas seulement un enfant au monde quand elle accouche : elle donne la Vie, et la Vie la dépasse, la Vie est plus grande qu'elle. Elle offre la Vie dans un processus qui la dépasse et la contrôle complètement, dont elle ignore tout. Elle est le médium de ce miracle, l'outil, l'intermédiaire par qui cela se fait, se crée. Oui, la Vie la dépasse, la Vie est plus grande qu'elle. Elle le sait parfaitement tout le temps qu'elle abrite son enfant dans la chaleur de son ventre et quand il pousse son premier cri. Puis elle est prise par l'enfant et elle oublie qu'elle a été cet instrument sacré. Elle oublie que la Vie lui a fait confiance et lui a confié sa Création. L'a jugée capable de s'en occuper et la faire croître désormais seule, avec ses propres forces de femme.

C'est pareil maintenant. Le livre existera sous sa forme imprimée. Ce jour-là, quand il naîtra au monde, quand il sera montrable, lisible, achevé, j'oublierai le processus. J'oublierai que tout m'a été dicté. J'oublierai que j'ai été cet intermédiaire émerveillée. Une femme s'occupe de son enfant et c'est l'affaire de toute une vie. Pour l'écrivain, la différence se creuse ici : le livre, on s'en occupe un temps, lecteurs, signatures, salons, articles. Cela s'arrête ; un autre livre s'écrit, un autre livre naît. On oublie le précédent. On n'oublie pas son enfant de chair. Je suis une femme, j'ai mis au monde une fille et je peux te le dire : on n'oublie pas son enfant de chair.

Quand j'écris, comme en cette minute, je suis profondément dans l'instant. Je couche avec le présent. Intimement, je suis dans le lit du présent. Présente au monde, à ma page, à la vélocité de mes micros gestes qui forment des lettres qui s'alignent à une vitesse inouïe. Ce miracle, cette voltige, cette habileté de la main ! Je m'émerveille ! Nul passé, nul avenir. Le présent qui s'étale devant mes yeux sous forme de phrases. Être dans le présent, dans l'instant. Impossible de faire autrement, de fuir. J'écris. Je vibre. Je vis. Je rayonne ma plus haute lumière. Je ne sais pas faire plus. Je ne sais pas faire mieux. Frère humain, je te donne le meilleur de moi. Ce pour quoi je suis venue au monde.

Ce pour quoi je suis. C'est peu mais je te le donne. Maintenant je vais tenter de me rendormir dans cette fluidité de mon âme, cet émerveillement, cette gratitude pour ce qui m'est donné. Je n'ai pas senti le temps passer : il est 4 heures. Je touche mon cœur, je touche mon âme dans ces instants-là. Comment ne pas éprouver de la gratitude ?

Je me réveille et lis ce passage rédigé cette nuit. Et j'ai envie de te dire, frère humain, que cette présence à soi, au moment présent, à la Vie, je te la souhaite. Connaître ce genre de bonheur, c'est se connecter à soi, à la Vie, à sa Vie, sa puissance. Nul doute que si l'être humain vivait souvent ce type d'expérience, cette plénitude, cette abondance en tout – dans ces moments, plus rien ne me manque, je suis riche de tout et de moi-même en premier lieu -, il ne ressentirait plus ce manque terrible qu'il comble par des actions absurdes ou, pire, par des actes d'une barbarie insoutenable. Frères humains, vous ne pouvez vivre heureux sans faire l'expérience du dépassement de soi, que ce soit par l'acte de création (c'est ce qui me porte dans l'existence), l'acte de foi (en toi, la Vie, l'univers, Dieu, peu importe), l'acte d'aimer (comme la femme aime inconditionnellement son enfant), la passion (c'est encore ce qui me porte, cet amour du vrai, du beau, de la littérature et des arts), de la mission (j'ai encore ce privilège-là, à travers l'écriture, de propager mes messages) ou par tout autre moyen. Vous ne pouvez trouver la paix de l'âme et faire l'économie de toucher votre mystère, l'aborder, même de très loin. Vous ne pouvez faire l'économie de votre spiritualité. Tomber dans le pragmatisme absolu, l'utilitarisme maximal, le fonctionnalisme appliqué à l'âme fait de vous des bêtes de somme malheureuses. Nous avons besoin, frères humains, de croire aux mystères. Nous avons besoin de magie dans nos vies. Nous avons besoin de créer quelque chose qui nous grandit. Quelque chose de plus grand que nous. Pas de passer nos existences dans des rayons de supermarchés à acheter pour espérer combler notre vide : ça ne fonctionne pas.

Nous avons besoin de reconnaître humblement que nous sommes dépassés sur tous les fronts, nous avons besoin de faire taire notre arrogance naturelle et d'accepter que nos sens soient restreints ; qu'il existe, au-delà de nos perceptions réduites, des mondes dont nous ne savons rien. Nos yeux ne perçoivent pas toutes les couleurs. Nos oreilles n'entendent pas tous les sons. Notre peau ne ressent pas toutes les nuances des formes et des matières. Nos papilles gustatives ne saisissent pas tous les goûts. Notre nez ne sent pas toutes les odeurs. Notre instinct ne devine pas tout. Nous sommes en réalité extrêmement limités par nos sens même si ceux-ci sont merveilleusement adaptés à notre survie. Accepter que nous ne percevions qu'une infime partie de la réalité, c'est s'ouvrir à d'autres possibles, d'autres perceptions plus fines, inhabituelles, d'autres univers. C'est oublier ce que nous connaissons pour entrer dans le domaine de l'invisible et des possibles. En soi et en dehors de soi. Les Grecs vivaient les Mystères d'Eleusis. Ils savaient qu'instituer un rituel fort canalise les folies de l'homme et lui permet de les transcender en une matière noble : la spiritualité.

Quant à nous, frères humains du XXIe siècle, nous voulons tout maîtriser mais c'est impossible. Nous ne maîtrisons pas nos perceptions. Nous ne maîtrisons pas ce que nous appréhendons ou non de l'univers qui nous abrite. Frères humains, faisons taire notre orgueil. Oublions notre arrogance. Il faut être humble pour développer notre intuition, et percevoir ainsi bien davantage que ce que nous offrent nos cinq sens les plus courants. Se servir de son intuition, accepter son utilité et surtout son indéniable magie, c'est s'approcher des mystères de la Vie, c'est pouvoir sonder ce que nous ne comprenons pas par la seule intelligence consciente. C'est enfin lâcher-prise. Cesser de vouloir tout contrôler.

Aucune machine, aucune facilité du monde contemporain technologique, mécanisé, robotisé, ne peut t'offrir cela, frère humain, cette connexion avec l'invisible, avec ce que tu ne connais pas, et ne peux donc nommer ni décrire. Il s'agit de ressentis et nous entrons dans un domaine éminemment subjectif. Si tu as fait de longues études, frère humain, les chances sont grandes pour que tu ne sois pas réceptif et même fortement hostile à cette idée. Je t'énerve. Tu as été parfaitement conditionné à ne croire qu'en ce que tu distingues nettement mais tu oublies que tu ne vois pas grand-chose ! Une simple mouche voit derrière sa tête : elle voit à 360° ! Pas nous. Une simple mouche perçoit 200 images par seconde ; nous en voyons 24. Ton raisonnement est faux parce qu'il part du postulat faux que nous vivons dans un monde que nous appréhendons parfaitement. Or même si nos sens sont merveilleux, ils restent tous limités.

Frère humain, pour combler ton vide existentiel, tu as besoin de contacts avec ce que je nomme l'invisible ou l'indicible, et que les philosophes appellent la réalité transcendante car elle va au-delà du perceptible et de l'entendement. La pauvreté de tes sens - car tu les exerces bien peu dans notre monde et les refoules puisque tu te considères différent des autres animaux dans ton arrogance- ne te permet pas de toucher à l'indicible, d'en décrypter les signes infimes, en ressentir la présence. De quoi est fait cet indicible ? Peu importe. Il n'est pas à dire mais à éprouver. Ta vision simpliste d'un monde que tu maîtriserais par la mécanique, les sciences, les technologies, les mathématiques, la physique et l'informatique est risible. La pensée même de la maîtrise du monde est un rêve d'attardé ! Aucun de tes gadgets ne comble ce manque en toi qui se creuse dangereusement de jour en jour. Aucune machine ne peut remplacer pour toi cette décontraction, ce lâcher-prise que tu pourrais adopter pour ton bonheur en acceptant la réalité de l'indicible. Une pensée, par exemple, est invisible. Y as-tu jamais pensé ? A-t-on déjà vu un chirurgien opérant un cerveau s'exclamer : *« Tiens, mon scalpel vient de heurter une pensée ! »* Oui, nous ne savons presque rien, ne sentons presque rien, ne voyons, n'entendons presque rien de presque tout ! Tout ou presque nous demeure invisible. Nos sens ne nous permettent pas de percevoir toute notre réalité. Le caméléon voit à 360° deux images différentes en même temps et oriente ses yeux indépendamment selon ses besoins. L'abeille perçoit les ultraviolets. Tel animal voit tant de couleurs ; nous en voyons tant. Etc. C'est ainsi pour tous les sens. Comme on se sent mieux quand on assume cela ! Notre incompétence à tout connaître et comprendre est une vérité qu'il faut cesser de nier. Nos organes ne nous le permettent pas. On ne peut tout contrôler, tout calculer, tout comprendre, tout ramener à nos perceptions physiques et notre compréhension intellectuelle. Car cela nous amène à vivre comme si tout ce qui compose la planète, nature végétale, animale, minérale, aqueuse et nos propres corps et émotions étaient là pour nous servir de matériaux à transformer en boîtes de conserves et buildings… Le pragmatisme est en train de nous tuer. Il faut retrouver le respect de la terre et de nous-mêmes. La magie opère dans notre existence dès lors que nous acceptons que nous ne sommes que ce que nous sommes. Mais ce peu, soyons-le totalement, assumons-le parfaitement. Pas en fabriquant tout et n'importe quoi, en faisant toujours plus, mais en étant pleinement. En vivant, en nous incarnant. Nous sommes des êtres, pas des avoirs.

Cet indicible, j'y touche chaque fois que j'écris. En ce moment même, l'invisible joue avec moi comme le chat avec la souris. Mais je sais que l'invisible ne me veut pas de mal. Je prends plaisir à mon dialogue avec lui, à me laisser guider par le bout du nez. Je m'abandonne. D'autres l'appelleront Dieu, Bouddha, ma conscience supérieure, mon Soi, mon subconscient, l'unité, l'au-delà, qu'est-ce que cela peut bien faire au fond ? L'important, c'est l'expérience métaphysique. Laisse-toi aller, laisse tomber tes armes, dépose ta lourde cuirasse, oublie tes prétentions à tout savoir, tout comprendre, tout dominer, aie la foi du charbonnier, abandonne tes certitudes pour la curiosité d'un enfant et son absence de préjugés. Ouvre-toi à l'indicible, frère humain, tu n'imagines pas à quel point tu seras gagnant. Tu seras heureux. Soulagé de ce poids du manque en toi qui écartèle ta poitrine et t'empêche de respirer à pleins poumons. Envolez-vous, frères humains, sur les ailes de l'invisible un instant seulement puisqu'il ne nous est pas permis davantage. Mais tente-le, frère humain, dépose ta peur au vestiaire et ouvre la porte de tes perceptions. Tu n'as besoin que d'une chose : lâcher-prise. Tout est en toi. N'oublie jamais ta puissance intérieure. Tout est déjà en toi maintenant.

Une journée a encore passé ; je viens de me lever et j'ai lu ce dernier paragraphe. Je trouve mes mots si définitifs que je me demande si le livre s'arrête ici. Qu'évoquer de plus profond que l'inexprimable invisible ? Nous sommes dans l'insondable. Avant même d'être morts. Qu'évoquer de plus insondable que l'insondable ? On ne peut descendre dans toutes les couches de l'insondable pour en toucher le fond. Tout au plus réussissons-nous difficilement à en sonder quelques couches superficielles. De quel insondable, parles-tu ? me demandes-tu. Celui de l'âme. De l'esprit. Et de l'univers dont nous sommes une part. Mais tu as du mal avec cela. Nous ne savons pas ce qui existe dans ces couches profondes ; mais nous savons que cela existe. Frère humain, j'évoque vraiment l'insondable mystère de l'homme. Celui de ta conscience – ou plutôt de ton subconscient.

Et celui du cosmos. Comme un oignon, il se déploie en couches successives et toi, frère physicien, astrophysicien, tu tentes d'analyser chaque peau, l'une après l'autre pour pénétrer au cœur du mystère et le comprendre. Ton dernier joujou pour creuser, depuis les années 1920, est la physique quantique. C'est un fort beau hochet, je le reconnais, et qui prête à rêver. Je crois qu'il existe parmi vous frères astronomes, physiciens, astrophysiciens, mathématiciens, de nombreux poètes qui s'ignorent. Quand Einstein écrivait à Max Born : *« De toute façon, je suis convaincu que Dieu ne joue pas aux dés […] »*, n'était-ce pas une formule de poète ? D'autant plus qu'il était athée !

L'insondable univers, disais-je. Frère humain, tu

vois et comprends grâce à tes appareils de plus en plus complexes, précis, sophistiqués, ce qui quelques années auparavant t'apparaissait impossible ou mystérieux. Tu tentes des expériences, crées des protocoles, t'abîmes dans la recherche et les spéculations. Comme celle du boson de Higgs ou des fentes de Young. Et tu découvres davantage de mystères à chaque nouveau pas. Chaque nouvelle découverte t'amène un nouveau lot de questionnements, de calculs, d'observations, d'expérimentations, de doutes, d'extrapolations, de visions, de projections, d'équations, de nuits blanches, parfois de réponses qui démolissent ce que tu avais bâti précédemment. Tu en as de la patience, frère scientifique ! Je n'ai pas la tienne. Et puis je ne désire pas connaître parfaitement le secret de l'univers : je suis encore plus poète que toi. Laisse-moi rêver. Encore que je rêve parfois à propos de tes découvertes ! Je ne lis que des articles de vulgarisation. Je ne serais pas capable de comprendre davantage. Et comme je n'ai aucune connaissance scientifique et peu de mémoire, j'oublie tout. Je ne possède pas tes connaissances, frère humain, et je t'admire. Tu t'es lancé à corps perdu dans une aventure qui te dépasse et tu sais que tu n'en verras pas le bout avant de mourir. Tu as choisi une forme d'abnégation et une vie de Bénédictin. Tu as le sens de ta mission. Tu sens que tu es né pour cela comme d'autres sont nés pour faire pousser des fleurs ou instruire des enfants. Tu es à ta place. Tu te régales à vivre car ton métier est ta passion, ton jouet. Une passion est un jouet d'adulte. Je connais cela avec l'écriture.

Jouer, s'amuser est une grande clef de l'existence heureuse. Si tu ne comprends pas cela, frère humain, tu passes à côté de tout. Frère à la tête dans les étoiles, dans l'infiniment grand et petit, les atomes et les quarks, je te salue comme un frère en passion, comme un frère en appétence de vivre et découvrir. Je te respecte davantage pour cela que pour tes découvertes, frère à la tête dans les constellations. Elles m'intéressent et me font rêver mais, à l'inverse de toi, je suis sans illusion : je ne pense pas que l'humain découvre un jour le secret de l'univers. Pas de cette manière. Plutôt, si cela arrive, par les portes de la perception quand elles seront plus ouvertes. Si jamais cela arrive ! Par nos sens, je crois que nous pourrions parvenir à saisir le grand mystère de l'univers. Mais c'est improbable car nos sens, nous les atrophions sans cesse au lieu de nous entraîner à les perfectionner.

Tout cela, frère humain, je l'avance sans preuves, tu le sais. Je t'écris du fond de mon intuition, de mon ressenti. Nous sommes dans un domaine qui relève seulement de la sensation intime. Ni de la foi ni de la science. Aucunement de croyances. Aucunement non plus d'une objectivité observable à partir de l'extérieur de moi. Tout se passe uniquement à l'intérieur de moi : c'est pourquoi tu appelles cela une manière subjective de considérer les choses. Et dans ta bouche, frère humain, ce n'est pas un compliment ! Et pourtant : ta subjectivité c'est toi. L'objectivité, c'est ce qui en dehors de toi. Tu respectes davantage l'extérieur de toi que ton intérieur ! Tu possèdes une bien mauvaise considération de toi-même. Et je ne parle même pas de l'amour, l'estime, l'amitié ou l'affection que tu te portes : c'est un désastre ! Ce que tu ressens tu le nies. Ce que tu observes à l'extérieur de toi tu le juges réel, oubliant que tu n'en perçois qu'une quantité infime et que tu le déformes donc complètement. Sans compter ce que tu y projettes d'idées toutes faites qui t'ont été inculquées voici vingt, trente ou soixante ans ! Mais tu les préfères à tes ressentis profonds. Je ne le comprendrai jamais.

Pourquoi je te raconte ceci ? Où je veux en venir ? Je semble me perdre en route. Alors je te livre vite le reste de mon raisonnement : tu penses que découvrir le secret de la création de l'univers est important et même primordial si j'en juge par les dépenses astronomiques que les états n'hésitent pas y engouffrer. Même si j'aime tes découvertes fascinantes, ne vois-tu pas que la seule question vraiment importante, tu ne te la poses pas ? Elle ne demande pourtant pas que tu y engouffres des sommes qui feraient vivre des pays entiers en grande détresse et souffrance. La vraie question, utile et primordiale parce qu'elle te rendrait heureux si tu y répondais, est : frère humain, quelle est ta place dans l'univers ? QUELLE PLACE TE DONNES-TU ?

Frère humain, as-tu jamais cherché ta juste place ? Frère humain, tu te comportes, dès que tu en as l'occasion, comme un roitelet. Une puissance dominatrice. Si tu as un employé, ta tentation de l'exploiter est grande, si tu en as plusieurs, elle est plus grande encore. Tu me fais remarquer que tout le système économique t'y pousse et tu as raison. Mais qui a mis en place au cours des siècles tous les rouages du capitalisme, du libéralisme, du mondialisme, du communisme, du royalisme, de l'impérialisme, du colonialisme ? Toi, frère humain. Pas les lapins ou les papillons, n'est-ce pas ? Pas les arbres ou les océans, n'est-ce pas ? Observe le vocabulaire humain : j'ai cherché d'autres mots que ceux de la possession pour *si tu* as *un employé.* Je n'ai trouvé que *si tu* possèdes *un employé, si tu* prends *un employé, si tu* engages *un employé.*

173

*Avoir, posséder, prendre.* Et pour *engager,* c'est davantage l'employé qui s'engage auprès de toi à travailler que toi qui t'engages à lui fournir un emploi. Sinon on dirait : *si tu t'engages auprès d'un employé* (sous-entendu à le faire travailler.) On pourrait envisager : *collaborer* avec un *employé.* Mais non : on *collabore* avec un *associé.* Nos tournures de mots sont lourdes de sens.

Revenons à nos moutons. Dès que tu as sous la main un individu plus faible que toi en poids, taille, force, ou économiquement, et encore mieux s'il dépend de toi pour sa survie, tu te conduis en tyran : tu cries, tu humilies, tu reproches, tu culpabilises, tu menaces. Enfin, tu frappes ! Comment ce n'est pas vrai ? Comment je mens ? Je te parle par exemple de tes enfants, frère humain si peu compatissant, si peu tendre. Oui : tu tortures moralement tes enfants. Oui : tu exiges d'eux l'impossible. Et certains vont jusqu'à la torture physique. En France seulement, il meurt 60 enfants par an sous les coups et maltraitances de leurs parents ! Si ce n'est pas se conduire en vulgaire despote, en misérable psychopathe comme Duvalier, Hitler ou Attila, dis-moi ce que c'est ? La plupart des humains de notre planète frappent leurs enfants et trouvent cela très bien. La violence est banalisée : *« Une claque ou une fessée, ça n'a jamais tué personne ! »* Cela ne le tuera pas : combien de fois ai-je entendu cette exclamation stupide dans la bouche d'idiots ! Dans la bouche de "bons parents ». À quoi j'ai toujours répliqué : *« Évidemment si tout ce que tu souhaites à ton enfant c'est de ne pas être tué sous tes coups ! Je veux beaucoup plus pour mon enfant. Le bonheur, ce n'est pas de ne pas mourir sous des coups. Bon sang ! »* Une fessée, ça n'a jamais tué personne : tel est le fond de ta pensée et tu es tellement inconscient de ta violence, de tes **pulsions sadiques,** que tu nous la délivres innocemment, si je puis dire ! « *Ça n'a jamais tué personne !* » Te rends-tu compte de la violence inouïe de cette phrase ? Qui est TA pensée ! Tu n'as aucune excuse. Aucune.

Bon sang, réveille-toi, regarde-toi vivre, écoute-toi parler ! Tous les mots qui sortent de ta bouche révèlent qui tu es ! Et ce n'est beau à contempler. Quand ce n'est pas ton enfant, c'est ta femme que tu bats. Que tu violentes et rabroues. Ou tu humilies ton époux en permanence et tu t'étonnes qu'il s'attarde de plus en plus longtemps au bureau pour rentrer le plus tard possible chez vous. Quand tu possèdes davantage de pouvoir, c'est un groupe. Davantage encore un peuple, une ethnie. Tu crois que ta place dans l'univers est centrale. Que chacun doit t'obéir et te rendre hommage au doigt et à l'œil. Tu vois, je ne me suis pas perdue : je reviens à cette question de la place de l'homme dans l'univers. Tu es un expert en perversion, frère humain détesté, tu violes, tu tortures, tu excises, tu affames, tu affaiblis, tu rabaisses, tu trahis, tu écrases, tu brises, tu chasses, tu extermines, tu détruis, tu hais, tu méprises, tu lapides, tu décapites, tu conditionnes, tu laves les cerveaux, tu trucides, tu assassines, tu triches, tu rejettes, tu abandonnes, tu blesses, tu… Mon frère, tu es un salaud. Peut-être crois-tu que ta place dans l'univers est celle du Roi des Salauds ? Parfois je me le demande.

Aucune bête du règne animal n'est aussi nocive que toi. Tu n'aimes que le sang, la violence, la souffrance et la mort. Tu t'en repais, tu t'en goberges.

Et si tu t'étais choisi la mauvaise place ? T'es-tu posé la question ? Non, bien entendu. La réponse pourrait t'emmerder. Vraiment t'emmerder. Te remettre justement à ta juste place.

Frère humain, tu es l'infime maillon d'une chaîne qui crée la Vie. Rien d'autre. Une goutte dans l'océan de l'univers. Mais une goutte utile, indispensable pour maintenir l'espèce humaine en Vie. Et ça n'a aucune importance que l'espèce humaine demeure en Vie. Qu'est-ce que ça peut bien faire ? L'univers se passerait très bien de nous. Donc tu es une goutte utile et indispensable pour maintenir l'espèce humaine. Rien de grandiose, tu le constates. Tu n'es pas du tout un Roi autour duquel l'univers tourne. Tu es au service de l'univers. Tu es un passeur de Vie humaine. L'univers n'est pas à ton service. Les planètes ne te feront jamais la révérence et les trous noirs ne te baiseront pas les pieds. Tu le déplores et c'est ainsi. Seul l'humain est assez faible d'esprit pour baiser les pieds d'autres humains. Je le répète : tu es l'infime maillon d'une chaîne qui crée la Vie humaine, pas davantage. Alors cesse de te hausser du col.

Frères humains, au regard de l'univers, nous ne sommes pas plus grands ou importants qu'un grain de poussière. Si nous existons, c'est bien. Si nous n'existons pas, c'est bien. Si l'humanité disparaît, cela ne fera pas de différence pour l'univers. C'est juste par notre nombre que nous prenons une certaine importance – attention, ne te leurre pas sur le mot importance ! Disons plutôt que nous prenons de l'espace.

Seul, frère humain, ton existence est d'une importance bien légère. La mienne également. C'est parce que nous faisons partie d'une chaîne qui tricote la Vie que nous ne sommes pas complètement anodins. Et encore !

Alors, frère humain, notre place dans l'univers… Cela nous ramène à notre juste importance, non ? Et pour la petite histoire de l'humanité, la majorité d'entre nous vit une existence sans grande conséquence. Alors pour le cosmos ! Pense, frère humain, à notre insignifiance ! Cela te rend-il enragé, fou de haine, comme toujours prêt à frapper et abuser le premier venu, ou humble et responsable ? Tu as le choix, frère humain, tu as toujours le choix. N'oublie pas : c'est toi qui crées ton existence, c'est toi qui choisis.

Tu le nies ? Tu me fatigues ! Tu trouves plus simple de te déresponsabiliser. Tout ce qui t'arrive de bien, de glorieux, valorisant, c'est grâce à toi. Tout ce qui t'arrive de désagréable, c'est de la faute des autres ou de la malchance. N'as-tu pas honte ? Tu ne me feras pas avaler ce genre de facilité ; c'est insane. Obscène. Tentes-tu de t'en persuader ou le crois-tu vraiment ? Éveille ta conscience, frère humain, car elle en a grand besoin. Cesse de rejeter la faute sur l'autre.

Frère humain, tu n'as pas le droit quand tu es psychiquement malade - et tu as toutes les chances de l'être car toutes les éducations convergent vers ce résultat - de ne pas te soigner. **Ta maladie contamine ton entourage, à commencer par tes enfants.** Je l'ai toujours su, ressenti du fond de mes tripes. Cela m'a semblé évident dès l'enfance. J'ai su tout de suite : **ta maladie psychique contamine ton entourage, exactement comme un virus.** Je n'ai pas eu besoin de valider mon ressenti en cherchant à me donner raison par des preuves. J'en étais, j'en suis toujours certaine.

Bien après la psychanalyse et les travaux de Reich et Jung particulièrement, les thérapies comportementales actuelles ont rendu leur verdict : malade, mon frère, tu contamines effectivement tout ton entourage qui, lui-même, contamine à son tour. Tu crées une épidémie.

Une épidémie de pathologie psychique. Tu imagines le tableau… Par ta parole, ta simple proximité, ton expression, le ton de ta voix, tes humeurs, tes réactions, tes paroles, tes actes, tu contamines. Toute la journée, tu jettes à la face de ceux que tu aimes profondément, que tu n'aimes pas, qui t'indiffèrent, des sacs entiers d'ordures psychiques ! Tu n'as aucune conscience de tes agissements. Et tu contamines. Toute ton existence, tes angoisses, tes doutes, tes mesquineries, tes commérages, tes mauvaises actions, tes névroses, tes complexes, tes inhibitions, ta mauvaise humeur, ta violence, ton mépris, tu les balances à la tête de milliers d'êtres et ces milliers d'êtres les reversent à leur tour sur la tête d'autres personnes. Alors soigne-toi, frère humain, car tu peux aussi contaminer par ta bonne humeur, ton appétence à vivre, ta clarté de vision, tes rêves les plus beaux, ton enthousiasme, tes compétences, ta compassion, ton amour, ta tendresse… Tu saisis à quel point, frère humain, ta responsabilité est immense. Cesse d'être toxique. Quand tu vas mal, tu deviens un poison pour ton entourage et l'entourage de ton entourage. C'est sans fin.

Au contact de ta simple présence, des quelques mots que tu délivres, et même si tu ne parles pas et que cette rencontre ne dure que quelques minutes, tu délivres des dizaines d'informations très subtiles sur ton état interne que l'autre reçoit plus ou moins consciemment - majoritairement inconsciemment - et qui vont **transformer son comportement.**

À un niveau plus profond, on parle de la réaction et l'expression des gènes dans le corps humain face à l'environnement : cette science se nomme l'épigénétique. Elle aborde de manière scientifique la question de l'inné et de l'acquis. Des gènes et de l'influence du milieu. Oui, l'influence du milieu est vraiment prépondérante, autant que tes gènes. Et elle influence du reste tes gènes et les gènes de ta descendance. Les traumatismes vécus par un humain ou un animal transforment ses gènes et influencent donc ceux de l'enfant à venir, qui lui-même... C'est ainsi que les petits-enfants de femmes affamées et enceintes, durant la famine des Pays-Bas en 1944-1945, sont atteints d'hypertension, diabète et obésité dans un taux bien supérieur à la moyenne, par exemple.

C'est sûrement une des grandes confirmations scientifique de notre siècle mais ce n'est pas cela qui intéresse les médias, c'est la fureur et les larmes ; car tu t'y complais et la fureur et les larmes rapportent donc beaucoup plus d'argent que la paix et la joie. C'est pourquoi il existe de grandes chances pour que tu ne le saches pas. Es-tu conscient de ta responsabilité, frère humain ? Quel magicien tu es !

Tu peux transmettre le bonheur et la générosité sans lever le petit doigt ! Tu peux également diffuser ton malheur et ton avarice... Le processus est d'une simplicité biblique. Le bon sens populaire avait saisi bien avant la neuroscience : *« Je ne le sens pas cet homme ! Je ne sais pas pourquoi, il a l'air gentil, mais quand je l'ai quitté j'ai eu un drôle de sentiment. Je ne le sens pas du tout. »* Sentir. Laisse parler ton intuition, frère humain, c'est le meilleur des guides. Ne la confonds pas avec l'un de tes désirs. Apprends à entendre les voix subtiles de ton intuition.

Si cela t'intéresse, il est très facile de te renseigner. Je ne suis ni neuroscientifique ni thérapeute ou épidémiologiste. Je lis un peu de vulgarisation de temps à autre alors tu me pardonneras l'apparence naïve de mon rapport. Mais le fond est là.

La conclusion n'est pas du tout naïve. Elle est même dure à avaler, à assumer. Résumons. **Quand tu es heureux, tu contamines le monde de ton bonheur. Quand tu es malheureux, tu contamines le monde de ton malheur et ta descendance.** L'influence du milieu, ce n'est pas autre chose. Si tu es malheureux, tu dois détester ce que j'affirme. Et me détester. Pourtant, c'est la vérité. Nous devons tous être conscients de qui nous sommes et de ce que nous offrons au monde. Nous devons nous observer, devenir conscients de nos actions, réactions, sentiments et émotions, et nous corriger pour offrir le meilleur de notre personne.

Frère humain, je veux que nous nous comprenions sur ce point : quand je pense que nous devons nous corriger, je n'évoque pas le refoulement. Je parle de soins réels. Ce n'est pas en refoulant nos traits désagréables ou affreux que nous les éliminerons mais en les soignant. Prends la colère par exemple : si tu te contentes de la réprimer, ce sera terrible. Quand elle finira par exploser à nouveau, elle sera forcément d'une violence inouïe. Il faut en chercher le sens profond, réel, et non superficiel, et soigner alors le manque qui la provoque.

Car n'en doute pas, frère humain, derrière chacun de tes comportements désagréables ou pathologiques se cache un manque. Quelque chose crie, un vide qui désire être comblé. Nous fonctionnons tous comme cela. Nous agissons mal parce que nous sommes en souffrance. La plupart du temps, nous n'en sommes pas conscients. Mais si nous acceptons d'être honnêtes et lucides, nous voyons plus clair dans notre jeu et nous savons ce qu'il faut soigner. Le nombre de thérapies à notre portée est vaste aujourd'hui. Il faut faire ce pas, frères humains ; **si vous ne deviez retenir de ce livre qu'une chose, c'est celle-ci : soignez-vous, mes frères !** Pour vous, pour les autres, pour nous. Nous le méritons tous.

Ma diatribe n'est pas terminée. Mon indignation n'est pas apaisée. Sans doute ne le sera-t-elle jamais tout à fait. Je me soigne moi aussi mais je ressens profondément que mon sens de la justice et de la paix n'est pas comblé.

Je suis née tendre, mon frère. Rebelle mais tendre. Et parfois naïve. Mais mon goût de la lucidité finit toujours par l'emporter. La tendresse est là mais à qui l'offrir ? C'est une tendresse usée par les coups, les arnaques, les malveillances, les bassesses, les mensonges, les trahisons. Comme toi, mon frère. Nous connaissons tous cela. Car l'autre nous balance ses ordures à la tête et se croit dans son bon droit. Le manque de conscience, toujours. Le mien, aussi. Mais ma tendresse est encore là, fatiguée mais encore capable de se donner. Mais à qui ? Ils sont rares sur la route ceux à qui je peux donner sans crainte de trahisons, de déceptions, de mesquineries. Tu sais cela, mon frère : la méfiance qui s'installe dans une vie, l'usure en un mot. Car, frères humains, la tendresse vous ne l'aimez pas. Vous préférez la loi des tyrans et la force brutale ! La tendresse de Jésus, regardez ce que vous en avez fait ! Crucifiée, la tendresse !

Évidemment, je ne dis pas que ma tendresse est aussi vaste que celle de Jésus. Mais enfin, c'est de la tendresse. Une flammèche d'espoir, une chaleur, une douceur, c'est cela la tendresse. Fragile mais bien présente, au fond de l'âme, prête à s'offrir en cadeau. Mais vous vous en foutez, frères humains : vous préférez la force brute, la bestialité, l'arrogance, la stupidité. Vous admirez les tyrans, les rois, les meurtriers de grande envergure. Quand un homme tue un homme, un seul, il passe en cour d'assises. Quand un homme tue des millions d'hommes, il est admiré par les foules, déifié, adoré ! Quand un homme tue des millions d'hommes, il est traité comme un héros. Puis il meurt tranquillement dans son lit. Rarement la foule abêtie se réveille et l'élimine. C'est excessivement long - des dizaines d'années souvent - et rare. Quand un homme extermine des millions d'hommes, il entre dans les livres d'Histoire, qui ne sont emplis que de batailles, de génocides, de guerres, de fureur et de sang, de César et Alexandre le Grand, de Napoléon, d'Hitler, Staline et Pol-Pot ! Les livres d'histoire devraient aussi raconter la vie des bienfaiteurs de l'humanité pour les donner en exemple à nos enfants. Mais non. C'est tellement mieux de leur montrer l'exemple des tyrans !

La tendresse humaine chez les tyrans ? Réservé à leurs chiens, leurs maîtresses, leurs femmes ou leurs enfants… Et encore… Que le reste de l'humanité s'écrase sous ma botte ou périsse ! Telle est la loi des tyrans. Les foules sont fascinées par les tyrans. Hypnotisées. Elles ne sont pas fascinées par la tendresse. Elles ne connaissent même pas leurs véritables besoins. Une vie sans tendresse est une vie gâchée. Mais le savent-ils, frères humains ? Et si elles s'éveillaient au lait de la tendresse humaine, que se passerait-il ? Ne serait-ce pas la fin des tyrans ? La fin des armées ? La fin de la violence ? De la brutalité ? Du droit du plus fort sur le plus faible ? De la manipulation des masses ? Des conditionnements ? De l'hypnose sociale ?

On en est ici, hélas : à admirer ce qui nous est le plus nuisible. La vermine. Il faudra que je me contente de mon siècle, ma culture, mon destin. Le lait de la tendresse humaine n'en a pas fait souvent partie. Je n'en ai pas reçu de pleins tombereaux et crois, frère humain, que je le regrette ! Dans des millions d'années, peut-être, aurons-nous assez évolué...

Frère humain, notre vie est organisée. Chaque vie a son organisation propre. C'est un biotope. Si tu bouleverses l'ordre établi des choses, tu changes forcément les forces à grande échelle. Quand tu touches aux détails, tu touches à l'ensemble plus que tu ne crois. C'est l'effet papillon. Tu sais : quand un insecte bouge ses ailes, il provoque peut-être une tempête au bout de l'univers. Car chaque atome de l'univers communique avec les autres. Tout est lié. Sans cesse. À l'infini.

C'est pourquoi existe aussi la loi des conséquences. Alors, si tu mettais en place la tendresse dans ta vie, si tu lui redonnais ses lettres de noblesse, si tu la posais à sa juste place, très haute et présente dans ton existence, ton monde changerait suffisamment pour se transformer plus encore par la suite. Et si ton monde change, le monde change un peu. Puis davantage. Comme une carte qui tombe entraîne tout le château de cartes. Si les hommes étaient pétris de tendresse, crois-tu que les tyrans pourraient encore trouver à s'entourer d'hommes de paille et lever des armées ? Quelle tendresse aimerait s'accoupler au serpent ? Aucune.

Et si le mot *tendresse* ne te convient pas, remplace-le par le mot *neutralité bienveillante*. La neutralité bienveillante, si nous la pratiquions à chaque instant, suffirait à changer les rapports humains et la face du monde. La neutralité bienveillante est une force révolutionnaire !

Nous sommes obligés de commencer petitement, frère humain, dans notre foyer, notre métier, notre entourage. C'est un modeste travail de fourmi. Je ne l'exerce pas parfaitement. J'ai des manques moi aussi. Mais j'exerce ma tendresse aussi loin et souvent que j'y parviens. Avec nos enfants en premier lieu, il faut se montrer tendre. Les adultes sont déjà en partie ou complètement formatés à la banalisation et l'usage de la violence et l'humiliation. Il faut quand même à eux aussi offrir notre tendresse mais sans illusions.

Pour les enfants, c'est différent. Ils sont l'avenir du monde. Le sel de la terre et celui de l'avenir de l'humanité. Le futur de nos civilisations. Ils sont une part de nous, de notre chair. Nous avons envers eux un devoir de tendresse. Parce que nous les aimons et que la tendresse est le meilleur moyen de leur montrer notre amour. Parce que nous désirons qu'ils se sentent aimés et la tendresse est le moyen le plus court et le plus efficace. Nous les voulons heureux, épanouis, libres, autonomes et responsables, n'est-ce pas, frères humains ? À cette tendresse que tu leur donnes, ils répondent par la tendresse. Ils offrent de la tendresse à toi, aux autres, aux animaux, à la terre.

Tu sais, frère humain, j'ai beaucoup enseigné durant ma vie aux enfants comme aux adultes. J'ai trouvé énormément d'insolence, d'irrespect et de brutalité chez les enfants. D'égocentrisme également. On m'a souvent répété que c'était parce qu'ils n'étaient pas assez mâtés par leurs parents ! Mais j'ai surtout vu l'inverse.

J'ai surtout vu des enfants qui imitaient leur entourage car tout ce qu'un enfant apprend, il l'apprend par imitation, et c'est naturel car il vient nu au monde, ignorant de tout. J'ai donc vu des enfants brutalisés qui brutalisaient leurs camarades. Les humiliés les humilient. Les battus battent. Les dévalorisés dévalorisent. Les insultés insultent. Ceux en butte avec l'insolence et l'indifférence de leurs parents sont tour à tour insolents ou indifférents avec leurs professeurs, leurs camarades, leurs amis. Ceux dont les parents sont égocentriques le deviennent eux-mêmes. Regarde tes enfants, frère humain, et tu sauras qui tu es !

Je suis en train de me faire des ennemis… Je persiste pourtant. Les enfants mal éduqués ont des géniteurs mal éduqués qui n'éduquent pas ou mal leurs enfants. La liste de leurs défauts, je te la laisse poursuivre. N'en parlons plus. Et puis bien sûr, il existe les enfants, infiniment plus rares, qui échappent à toute influence. Et ils sont alors la gloire de leurs parents ou leur défaite la plus cruelle. Des génies, des monstres ou des paumés. Il n'est pas question d'eux ici mais du plus grand nombre.

Quant aux enfants qui reçoivent suffisamment de tendresse, ils sont calmes, concentrés, gentils, parfois même serviables. Ce sont ceux que j'aime davantage. Ils sont en général réservés et discrets. C'est là que le bât blesse : la réserve et la discrétion sont des qualités que la majorité des adultes, professeurs et formateurs compris, détestent ou méprisent au mieux ! Eux-mêmes n'ont pas connu la tendresse. Ils préfèrent les enfants insupportables ou m'as-tu-vu, même s'ils s'en plaignent car, au fond, ils peuvent s'y confronter ! Tenter de les mâter ! Et puis, ils s'y reconnaissent. Le fonds de commerce de l'humanité est la vulgarité d'esprit et de cœur.

On se souvient toujours des gamins odieux qui se sont mal conduits et ont ralenti l'apprentissage de toute une classe – quelles que soient leurs raisons, bonnes ou mauvaises. Les pédagogues ne s'intéressent pas aux enfants tendres, gentils, obéissants, réservés, polis, travailleurs. Ils ne s'en occupent pas, ne les félicitent jamais pour leur excellent travail - sauf quelques mots vite écrits sur le bulletin en fin de trimestre ! Ils sont bien trop occupés à batailler avec les monstres dont ils devraient souvent se désintéresser. Ils se parent de couleurs morales ; ils tentent de les aider à s'intégrer au système scolaire, à progresser, mais méritent-ils vraiment tant d'attentions ? Des parangons de vertus que nos éducateurs ! Ils n'ont pas tort : il faut montrer à ces enfants, quand ils ne reçoivent en général pas la plus petite éducation, parfois même le plus petit amour et tendresse au sein de leur famille, qu'ils sont des êtres humains comme les autres et non des parias. Qu'ils possèdent en eux les ressources pour apprendre et évoluer. Mais au fond, est-ce à eux de le faire ? N'est-ce pas à la société de pallier les manques des parents dans ces cas-là ? De les retirer de ces milieux toxiques et leur offrir autre chose que le pénitencier scandaleux de la DASS ? C'est un autre débat…

Mais derrière ces raisons raisonnantes, morales, j'entrevois que le corps enseignant, aussi immature que le reste de l'humanité, prend une sorte de plaisir malsain à batailler, tenter de soumettre à l'autorité, convaincre, punir, manipuler, etc. L'amour du pouvoir se cache souvent derrière les apparences de la vertu. Et cette sorte de plaisir consiste aussi à oublier les méritants. À les ignorer. À mépriser ces êtres tendres, fragiles, taiseux et besogneux.

Tel est le système scolaire aujourd'hui, tout au moins en France : la place donnée aux perdants du système scolaire y est bien plus grande qu'aux gagnants.

Ils n'ont qu'à se taire et se débrouiller. Ils ont bien du mérite de ne pas se décourager. Je les admire ces gamins que personne n'encourage jamais, ne félicite jamais – hormis leurs parents. Ces laissés pour compte de la tendresse des enseignants ! En grande majorité des filles, bien sûr… Je n'admire pas les enfants insolents et paresseux : ils n'y ont aucun mérite. Quand je pense à mon propre parcours scolaire, je ne m'admire pas de m'être montrée aussi désintéressée. Mais au moins, je me taisais.

J'entends les nuées de parents et d'enseignants qui se lèvent pour me haranguer ! Me traiter d'arriérée, de rétrograde, de ringarde ! Oui, j'aime le mérite. Oui, j'aime les tendres. Non, je n'ai aucune appétence pour les petites brutes qui montrent déjà de quoi elles seront capables plus tard. Je vais me faire traiter de réactionnaire, mais je m'en fous.

*- Et ta propre tendresse ?* me rétorque-t-on.

J'en ai pour tout le monde. J'ai travaillé avec des classes difficiles ; pour les spécialistes, je précise : 3$^e$ et 4$^e$ technologiques, 2$^{de}$ 1$^{re}$ et baccalauréat professionnels. Je sais donc de quoi je parle. Les bons éléments de ces classes, les professeurs ne se rendent compte de leur existence que les jours de conseil de classe. Les autres prennent toute la place sans la mériter. J'ai eu de la tendresse pour les gamins les plus mal lotis dès la naissance, issus de familles toxiques particulièrement ignobles et stupides. Mais cette tendresse n'empêchait pas ma tendresse, plus grande encore, pour ceux, silencieux, qui se battaient pour obtenir les meilleures notes. Je savais qu'ils deviendraient les sauvés de ce système bancal, qu'ils réussiraient, dans une certaine mesure, leur existence. Ils le méritaient. Dans la vie, devenus adultes, nous n'avons que ce que nous méritons. Mais le système scolaire, lui, les pénalisait par son indifférence.

Vous pouvez me jeter des tomates, c'est sans importance. Toute notre éducation – scolaire, parentale, sociétale - tire vers le bas l'enfant, ce futur adulte. Toute mon existence, j'ai vu des enfants qui ne le méritaient pas prendre la place de dix enfants dans leur foyer – par leur brutalité, leur méchanceté, leur arrogance, leur stupidité, leur égocentrisme, leur veulerie. Les parents, débordés par leur présence incessante et harcelante, en oubliaient d'aimer leurs frères et sœurs, pourtant doublement méritants puisqu'ils supportaient cette situation. Ils méritaient pourtant tellement plus d'amour et de tendresse. L'enfant manipulateur réussissait son pari : être toujours au premier plan, tirer toute la couverture à soi et laisser grelotter les autres de froid, vampire qui suçait le sang de ses parents, frères et sœurs et même de ses professeurs et camarades. Je ne dis pas amis : pour la plupart, ils n'en n'ont pas ou alors ce sont des victimes manipulées ou des égocentrés comme eux. Des garçons pour la plupart. Très peu de filles. Je l'ai trop vu.

Vous me répliquez que si la tendresse emmène la tendresse, certains de ces enfants pourvus de frères et sœurs sympathiques, de parents tendres, auraient dû être sympathiques. Hélas, j'ai vu des enfants qu'aucun milieu, même le meilleur, ne stabilisait dans un comportement acceptable pour la société et leur entourage. (C'est un mystère pour moi que seul un neuroscientifique pourra nous expliquer dans 10 ou 15 ans. Tout l'équilibre d'un être semble se combiner dans les échanges entre neurotransmetteurs, hormones, expression des gènes, éducation, milieu de vie et capacité de conscientisation.)

Mais la vérité m'oblige à dire que ce n'est pas ce que j'ai observé le plus souvent. J'ai surtout vu des parents sans grande tendresse procréer un petit tyran roi et d'autres enfants, frères et sœurs qui, miraculeusement dans ce milieu peu sympathique ni propice à l'amour, grandissaient sympathiques et tendres. Et souvent plus responsables que leurs parents, sans doute pour compenser leur irresponsabilité et immaturité.

À ces enfants, je veux rendre hommage. Je veux leur envoyer ma tendresse. Et je leur dis que oui : ils ont toujours mérité la tendresse. J'en ai trop vu malheureux de l'indifférence de leur famille et leurs enseignants. Ils ne se plaignent pas ; ils se taisent. C'est leur système de défense et ils ont raison. Le monde ne comprend pas : il lui est si habituel et banal de préférer la vulgarité à l'intelligence, la brutalité à la douceur.

Je n'en ai pas fini avec ce système scolaire qui ne vise qu'à tirer enseignants et élèves vers le bas. Si l'on souhaitait vraiment le bien des enfants qui méritent toute notre attention, enfants qui participeront plus tard à la marche de notre société, pourquoi ne les aide-t-on pas à croître dans le milieu qui leur convient et les élève ? Pourquoi les laisse-t-on subir toute la journée la bêtise et l'agitation des cancres ? Pourquoi ces enfants n'ont-ils pas droit au respect ? Dans aucune entreprise ou institution, aucun métier, on ne laisse les gens subir la présence de tels collègues. Pourquoi le fait-on chez les enfants ? Pourquoi ne crée-t-on pas de groupes de niveaux correspondant aux capacités de chacun, en donnant évidemment à chacun la possibilité d'évoluer et passer dans un groupe supérieur ? N'est-ce pas ce qu'on fait partout et dans tous les échelons de la société ? Voilà un vieux spectre soulevé : l'égalitarisme qui est confondu avec l'égalité. Voilà que je passe maintenant pour une fasciste, une réactionnaire ! Alors ce qui est bon pour les adultes n'est pas bon pour les enfants ? Tu vas continuer à humilier le cancre en lui faisant côtoyer le génie et à empêcher le génie de s'élever en lui faisant côtoyer le cancre ? Pourquoi ?

Parce que les ligues bien pensantes de la morale molle de notre siècle ont décidé que tout le monde vaut tout le monde dans un consensus lui aussi ramolli qui bêle la bonté compatissante mais confond victime et bourreau ! Mais de qui se fout-on ? Des meilleurs. Les meilleurs devraient travailler auprès des meilleurs camarades et des meilleurs professeurs. Pour être encore meilleurs, avoir cette satisfaction-là, bien méritée. Et ne pas avoir à se battre pour rester concentré 6 heures par jour, au bas mot, malgré l'agitation, la grossièreté, la bêtise, le manque de discipline, l'insolence, la violence, le mépris de l'intelligence et la culture. Car c'est tout cela contre quoi il faut lutter quand on est un enfant du système scolaire français aujourd'hui ! Quand ce n'est pas l'humiliation, les coups, les insultes, le racket, la menace, le harcèlement. Un enfant devrait pouvoir travailler à sa pleine puissance sans entraves sans avoir à fournir cet épuisant effort supplémentaire de s'adapter à la connerie ambiante. Tout simplement par l'effet bénéfique d'un milieu adapté, de professeurs vraiment compétents et de camarades brillants. L'influence du milieu est primordiale dans une existence. Les conditions de travail seraient donc infiniment meilleures, le silence et le calme ne seraient pas denrées rares. Les enseignants pourraient retrouver tous leurs esprits. Ils se consacreraient enfin entièrement à leur métier et ne se métamorphoseraient plus en assistante sociale, nounous pour gosses perdus ou gardes-chiourmes exaspérés. Et je les comprends. Leurs conditions de travail sont intolérables. Notre société les a dépouillés de tout charisme et toute autorité. Et les rémunère mal pour mieux les décourager. Sans compter le manque de moyens financiers flagrant des établissements scolaires, universitaires, les suppressions de postes incessantes, la nullité de l'enseignement prodigué dans les IUFM - qui ne développent pas mais répriment l'intelligence, la curiosité, la culture, la réflexion, la personnalité des futurs enseignants, n'apprennent pas la pédagogie, et ne préparent en rien à prendre en mains une classe ni subjuguer un auditoire. Sur ce dernier point, n'importe quel conférencier en sait davantage ! C'est vite oublier que le professorat est aussi un métier de comédien. Ne pas l'accepter, c'est passer à côté de tout un pan de ce métier, pourtant nécessaire à établir le contact entre celui qui apporte et celui qui reçoit. À quand des cours de théâtre et de techniques de conférenciers dans les cursus d'enseignants ? Aux calendes grecques cette idée d'hurluberlue !

Revenons-en à nos classes de niveaux. On hurle à l'élitisme ! Tant mieux. Comment, je ne suis pas pour éliminer l'élitisme, cette honte ? Si c'est que tu penses, tu penses mal comme bien des gens : tu confonds élitisme et excellence. Je suis pour l'excellence, je revendique mon goût pour l'excellence et une juste récompense selon le mérite de chacun. L'égalité c'est cela, contrairement à l'égalitarisme qui est de donner la même récompense à chaque individu quel que soit son degré d'excellence – c'est-à-dire même s'il est totalement nul ! Je revendique le droit pour chacun d'exercer son excellence ; je pense même que l'excellence est un devoir. Que l'on doit faire toujours au mieux de ses possibilités, quel que soit le domaine. Je te rappelle le bouleversant discours de Martin Luther King :

*Premièrement, votre priorité pour votre projet de vie devrait être une profonde croyance en votre propre dignité et votre propre valeur et votre propre personne. Ne permettez à personne de vous faire croire que vous n'êtes rien. Ressentez toujours que vous comptez, ressentez toujours que vous avez de la valeur et ressentez toujours que votre vie a une importance absolue. Ce qui signifie que vous ne devez pas avoir honte de ce que vous êtes. [...] Deuxièmement, pour votre projet de vie, vous devez avoir comme principe de base la détermination d'atteindre l'excellence dans vos différents domaines d'activité. Vous devez décider au fil des jours et des années ce que vous ferez dans votre vie et quel sera le travail de votre vie. Et une fois que vous l'aurez trouvé, faites-le bien et avec détermination. [*

*Si votre mission est d'être balayeur de rue, vous devez balayer les rues comme Michel-Ange peignait ses toiles ; balayez les rues comme Beethoven composait de la musique ; balayez les rues comme Leontyne Price chantait au Metropolitan Opera ; balayez les rues comme Shakespeare écrivait ses drames. Balayez si bien que tous les hôtes du ciel et de la terre seront obligés de faire une pause pour dire :* « Ici, un grand balayeur vit ; il a bien accompli sa tâche ! »

*Si vous ne pouvez être un pin au sommet de montagne, soyez un buisson dans la vallée ; mais soyez le meilleur buisson à des lieues à la ronde. Soyez un arbuste si vous ne pouvez être un arbre. Si vous ne pouvez être une autoroute, soyez seulement le sentier. Si vous ne pouvez être le soleil, soyez une étoile. Ce ne sont pas vos dimensions qui feront que vous gagnerez ou échouerez. Soyez au meilleur de vous-même.*

Non, je ne parle pas d'élitisme mais bien d'excellence. Et je ne parle pas de compétition mais d'émulation. L'excellence et l'émulation, ce n'est pas le système du concours mais celui de l'examen. Le concours, c'est l'élitisme et la compétition, système qui ne crée que des êtres avares de leurs privilèges, prêts à toutes les compromissions. L'excellence éliminerait beaucoup de maux. Pas de cooptation. De passe-droits. De milieux fermés. D'entregent. Non. Je parle de donner les meilleures places du salariat à ceux qui ont fait les meilleures études mais surtout qui ont les meilleures compétences ; cela me paraît juste. Dans la création d'entreprenariat, c'est autre chose : un entrepreneur doit viser l'excellence mais c'est plus rarement au travers d'études qu'il y parvient. Il lui faut bien davantage de compétences qu'une connaissance scolaire ou universitaire. Si les classes de niveaux étaient installées partout, ce serait davantage démocratique. Car pour les enfants moins favorisés, les turbulents, les malheureux, les moins intelligents, et autres, les classes seraient adaptées et les enseignants formés spécialement. J'aimerais que les études redeviennent un ascenseur social. Pas le seul, mais l'un d'entre eux. La démocratie, ce n'est pas de tirer les élèves qui veulent s'élever vers le bas. C'est d'élever plus haut ceux qui veulent et possèdent les moyens intellectuels et émotionnels de s'élever. Et ce n'est pas de laisser les plus défavorisés croupir dans la nullité. Les classes de niveaux éviteraient que seuls les fils à papa se regroupent, comme cela se passe actuellement, dans les seuls établissements où l'on peut étudier dans de bonnes et même d'excellentes conditions. Les conditions favorables à d'excellentes études seraient égalitaires puisque installées au sein de tous les établissements. Et le système serait évidemment souple, permettant de changer de niveau selon ses progrès. Je parle évidemment d'un monde où l'on désire éduquer les enfants pour les amener à ce qu'ils sont réellement et non à devenir de pâles copies d'eux-mêmes facilement manipulables. Mais nous formons le monde au crétinisme. Vous me trouvez maintenant si fasciste, si arriérée, que vous avez la grande tentation de fermer ce foutu livre pour le jeter à la poubelle ! Oh, je ne me fais pas d'illusion sur vos sentiments. Vous n'aimez pas mes ambitions pour les hommes et le monde. Vous me comprenez de travers, frères humains. Vous aimez tant la médiocrité, la facilité, la paresse, la brutalité. La misère au fond. Les bras m'en tombent.

Et puis… soyons vrais. Toute cette injustice sociale n'existerait pas à un tel degré si vous n'aviez pas décidé de l'importance prépondérante des études ! Qui a donc décidé de ceci ?

Car on pourrait très bien imaginer que poursuivre ou non des études soit un choix et non une obligation ! En réalité, c'est un choix prédéterminé, obligatoire pour ne pas être un paria dans notre société. Est-ce donc vraiment un choix ? En France, être sans diplôme c'est être un Intouchable. Un paria. Dans le monde du salariat, c'est franchement rédhibitoire. Heureusement qu'il existe l'entreprenariat ! Qui est l'imbécile qui a décidé que les diplômés font les gagnants et les non-diplômés les perdants, socialement parlant ? Préjugé absurde que les faits démentent souvent ! De nombreuses grandes fortunes de ce monde sont aujourd'hui bâties par des êtres créatifs non diplômés. Ou d'êtres qui ont détesté leurs études. Des perdants aux yeux de leurs professeurs, de la société, leur famille. Comme le sont en général les êtres doués d'immense créativité. Albert Einstein a parlé vers l'âge de trois ans ! Il eut en horreur sa scolarité. Steve Jobs a laissé tomber ses études. Alors je pourrais tout aussi bien foutre en l'air mon raisonnement précédent dans un monde qui ne serait pas à genoux devant les diplômes et considérerait l'être pour qui il est et ce qu'il vaut et non pour sa collection de bouts de papier ! Mais dans la mesure où le monde en fait tant de cas, alors il faut établir une justice dans l'obtention de ces bouts de papier. Les bouts de papier, décidément, ont bien de l'influence sur la vie d'un homme ! Et c'est absurde. Le mieux reste tout de même de laisser la réelle liberté aux gens de réussir leur vie professionnelle avec ou sans diplômes. Ce devrait être un vrai choix. Mais aujourd'hui, on ne le possède pas. Si tu n'obtiens pas de diplômes, tu as toutes les chances de commencer ta vie brisée. En France, c'est extrêmement pénalisant. Toute la société te montre du doigt ! Prêt-à-penser. Hypnose sociale.

Laure, écorchée vive, les gosses tu les aimes. Jouets cassés entre les mains de leurs parents, leurs professeurs, le système. Bien enrégimentés. Oui Monsieur. Non Monsieur. Ceux qui jouent bien le jeu gagnent : c'est naturel, c'est dans l'ordre des choses. Je n'apprécie pas le système d'éducation actuel. Je l'ai haï, enfant. Il me désole, adulte. Car il brise les enfants pour en faire de bons petits soldats. Il enrégimente, programme, conditionne. Le système auquel je rêve n'a rien de commun avec ce qui existe. Il faudrait, afin qu'il voie le jour, abolir tous les systèmes actuels de pensées de toutes les sociétés humaines. Croire que l'homme est né pour le bonheur. Accepter qu'il œuvre à son épanouissement et non à la bonne ordonnance de l'ensemble de la société. C'est comme cela qu'il y trouverait naturellement sa place et que la société s'organiserait correctement. Car la société s'organiserait autour de l'homme, s'adapterait à l'humain. Alors que c'est l'homme qui s'organise et s'adapte pour se plier à la société, ce qui est d'une absurdité confondante ! La première tâche d'une société décente serait d'apprendre à l'enfant les bases du bien-être, donc à respecter son individualité, sa personnalité, ses préférences, ses valeurs, ses particularités, ses besoins, ses aptitudes naturelles. Enfant, l'école lui apprendrait à découvrir qui il est. À écouter son intuition. Développer sa sensibilité et ses goûts. Découvrir et dégager ses talents naturels, les aider à grandir, s'épanouir. Faire émerger sa ou ses passions. Renforcer ses compétences. Lui donner des outils pour aller plus loin, plus profond, plus haut. S'élever dans le bonheur, l'intelligence, la sensibilité, la communication, la bonté. Tous les outils seraient à la disposition des enfants. Les écoles seraient aussi des centres de PNL, de kinésiologie, d'EFT, d'hypnose, de toutes les techniques les plus pointues du développement de soi. On apprendrait à se connaître : qui l'on est, où on veut aller, pourquoi. Quels sont nos véritables besoins. Et nos désirs. Et l'on apprendrait à ne jamais les confondre.

On apprendrait à gérer ses émotions et sentiments. À communiquer. À ne pas prendre l'autre pour une poubelle où jeter nos émotions. À imaginer notre avenir, à poser nos objectifs, à les réaliser.

Plus tard, on apprendrait les matières générales dans la simplicité, sans stress. La curiosité des élèves, stimulée, les porterait naturellement à se développer. Pour le plaisir, l'élan naturel de progression qui est dans la nature même de la Vie. Pas pour rapporter des bonnes notes à la maison afin d'éviter des sanctions, une mauvaise réputation, les coups des parents, les humiliations, les cris, les reproches, la culpabilisation. Car c'est ainsi que le système fonctionne, dénué de toute humanité et intérêt pour les enfants. On irait à son rythme. Quel est l'imbécile qui a décidé que tous les cerveaux et les corps se développent au même rythme ? Est-il humain d'obliger nos enfants à apprendre si tôt la lecture, l'écriture, le calcul ? N'ont-ils pas plutôt à découvrir la vie, les autres, à jouer, se connaître eux-mêmes en premier lieu ? Coincés sur des chaises les enfants de trois ans ! Et même de deux ans maintenant ! Des prisonniers. Pour toute leur existence pour certains. Car leur métier les mettra souvent dans la même situation : la chaise, la chaise, la chaise, la table, le bureau, le bureau, le bureau !

Laure, âme sensible, tu rêves ! Je t'entends, frère humain, tu es cynique, tu te moques, tu me traites d'idéaliste, tu n'y crois pas. Et pourtant, frère humain, c'est l'avenir du monde que je te décris. Un monde futur et tellement lointain que tu ne parviens pas à l'imaginer. Un jour, l'éducation des enfants sera l'enjeu des sociétés. On apprendra enfin aux enfants à se développer. De génération en génération, la planète ira mieux, de mieux en mieux. Car dans les outils du développement personnel, n'oublie pas frère humain, qu'il existe tous ceux qui permettent une communication consciente et pacifique. Les parents seront des êtres accomplis qui éduqueront leurs enfants, enfin, sans haine et sans coups. Puisque eux-mêmes auront connu cette école et cette éducation parentale qui font tant défaut aujourd'hui.

Je ne suis pas certaine que ceci adviendra sur notre terre. Dans des centaines d'années, peut-être, quand nous aurons tout détruit et que les descendants de nos descendants vivront sur d'autres planètes, qu'ils auront compris que tout changement de société commence par le changement de soi. Car tout le monde veut que le monde change mais personne ne veut changer ! Comment cela pourrait-il advenir ? Dans un millier d'années, peut-être, nos descendants éclairés mettront en place des conditions propices au bonheur.

Mais revenons au temps présent. Qu'importent les équations à un gosse malheureux qui n'a aucune gestion de ses émotions (car ses parents et toute la société ne lui ont rien montré que ce comportement et l'ont même encouragé), est déjà bourré à quatorze ans de croyances qui le limitent dans son développement (ses parents et son milieu les lui ont inculquées), et n'a pas reçu la moindre éducation qui lui permette de s'en défaire ni de gérer ses émotions ! Pire : ce gosse ignore qu'il possède des croyances limitatives – comment le saurait-il ?- qui pèsent sur son bonheur et son avenir. Il ignore même être débordé par ses émotions et croit normal d'être envahi par des émotions toxiques. Comme toi mon frère, comme toi ! C'est ce que lui ont appris tous les adultes : être débordé par ses émotions et non apprendre à les apprivoiser, les soigner quand c'est nécessaire, les maîtriser.

Dans ce système dont la compétitivité serait absente, frère humain, l'enfant puis le jeune adulte apprendrait à vivre avec soi-même et les autres car savoir vivre et communiquer demandent des compétences. Elles ne sont pas innées si j'en crois la marche du monde. Il serait aussi instruit sur les matières réellement utiles à pratiquer le métier qu'il se choisirait quand le temps serait venu pour lui. Il ne serait pas gavé de matières inutiles mais dirigé par un ou des mentors compétents vers ses buts, ses besoins, ses désirs. Il se cultiverait dans les domaines qui le passionnent, il découvrirait, s'enrichirait. On lui permettrait de se focaliser sur ses intérêts et de développer ses zones de compétences naturelles. Et qu'on ne vienne pas me raconter qu'un enfant ne s'intéresse à rien ! C'est qu'alors il est passé entre les mains de parents ou d'instituteurs qui l'ont dégoûté d'apprendre car ils n'ont stimulé ni son autonomie, sa responsabilité, ses goûts, ses besoins, ses orientations naturelles, son intelligence, ni sa curiosité et sa créativité. Maintenant, frère humain, il faut se rendre à l'évidence que tout est fait pour que cela n'arrive jamais : comment le meilleur instituteur ou professeur au monde peut-il faire tout cela quand on lui donne des classes de trente élèves, des moyens nuls, une liberté sous haute surveillance, qu'on lui a ôté tout prestige et autorité depuis des décennies et qu'il n'arrive plus à se faire respecter de ses élèves et leurs parents ? Quand la société dépensera davantage d'argent pour l'éducation de ses enfants, ce sera que le jour miraculeux tant attendu est arrivé !

Laure, écorchée vive, tu voudrais les enfants heureux, bien dans leur peau et débordants d'enthousiasme. Mais je ne vois que des enfants brimés qui tentent désespérément de repousser les barreaux que le monde a mis en place pour les emprisonner. Tout est une cage. Tout est très précisément une cage en forme de boîte. Enfermés dans une boîte-école toute la journée, ils passent de la maison-boîte à la boîte-voiture ou boîte-bus à la boîte-salle de classe, puis à la boîte-cantine, puis à nouveau à la boîte-salle de classe. Et c'est à nouveau la boîte-bus ou voiture puis la boîte-appartement ou boîte-maison avec un jardin dérisoire et clôturé pour les mieux lotis. Là, jeux avec la boîte-télévision, la boîte-portable, la boîte-ordinateur, la boîte-Wii, la boîte-tablette. Puis un goûter que l'on va chercher dans la boîte-réfrigérateur pour la boisson-boîte de *Coca* et dans la boîte-placard pour la boîte de biscuits. Le week-end ils iront dans la boîte-cinéma voir une histoire enfermée dans un écran-boîte et quand ils seront plus grands ils s'amuseront en boîte de nuit et plus grands encore ils travailleront dans une boîte. En attendant, ils mangent des aliments en boîte avant d'aller se coucher. Ils disent bonsoir à leur animal en boîte-cage : leur lapin nain, leur poisson rouge, leur hamster. Et le lendemain, on recommence ; on va dans l'école-boîte. Si on a beaucoup de chance, on ira faire un peu de sport dans une grande boîte : le gymnase.

Quand nos enfants courent-ils nez au vent ? Grimpent-ils aux arbres ? Volent-ils un fruit sur l'arbre du voisin ? Impossible, quel drame ce serait dans nos lotissements et résidences bien proprettes de petit-bourgeois bien-pensants ! Quand ramassent-ils un hanneton ? Pactisent-ils avec un chien ? Montent-ils sur un âne ? Cueillent-ils des légumes et des fruits au potager ? Vont-ils cueillir quatre brins de persil dans le jardin pour la cuisine ? Certains ne savent même pas comment on fait une soupe : pour eux, la soupe, c'est ce liquide qui sort d'une boîte ! Le poisson, c'est une barrette panée ! Les haricots verts naissent spontanément dans des boîtes de conserve ! Quand sautent-ils à la corde ? Jouent-ils au ballon ? Les garçons ont parfois droit au ballon mais c'est minuté ! Il faut que ce soit un match et la compétition. Tel jour, telle heure, dans la boîte bien close d'un stade. Pas de fantaisie ! Que faisons-nous subir à nos enfants, à nous-mêmes ? Nous vivons n'importe comment dans un monde en conserve ! C'est une existence horrible, dégénérée que nous imposons à nos enfants : nous n'avons aucune excuse. Ne nous étonnons pas que certains enfants tentent d'agrandir les mailles du filet.

On ne voit plus les copains sans rendez-vous, on ne court plus la campagne, on n'a plus ni frayeurs ni fous rires, les 400 coups sont loin, on est bien sage et on s'emmerde copieusement mais on ne le sait pas car on n'a jamais connu autre chose. On est obèse à 8 ans, on n'a aucune résistance physique, on a des allergies et de l'asthme parce qu'on respire de l'air en boîte et mange de la nourriture en boîte, chauffée dans une boîte-micro-ondes, on ne sait même pas ce qu'est porter une bûche dans une cheminée et se faire une écharde ou écosser un petit pois : on croit d'ailleurs que ça pousse directement dans les boîtes de conserve. Quant à nous, parents, nous les surveillons sans cesse en leur écrivant des SMS sur une petite boîte tellement pratique où on peut même écouter de la musique, voir des films, envoyer son courriel et jouer à des jeux débiles et addictifs.

Je suis pour une vie humaine. Ceci a l'air simple exprimé comme cela. Un rien benêt même. Je le crie haut : je veux une vie humaine. Pour toi, mon frère humain, pour moi, pour nos enfants. Où allons-nous ? Il faut cesser, cesser, cesser. Tout reprendre à zéro, frère humain.

L'élitisme avec tout cela, me demandes-tu, comment peux-tu le défendre ? Mon système obtiendrait des êtres mûrs, en connaissance d'eux-mêmes et des autres, conscients et cultivés. Pas dans des matières prédéterminées et semblables pour tous mais vraiment cultivés et compétents dans divers domaines qu'ils se seraient choisis eux-mêmes.

Souvent talentueux car les talents – au sens large - ne seraient plus écrasés mais développés. Ce serait le droit à l'élitisme pour tous ! « *Ce qui ne serait plus de l'élitisme !* » me rétorques-tu. Tu as raison, frère humain, l'élitisme mourrait, et ce serait tant mieux. Car l'humanité aurait un niveau de connaissance émotionnel très élevé. De compétences, de savoirs également. De culture et de goût. Souviens-toi : ce n'est pas l'élitisme que je défends, c'est l'excellence. Ce serait la fin de la bassesse, la vulgarité, la bêtise et l'embrigadement. Des êtres conscients vivraient dans une société consciente. Respectueuse de chaque être vivant, humain, animal, végétal, de la planète.

Imagine ce monde, frère humain, permets-toi ce rêve ! Je sais que tu le fuis, je sais qu'il te fait peur car un tel univers te demanderait de te dépasser et non de végéter dans tes plaintes et ta déresponsabilisation. Tu ricanes, tu me traites encore d'idéaliste, tu te moques, tu tentes de m'humilier, et pour employer ton vocabulaire, tu cries à qui veut l'entendre que je suis "perchée » ! Mais tu ne parviens pas à me blesser, frère humain, parce que je m'en fous. Je sens si fort que j'ai raison que je me fous que tu croies que j'ai tort. J'ai foi en ma vision. Cette foi que toi, cynique frère humain, tu hais et méprises. Mais je sais que tu m'envies secrètement d'avoir donné une direction à ma vie et de savoir pourquoi je me lève chaque matin. Toi aussi, tu voudrais bien posséder au moins une certitude, n'est-ce pas ? Mais les certitudes et la foi ne s'offrent pas aux cyniques. Les certitudes s'offrent aux naïfs, aux excentriques de mon genre qui ont foi en eux.

Tant que nos enfants ne jouiront pas de l'existence et l'éducation qu'ils méritent, le monde courra à sa perte. Car seuls nos enfants les plus responsables et conscients enfanteront des enfants responsables et conscients qui a leur tour enfanteront de futurs adultes responsables et conscients qui… Sans la création de ce cercle vertueux, nous sommes perdus.

Ce que j'entends par *perdus,* frères humains ? Perdus pour le pacifisme, pour l'amour, le partage, le bonheur, l'épanouissement, la bienveillance, l'intelligence, l'humour, le respect de notre cadre de vie… et j'en passe. Nous continuerons d'aller de boîte en boîte, de plus en plus vite. Follement. Comme des idiots. Des totons affolés. Puis quand nous nous serons reproduits en trop grand nombre comme des crétins inconscients et inconsistants, ce qui est déjà le cas, de mon point de vue (or parler de contrôle des naissances, c'est attaquer un ultime tabou), quand nous aurons tout parfaitement bousillé, quand il n'existera plus un brin d'herbe sur terre, plus un animal hors de sa boîte, que les boîtes-buildings seront si proches les unes des autres (et vertigineuses) que les véhicules-boîtes ne pourront plus circuler, nous nous exporterons dans d'immenses boîtes-fusées pour coloniser l'espace et amener l'horreur de notre condition ailleurs : nous irons pourrir d'autres planètes de toutes sortes de boîtes. Nous y respirerons de l'air en boîte, mangerons de la nourriture en boîte ou en gélules, qui sont de minuscules boîtes, vivrons dans des boîtes encore plus confinées que sur terre par le passé et tout continuera dans des conditions encore pires. Crois-tu que nous ayons été créés pour vivre cela ? Crois-tu que sont les conditions du bonheur et de l'épanouissement ? Allons !

Que choisis-tu, frère humain ? Vivre à ma manière ou la tienne ? Préfères-tu le parfum d'une fleur sur laquelle tu te penches en pleine campagne ou les délices de ta bouteille d'oxygène et l'odeur pétrochimique de ton masque ? Ne te fais pas d'illusion : quelle que soit ta réponse, tu es responsable. C'est un choix de vie et de société que tu fais. C'est aujourd'hui que nous créons demain.

Et tu peux m'accuser de délires tant que tu veux. Un jour, c'est l'une ou l'autre de ces deux visions qui prendra le dessus. Prie, frère humain, pour que ce soit la mienne. Sinon je ne donne pas cher du bonheur de nos descendants.

Il fut un temps, peu lointain pourtant, où nos ancêtres plantaient des arbres pour leurs enfants. Maintenant, nous les arrachons, les coupons, les débitons, les massacrons en nous foutant totalement de nos descendants. Le niveau de conscience moyen des individus ne semble pas s'élever. Son niveau de morale est même devenu ahurissant. C'est sur ce plan, je crois, que nous avons le plus perdu. Et sans doute est-ce qui est en train de perdre l'Occident. Le niveau de morale de ses dirigeants est incroyablement bas ; la corruption les ronge. Ils sont le modèle offert à la jeunesse ! La décadence d'une société débute toujours par la décadence de sa morale. Toute l'Histoire des civilisations le démontre. La décadence d'une civilisation est une chose fulgurante. Quelques siècles à peine y suffisent. Il est plus facile de détruire que de construire. Il faut à peine deux siècles, parfois moins, pour mettre à bas une civilisation qui avait perduré des millénaires ! Les politiciens, les dirigeants, les hommes les plus dominants par le pouvoir de leur argent, leurs relations et leur place dans la société sont les grands responsables de la chute des empires ou des civilisations. Ce n'est jamais le peuple qui coule un empire mais ceux qui le dominent et le manipulent. Là où le peuple est responsable, c'est de suivre ses dirigeants au lieu de suivre sa propre route, de se laisser programmer et conditionner par l'hypnose sociale. Si nous ne nous reprenons pas très rapidement, nous suivrons ce sort, frères occidentaux. Et pas seulement occidentaux car je suis désolée de constater que notre démence occidentale a pénétré toutes les civilisations et que celles-ci prennent malheureusement la même voie, fleur au fusil. Et puis les autres civilisations possèdent aussi leur hypnose sociale particulière. La démence sociale est installée partout. L'économie de marché, qui oblige à la compétition et la productivité imbéciles, est en train de détruire l'humanité. Dans une hypnose sociale mondiale.

Ce que nous semons, nous le récolterons. Nous en récoltons déjà des fruits ahurissants de mauvais goût, de veulerie, de vulgarité, de bêtise, de folie. Il faut observer la qualité humaine plus que douteuse de ceux qui accèdent à des postes de gestions des citoyens : aujourd'hui, par exemple, un adjoint au maire de Mantes-la-Ville est retrouvé mort, torse nu, chez lui. Il portait, entre autres, autour du cou un collier d'où partait une chaîne. Autour de lui, un tas de gadgets sadomasochistes. Il avait pour habitude de payer des Nord-Africains pour ses petits jeux. Marié, il appartenait au FN ! Si ce n'était dramatique, ce serait risible ! L'affaire sera habilement étouffée. On n'en n'entendra plus jamais parler, c'est certain. Voici la vie intime de l'un de nos élus.

L'élite initie toujours les mouvements de société, son éducation, ses orientations, ses goûts, ses choix, sa morale, puisqu'elle possède les moyens techniques et financiers de dominer, programmer, conditionner, asservir par la dictature de tous les médias. La pornographie est devenue aussi banale qu'une séance de cinéma. La violence est en perpétuel étalage dans le cinéma, la littérature et même la musique, l'art est démoli et déconstruit par les institutions elles-mêmes et remplacé par les diktats du marché de l'art, l'amour de la culture volontairement détruit dans toutes les couches du système scolaire et de la société, l'élévation de cœur et de pensée ridiculisées. C'est un projet de société, frère humain, n'en doute pas, de faire de toi un crétin soumis.

C'est pour cela qu'on t'amuse et t'abrutit avec des jeux olympiques – drogue, argent sale, proxénétisme, prostitution, esclavagisme, corruption, c'est le véritable programme proposé par ces jeux. Tous ces athlètes qui se dépassent pourtant sincèrement dans l'excellence ne sont qu'un prétexte à mettre tout cela en place ! L'argent est l'objectif réel des Jeux Olympiques. Seuls les athlètes et le public l'oublient. On nous amuse avec la télé réalité. Avec des débats politiques débiles et dangereux puisqu'ils n'ont pas d'autre but que de manipuler la population afin qu'elle oublie de poser les questions importantes et éventuellement se révolter. On nous amuse avec la météo. On nous amuse avec la radio. On nous amuse avec des musiques et des chansons insanes. On nous amuse avec des parcs d'attractions, des loisirs, des voyages. On nous amuse avec tout ce qui nous empêche de penser. On nous amuse. On nous distrait. Remplir tout notre champ de conscience tout le temps par du bruit. Nous éviter à tout prix notre solitude, source de pensée. Pensée du peuple = danger pour nos élites. C'est la nouvelle équation de nos élites depuis près d'un siècle. Il faut nous endormir à tout prix. Tout saupoudrer de soporifique. Nous éviter le silence. Nous lobotomiser par la pollution sonore, le matraquage continu d'informations désespérantes et immorales. Et nous vendre tout, rien, mais vendre, vendre, vendre…

Je me répète, je m'en rends compte. Tu as raison, frère humain, je radote. Au fond, je suis plus anarchiste que les anarchistes. Car être anarchiste, c'est se fédérer ! Jamais. Laisse-moi à mon autonomie, ma liberté, frère humain ! Le groupe, c'est souvent la corruption et les jeux de pouvoir. Ce qui ne veut pas dire que toute solitude soit saine. On a vu de grands salauds solitaires. Mais toujours entourés d'une cour de larbins flatteurs, exécuteurs des basses œuvres. La solitude dans le silence permet de penser. Parfois, je me dis que j'aurais pu devenir anachorète. L'époque ne s'y prête plus. C'est affaire de circonstances et de lieu. La naissance est un déterminisme. À nous d'en sortir, d'agrandir notre terrain de jeu. C'est ardu. Ceci demande un travail incessant, une attention continue. Mais la récompense est à la hauteur, frère humain ; sais-tu ce que tu ressens quand tu as vraiment repoussé tes limites, que ton territoire personnel devient illimité ? Peux-tu comprendre ?

Je te montre le point de vue du créatif. Du créateur. De celui qui est moins manipulable. Je te montre aussi le point de vue du manipulateur. Et je préfère être dans ma peau, frère humain, oh oui ! Je me demande parfois ce que ressentent ces curieux personnages du pouvoir connus ou de l'ombre. Comment concilient-ils leur existence avec leurs corruptions, leur morale élastique, leur goût pour la domination et la manipulation ? Leur obsession de l'argent et du pouvoir. Des signes de richesse. On dirait des gosses qui n'ont pas été aimés et rejettent à leur tour. Ils remplissent leurs poches d'argent mais ils feraient mieux de se remplir d'amour de l'humanité. De bienveillance. Leur est-il possible de s'aimer en étant aussi perclus de perversions, de vices ? De s'estimer ? S'assumer ? S'épanouir ? Sont-ils heureux ? Je n'en suis pas certaine. Certains doivent tirer leur épingle du jeu : les plus méchants, les plus agressifs, cyniques et désabusés. Les plus dominateurs. Notre malheur est leur hochet. Notre misère leur sert de faire-valoir. Ils sont si hauts dans la hiérarchie sociale parce que nous sommes si bas !

Quand l'homme s'occupera de sa peau sans espionner son voisin, un grand pas sera franchi. Quand l'homme cessera de se comparer. Quand l'homme s'aimera, se respectera, s'assumera pour ce qu'**il est** et non pour ce qu'il possède. Alors nos élites seront dans la recherche de l'excellence et non seulement de leurs profits personnels. Ceux-ci viendront naturellement parce qu'on aime naturellement donner à celui qui nous donne.

Frère humain, je t'offre ce que je peux et c'est peu. C'est imparfait. Je me sens comme un bouffon moyenâgeux qui déblatère à dans une cour royale, éreinte son Roi pour le divertir durant ses agapes, mais vit malgré tout des miettes que celui-ci veut bien lui jeter. Bien que je ne sois pas humoriste, oui, je me sens comme le bouffon du Roi. Car nous sommes tous les bouffons du Roi ! Toi, moi, nous. Tu t'insurges ? « *Parle pour toi,* me dis-tu, *parle pour toi ! Moi, un bouffon ? Jamais !* » Mais si. Je le redis : mais si. Nous sommes tous les bouffons du Roi. Par le Roi, entends ici : le pouvoir. Nous sommes tous les bouffons du pouvoir. Nous, le peuple. Que le pouvoir soit représenté par un Roi, un président, des ministres, un chef d'armée, un banquier, un industriel, peu importe. Le pouvoir possède de multiples masques et ne s'incarne pas en un seul homme. Il possède aussi ses degrés. On peut donc aussi dire que nous sommes tous les bouffons des Rois.

Tu vois, frère humain, je sais qu'il t'arrive comme moi d'en avoir assez de sentir tous ces pouvoirs peser au-dessus de ta nuque comme le couperet d'une guillotine, menaçant de tomber au moindre écart, faux pas, à la moindre de tes manifestations de vie. Alors comme moi tu gloses, déblatères, tu t'énerves, tu cries et raisonnes, tu t'emportes, bouffonnes, tu te moques du pouvoir, tu le critiques, tu le conchies souvent. Je le sais, je t'ai entendu, frère humain, dans les cafés, les queues de cinémas, au restaurant, chez le docteur, sous les abris bus, dans les taxis, partout en fait, absolument partout ! Ne tente pas de te cacher. Seuls les imbéciles se contentent des miettes avec le sourire quand ce qu'ils reçoivent est dérisoire en regard de ce qu'ils donnent. Et tu n'en fais pas partie. Donc, comme moi, tu bouffonnes et tu as raison. Si les Rois nous laissent bouffonner, déblatérer sur eux, c'est qu'ils le veulent bien : c'est l'os qu'ils nous laissent à ronger. Ça évite les révolutions. La belle soupape de sécurité ! C'est pratique, fonctionnel et ça ne coûte rien : pourquoi s'en priveraient-ils ? Les belles miettes de notre liberté !

Ces Rois de la démocratie te laissent quelques débats radios et télés, quelques journaux un peu plus musclés, la liberté de parole dans la rue et chez toi — tout en réussissant parfaitement à nous inculquer les choses importantes qu'ils désirent que nous fassions. Ils ne prennent pas de grands risques. Ils sont bien installés. Ils contrôlent nos actes, à peine moins nos pensées. Parfois, leur système dérape un peu. Quelques grèves et manifestations pacifiques. La foule avance les mains nues, désarmée. Ils envoient les CRS, armés eux.

Ils cognent. Ils envoient leurs casseurs pour retourner l'esprit des plus bêtes et soumis. Ils nous reprennent vite en mains. Le vent tourne. Le bouffon fatigué de prendre des gnons, des coups de matraques, des bombes lacrymogènes, des jets d'eau, des balles en caoutchouc et des décharges électriques finit par se taire. Ils tuent s'il le faut. Ils ne se privent pas puisqu'ils sont dénués d'empathie et protégés par le système. Tu as vu cela des milliers de fois depuis ta naissance, frère humain, comme je l'ai vu. Comme nous le voyons avec le mouvement des Gilets Jaunes en ce moment. Et personne ne les punit pour leurs crimes ; la justice ne les jette pas en prison. Non : elle condamne ceux qui se défendent avec leurs poings nus ! Et il y a des gens qui trouvent cela très bien ! Hypnose sociale. Démence sociale. Perversion de la réalité. Déni de la réalité. Oui : je me sens malheureusement comme le bouffon du Roi. Je n'ai que le choix d'écrire ce brûlot ou me taire. Alors je l'écris quand même. Tous ceux qui se taisent sont des bouffons. Tous ceux qui parlent sont des bouffons ! Oui, même ceux qui parlent, dont je fais partie, et toi je l'espère, ne faisons que profiter de la petite marge de liberté qu'ils nous octroient.

Que faire ? Se taire, enfermer toutes mes bouffonneries dans ma cage thoracique, ravaler mes mots, remballer mes idées au vestiaire de mon cœur, étouffer le moindre fœtus de raisonnement dès sa naissance, avorter mes idées, lessiver mon cerveau à la Javel de l'acceptation ? Non : je ne veux pas mourir de vivre morte. Et je veux mourir vivante. Je ne veux pas vivre morte. Tu sais, frère humain, je veux vivre vivante. Je ne veux pas me taire. Je veux les déranger un peu. Et éveiller ceux qui ont besoin de l'être. Fais passer cette parole, frère humain, partage-la, partage mes mots, partage ce livre. C'est notre nombre qui fera la différence. Propage ton ras-le-bol, n'hésite pas, dis ce que tu penses. Les Rois peuvent contrôler 7 milliards de bouffons inconscients. Ils peuvent aussi contrôler 100 millions de bouffons conscients. Mais ils ne peuvent contrôler 7 milliards de bouffons conscients. Voici pourquoi je poursuis mon travail de fourmi avec ce livre, frère humain, pour élever le nombre de bouffons conscients de notre monde. Élever le niveau de conscience des hommes.

Il faut que nous soyons nombreux, frères humains, très nombreux pour renverser la vapeur. Frères humains, faites partie des bouffons qui désirent un autre monde, ralliez-vous et faites votre travail : parlez, écrivez, créez, bouffonnez, soyez joyeux quand les autres sont tristes, optimistes quand les autres sont pessimistes, réalisez ce qu'on vous décrète impossible, dîtes, éructez, criez, murmurez, riez, soufflez, agissez, signez des pétitions, révélez des vérités qui dérangent, assenez la vérité qui se camoufle, la vérité qui choque, vivez à votre façon, et osez ! Frères humains bouffons, je vous aime.

Je pense au courage incroyable des vrais journalistes d'investigation et des grands reporters qui meurent chaque année dans l'indifférence de tous ou vivent dans des conditions de haute surveillance intolérables, au courage incroyable des écrivains et intellectuels pris pour cible parce qu'ils ont osé évoquer la réalité, et tant d'entre eux ont été assassinés qu'il n'en reste plus dans certains pays, au courage incroyable de certains juges, surtout en Italie, et à celui des lanceurs d'alerte. Un terme relativement récent créé dans les années 1990 par des sociologues. Un terme impensable auparavant. Lanceur d'alerte : c'est beau, c'est chic, ça sent le danger, la poudre et la bravoure. La réalité est en effet que les lanceurs d'alerte sont harcelés, poursuivis en justice, vilipendés, détruits si on y parvient. Regarde Edward Snowden : coincé en Russie depuis 5 ans, il ne peut plus rentrer chez lui. Regarde Julien Assange : coincé dans une pièce de l'Ambassade de l'Équateur à Londres depuis 2012 ! Et probablement enfermé à vie car il passera ensuite entre les mains de la justice anglaise et américaine quand il en sortira, à moins qu'il ne soit assassiné comme tant d'autres lanceurs d'alerte. Daphne Caruana Galizia, blogueuse maltaise, a eu moins de chance : assassinée en 2017 pour avoir révélé la corruption de son gouvernement. Et puis, comme toujours, une liste terrible que je n'égrènerai pas.

Ces bouffons-là sont d'une autre envergure que la nôtre. Du reste, ce ne sont plus des bouffons puisque le pouvoir les pourchasse ouvertement. Ils en ont trop dit pour le pouvoir. Ils sont allés trop loin : ils ont révélés des vérités, soulevé le tapis pour y voir la poussière sale, refusé que le linge sale se lessive en famille, que les turpitudes soient cachées et les arnaques maquillées. Ils sont jetés dans des placards dans leur métier ou directement licenciés. Jetés en garde à vue. Ou en prison. Ils se réfugient où ils peuvent, comme ils le peuvent. Ça peut être chez des amis qui risquent ainsi leur vie, dans des ambassades, des pays lointains. Certains sont étouffés dans l'œuf, assassinés, et nous ne saurons rien d'eux. Je vous admire, frères humains lanceurs d'alerte. Vous perdez tout pour la liberté de dire. Pour notre liberté de savoir. Pour changer nos sociétés déglinguées. Vous avez le courage chevillé au corps et à l'âme. Il faut des lanceurs d'alerte pour révéler au monde les petits jeux obscurs et pitoyables des rois. Ils paient cher, très cher, leur liberté de paroles, ces défenseurs de la liberté et la morale. De plus en plus de lanceurs d'alerte se lèvent de notre horizon gris, notre foule sans visage. Ils écrivent des livres pour tout révéler. Ils créent des sites, des articles, des interviews, des conférences. Au péril de leur bonheur, leur sécurité, leur liberté, parfois leur vie même. Nous ne pouvons plus dire que nous ne sommes pas au courant. La première librairie venue te donne contre quelques euros absolument tout de ce qu'il y a à savoir sur le monde. Le beau et l'immonde. Et même l'inavouable.

Il est urgent de protéger nos frères lanceurs d'alerte. Ils participent très fortement à la conscientisation des peuples. Je ne suis qu'une modeste bouffonne tandis qu'eux apportent les preuves de ce que j'avance. Ils sont mes frères aînés en rébellion. Ils sont extrêmement puissants : ils gênent nos rois, ces maîtres sans visage et sans nom. Ils les empêchent dans certaines actions, ces empêcheurs de tourner en rond. Il s'agit de protéger maintenant les lanceurs d'alerte.

Des frères d'action tentent en ce moment même d'obtenir un statut qui protège les lanceurs d'alerte. Ce sera difficile. Les maîtres veillent à ce que ceci ne se produise pas. Frères humains, nous sommes tous des maillons de la même chaîne où se côtoient pourriture morale et grandeur d'âme. L'humanité est variée et variable. Tout change à la vitesse de l'éclair. Choisis bien ton camp, mon frère. Choisis la bouffonnerie, le rire, la dérision, la moquerie, le parler vrai. Laisse tomber les masques de l'hypocrisie, la peur et le doute. Sois des nôtres, frère humain, et reste-le.

Il vaut mieux être le fou du roi que personne. Car il s'exprime et contribue à élever le niveau de conscience des êtres. La plupart des gens sont si habitués à leur esclavage qu'ils ne s'en rendent pas compte ; il leur faut de l'aide pour voir clair, et tu peux être cette aide. Simplement parce que tu dis ce que tu penses et vis ce que tu dois vivre et non ce qu'on voudrait que tu vives. En étant ce que tu es et non ce qu'on voudrait que tu sois. C'est cela montrer l'exemple, juste cela. Il n'est même pas utile de parler, expliquer. Juste être.

Je ne te dis pas que c'est toujours facile d'être un fou du roi indépendant et autoproclamé quand on ne l'a jamais été. De se lever un matin et déclarer : à partir de maintenant, je dis ce que je pense, j'écris ce que je pense, je ne triche pas, je reste moi-même en toutes circonstances, je réalise ce que je désire, et dans le respect de tous. Le grand jeu !

Prenons mon cas : je ne suis pas connue. J'écris mon livre sans même savoir s'il sera lu. Imaginons qu'il rencontre le succès et soit largement vendu. On se rendrait compte que j'existe avec mes pensées particulières, mes comportements, ma personnalité, mon être. Si le pouvoir s'en apercevait, il tenterait peut-être de me récupérer. Je deviendrais alors un bouffon du pouvoir à qui l'on permettrait magnanimement quelques débordements démocratiques à la télévision et la radio. Je serais l'une des soupapes de sécurité de la pression exercée sur le peuple. Je ne le voudrais pas mais on ne me demanderait pas mon avis pour s'emparer de mon image. Je me méfierais comme de la peste des médias car je ne pourrais contrôler ce qu'ils racontent de moi : particulièrement la télévision. Je n'accepterais que des émissions culturelles haut de gamme. Je ne me fourvoierais pas dans des pseudo débats vulgaires d'émissions ringardes, de talk-show grotesques. Je ferais mon maximum pour que cela n'arrive pas, bien que je sois consciente que les manipulations de nombreux animateurs sont celles de chiens de garde du pouvoir et qu'ils peuvent tromper très facilement la personne la plus honnête. J'utiliserais les réseaux sociaux pour continuer à propager mes idéaux. Bref, je resterais un électron libre ; autonome plus encore qu'indépendante, je ne travaillerais que pour mon propre compte. Un bouffon du roi difficile à diriger, impossible à corrompre. Les maîtres sans visage et sans nom ne pourraient me convaincre d'exprimer ce que je ne pense ni ne désire. Je prendrais de ce fait le risque que les chiens de garde du pouvoir me ridiculisent, colportent sur mon compte une image fausse de ma personne basée, par exemple, sur des faits de ma vie déformés ou des idées et paroles tronquées, éloignées de leur contexte. Des manipulations habituelles, devenues banales, dont les médias abreuvent la société sans cesse. Ils se contenteraient de rire de moi ouvertement – avec sarcasme et cynisme - mais n'aimeraient pas que je leur échappe si facilement : impossible de me récupérer parfaitement. Malgré tout, contre moi, ma volonté, ils auraient quand même récupéré une partie de ma liberté d'expression.

- *Voyez,* pourraient-ils dire, *comme nous sommes magnanimes, et comment les maîtres du monde pour qui nous œuvrons œuvrent eux-mêmes pour la démocratie : ils nous permettent de permettre à cette crétine de dire et d'écrire de telles choses bien que ce soit une manipulatrice ! Nous savons que vous n'êtes pas assez bêtes pour croire aux racontars de cette illuminée !*

Car la grande manipulation c'est de faire croire au manipulé qu'il n'est pas manipulé. Et de faire croire que celui qui dit la vérité ment et manipule ! Je ne pourrais l'éviter. Mais je resterais pourtant autonome jusqu'au bout, électron libre, ingouvernable, non manipulable, suintant ma liberté de ton et d'action par tous mes pores tandis qu'ils continueraient à survivre dans leur monde de corruption, de fausseté et de masques. Et tu sais : derrière leurs masques, ils transpirent abondamment. Car tu es leur pire cauchemar, frère humain, si tu penses en homme libre ! Ils ont peur de ta liberté !

Je continuerais à crier que le bonheur et la sérénité existent et sont à notre portée pourvu que nous nous octroyions le droit d'en user. Que sortir de l'hypnose sociale c'est exercer notre droit à la liberté, au bonheur, à la plénitude. Que sortir de l'hypnose sociale c'est sortir de la folie de l'économie de marché, la compétitivité et la production à outrance.

Et puis, il existe le cas du bouffon du roi proclamé par le roi, le bouffon professionnel. Choisi par le pouvoir, il en est le porte-parole. En général, c'est un animateur de télévision. Amuseur public, il fait où on lui dit quand on le lui dit. Aucune bassesse, aucune contre-vérité, aucune vulgarité, aucun mensonge, aucun arrangement douteux ne lui fait peur. Il fait seulement rire, jamais réfléchir. Le bouffon autoproclamé, par contre, ne fait pas toujours rire mais fait beaucoup penser. Le bouffon professionnel, lui, est un être pitoyable et incroyablement sympathique aux foules ! Il les flatte dans ce qu'elles portent de moins noble, de moins élevé, de plus stupide. Il frappe au-dessous de la ceinture et ça fonctionne. La foule abrutie est K.O. Elle adore tout de lui. Vaincue, elle absorbe ses plaisanteries grasses et vaseuses au premier degré.

Parfois même, il fait figure de penseur populaire, voire de conférencier, de philosophe ou d'écrivain ! Du haut de ce statut officiel, ce genre de bouffon peut parfois passer pour un intellectuel. Il fait moins rire –

ou pas du tout - mais réfléchir de la façon la plus courte qui soit : des idées qui ne sont que des slogans que lui ont refourgués ceux qui défendent le pouvoir et les maîtres du monde. Le slogan est répété à l'infini jusqu'à devenir une bouillie de mots qui passe pour une réflexion profonde. Cette bouillie de mots et de concepts devient un réflexe de pensée dans la population. Hitler n'a pas fait autrement pour attiser sa haine des Juifs. Il a martelé ses insanités des années durant dans les oreilles des Allemands jusqu'à ce qu'elles n'en sortent plus. Programmation et conditionnement, n'oublie jamais frère humain, peuvent être les instruments de ton bonheur ou ton malheur. Remets toujours en question tout ce que tu entends, tout ce qu'on te dit, tout ce qui est écrit. Pense par toi-même avant tout.

Le bouffon du roi sélectionné par les maîtres sans visage et sans nom sait tout ceci et s'en fout : ça lui procure statut social, succès, pouvoir, argent, célébrité, privilèges. Tu connais ces bouffons, frère humain ; ils sont omniprésents à la télévision. Ils sont intégrés dans toutes les sphères hautes de la société. Alors prends garde, frère humain, aux discours qui te sont adressés, par ce qui les motive, par leurs contenus, par ce qui est écrit, professé, diffusé. Prends garde, mon frère si humain, sers-toi de ta lucidité, ton intelligence, ton bon sens, ton discernement, ton intuition, tes armes contre le conditionnement à l'hypnose sociale.

Ne cède pas aux sirènes du consensus mou et réfléchis à tout ce qu'on te présente comme commun, normal, habituel, voire indispensable. L'est-ce vraiment ? Insurge-toi, bon sang, quand on te prend pour un con, frère tellement humain ! N'oublie jamais que ce qui motive les maîtres, les rois du monde, c'est de tirer de toi le maximum de profit, de rendement, de te presser comme un citron, te traire comme une vache, d'extirper ton sang et ta sueur jusqu'à la moindre larme, et exercer sur toi la jouissance perverse et pernicieuse de la domination. N'oublie pas d'être et non de suivre, de vivre et non de survivre, de penser et non de répéter, frère humain. Les hommes sont trop prompts à se mutiler et se faire souffrir. N'ont-ils pas inventé le terme *capital humain* ? Et même pire ? L'ignoble : *matériel humain* ? Cela en dit long sur nos mentalités. Les hommes, frère humain, penchent toujours du côté du plus fort. Ils sont prompts à se mettre sous les ordres de celui qui les écrase sous sa botte. Je ne crois en aucune idéologie politique ; je les crois toutes dangereuses : c'est ce que l'Histoire démontre. Je crois qu'il est temps que nous nous rappelions les prophéties de Karl Marx sur l'aliénation créée par le capitalisme. Il y a dans ses écrits quelques vérités bonnes à entendre qui emmerdent les maîtres sans visages et sans noms et la nuée de petits-chefs qui façonnent notre monde hypnotisé. Marx avait lancé l'alerte : il est mort dans la pauvreté.

Les hommes sont comme des mômes qui cherchent l'autorité d'un père absent. Dans tous les foyers du monde, je me demande comment les pères tiennent leur rôle de père ? Je ne peux percer les murs, voir à travers les volets fermés, entendre leurs voix quand ils s'adressent à leurs enfants, particulièrement leurs fils. Non, je ne peux voir comment ils agissent avec leurs fils – ou n'agissent pas, ce qui est encore agir. Ce que j'en déduis de leurs rapports, au vu de la marche du monde, c'est que le résultat n'est pas brillant. Pour la majorité, ils ne sont pas à la hauteur de leur rôle, sinon comment expliquer ces milliards d'hommes qui vivent le petit doigt sur la couture ? Ils sont partout : dans les institutions, les armées, les entreprises, le fonctionnariat, le bâtiment, les usines, les réunions, les conseils d'administration, les bureaux, les banques, la bourse, le commerce, le bâtiment, l'agriculture, l'élevage, les usines, partout te dis-je ! Partout les hommes obéissent à un chef – dont ils ne verront parfois jamais le visage - et à des petits-chefs et sous-petits-chefs rancis car ils n'atteindront jamais le sommet de la pyramide. Dans toutes les sociétés (sauf quelques-unes si marginales qu'on s'emploie malheureusement à les détruire), l'ordre social est établi en système pyramidal. Jamais horizontalement. L'économie participative et le *management* participatif sont encore à l'état de limbes. La plupart des gens ne connaissent même pas ces termes pourtant déjà anciens car très peu d'entreprises le pratiquent. L'économie et le management participatifs sont pourtant des clefs primordiales pour un avenir meilleur et plus démocratique.

En haut de la pyramide des sociétés, des hommes sans visage et sans nom, véritables maîtres du monde, maîtres du jeu social, financier et politique (pour politique on devrait dire territorial car c'est le véritable enjeu caché de la politique que d'étendre physiquement son territoire et celui du pays qu'on représente.) Tout cela est très animal ; nous sommes une espèce extrêmement prédatrice avec les autres animaux mais aussi entre nous. En dessous, les chefs dont nous connaissons déjà certains noms, souvent politiques et industriels. Plus bas des chefs moins puissants, locaux. Plus on descend, moins les chefs possèdent de pouvoir et, en dernier lieu, ils se mêlent à la foule des vaincus. L'assise de la pyramide n'est constituée que de la foule des vaincus. Je pourrais dire de perdants car c'est au fond la même chose. Les vaincus sont perdants car c'est la règle du jeu, de tous les jeux de pouvoir. Au sommet de l'immense et vertigineuse pyramide, les gagnants rient cyniquement. Ils sont 1 % de l'humanité. Ils possèdent 82 % des richesses de la planète. En 2017, les 26 personnes les plus fortunées du monde possédaient déjà autant d'argent que la moitié la plus pauvre de l'humanité.

Si le système est pyramidal, frère humain, sûrement un vaincu comme moi, c'est en grande partie parce que les pères ne font pas leur travail. Ils laissent leurs fils vivre ce vide vertigineux de l'enfant que son père n'a pas reconnu, respecté, ce vide abyssal qui crie : « *Papa, tu ne reconnais pas qui je suis. Tu te mets en compétition avec moi, papa. Pourtant je ne veux pas de maman. C'est toi, papa, qui le pense, qui le croit. Je me fous de Freud, papa. Il avait le même problème que toi, que tous les pères. Lis donc ce qu'a été sa vie, un désastre personnel dans ses relations humaines et amoureuses. Je te demande seulement de reconnaître que j'existe. De cesser de nier que je vis, que je respire. Je suis vivant, papa ! Au fond de toi, tu me considères comme un rival. Tu ne m'acceptes pas. Tu ne me reconnais pas. Tu ne m'assumes pas. Pour toi, je ne suis pas. Je n'existe pas. Je veux être, je veux exister à tes yeux. Je veux cesser de n'être rien pour toi, papa !* » Voici ce que hurlent la majorité des fils de la terre de toutes les cultures et civilisations. Je les entends et leur fureur couvre le chant des oiseaux. Leur vide existentiel est si vertigineux qu'il produit des machines de guerre, des instruments de torture, du sadisme, des viols, des génocides, des camps d'extermination, de rééducation, des excisions, des humiliations, des perversions... La liste est encore plus longue, tu en as l'habitude maintenant, frère humain, je te laisse la soupeser et y ajouter ce que tu as observé et auquel, je l'escompte, tu ne participes pas. Voici ce que le vide existentiel et émotionnel des fils de la terre crée. Le premier fautif est le père. Le deuxième est le fils. Car le fils est délirant, débordé par ses fantasmes de mort et de vengeance. Car le fils ne raisonne pas, ne prend pas de recul, ne se soigne pas.

Frère humain, si tu es un fils de la terre déçu par le manque d'intimité de tes rapports avec ton père, par son absence physique et émotionnelle, le peu de temps ou d'amour qu'il t'a consacré, par la nullité de son écoute, frère humain, si tu es l'un de ceux qui vivent avec cette oppression permanente en place de ta poitrine, si tes intestins te crient ta détresse, si l'étouffement te noue la gorge sans trêve, si tu souffres de troubles émotionnels et relationnels sans savoir pourquoi, dis-moi frère humain : pourquoi ne te tournes-tu pas vers ton père pour tenter d'amorcer un premier dialogue sincère ? Et si cela ne te convient pas ou ne porte pas ses fruits, que ton père continue à faire la sourde oreille devant tes besoins, pourquoi ne lâches-tu pas prise sur tes rêves de père idéal, pourquoi ne vas-tu pas soigner ta blessure auprès de gens compétents ? Pourquoi ne t'engages-tu pas dans une thérapie comportementale ? Il en existe d'extrêmement efficaces et rapides. Nous ne sommes plus au temps de papa Freud quand on passait 20 ans sur un divan pour finir encore plus déprimé parce qu'on avait ancré et ancré jusqu'à la folie dans notre conscient et notre subconscient les souvenirs de nos malheurs en les ressassant sans aucune trêve, durant toutes ces années, allongé sur un divan ! Donc une thérapie comportementale, de l'hypnose, du travail sur toi, ce que tu veux, mais fais-le ! Pourquoi, frère humain, préfères-tu te faire violence et remplir d'effroi le monde que te pencher sur toi ? Le manque est en toi, frère humain, pas au-dehors. Tu ne trouveras pas la paix en toi en frappant aveuglément au-dehors. C'est en toi que tu trouveras des solutions, des apaisements, des résolutions. C'est en vivant sainement que tu rempliras ton vide existentiel des belles émotions, des beaux sentiments, des belles pensées qui font un être comblé. As-tu remarqué qu'on peut dire « comblé » pour heureux ?

Ton père est fautif, frère humain. Et ta mère l'est d'une autre manière car elle n'a pas exigé du père qu'il travaille sur lui et son rapport à toi. Et toute la société car on laisse le premier imbécile et la première imbécile venus avoir un enfant. Mais toi, le fils, tu es également fautif. Personne ne t'oblige à ce vide en toi, à cette amertume et cette violence. Tu es si immature, si peu enclin à travailler sur toi. Trop paresseux peut-être. Terrifié à coup sûr de te confronter à toi. Et tu n'es pas adulte ; immature, tu continues à te réclamer de ton passé. Tu restes un enfant attardé.

Ce père que tu n'as pas eu, frère humain, tu le cherches partout. C'est pourquoi tu te laisses diriger par des chefs, partout des chefs du nain au géant. C'est pourquoi tout système sociétal est pyramidal et non horizontal. Ce n'est pas avec le sang des révolutions et des guerres que tu résoudras cela : le problème est en toi. Il faut que tu te soignes, fils d'humain, fils d'un père insuffisant, fils et frère humain ; le défi à relever tu le portes en toi. La solution est au cœur de toi, frère humain, fils de personne et de tout le monde, fils des chefs que tu as érigés, fils des dictateurs. Tous ces hommes que tu élèves au-dessus de toi, tous ces hommes que tu appelles héros parce qu'ils t'impressionnent, tous ces hommes de pouvoir, tu les mets en place, tu les adores, les honores parce qu'ils sont les substituts du père que tu n'as pas obtenu dans ton existence.

De plus, tu admires la force brute, reliquat de l'homme préhistorique. Ta testostérone te dirige souvent ; mais c'est ton devoir de maîtriser ta testostérone ! Tu me détestes sûrement maintenant. Je suis une femme et je t'assène mes vérités. Ceci t'est certainement insupportable, frère humain. Je t'arrache des larmes de sang et tu ne le supportes pas. Je dis ce que tu ne veux ni savoir ni entendre. Ah, le secret bien gardé ! Parce que tu es lâche, frère humain, et que tu ne veux pas te confronter à toi-même. Parce que tu préfères ignorer. Il est plus confortable de massacrer l'humanité en te faisant le jouet des maîtres. Tu n'es qu'un toutou au bout de ta laisse, frère humain. Si tu possèdes de la valeur, si tu te la concèdes, je sais que tu te soignes, que tu t'es déjà soigné ou que tu décides de te soigner dès aujourd'hui. Sinon tu es perdu irrémédiablement. Tu seras larbin, terroriste, assassin, pervers, médiocre ou une autre joyeuseté : il existe tant de masques sous lesquels camoufler tes insuffisances. Tu peux aussi être un chef despote, un kamikaze, un salaud en col blanc, un père fumier, un mari atroce, un ami infidèle, un patron infect, un employé voleur ; je te laisse à la longue liste, frère humain. Il faut que je te précise que je n'ai pas lu cela dans des livres de psychanalyse : c'est une observation et une conclusion personnelle. Quoi que tu en penses, je suis certaine de ce que j'avance.

Tu as créé la religion, frère humain, et elle n'a rien à voir avec la spiritualité. Tu as créé la religion pour combler ton vide existentiel. Tu as créé des dieux qui sont tes pères de remplacement. Des gardes-chiourmes pour que tu ne dérapes pas trop ! Certains membres du clergé aussi, tu les considères parfois avec plus d'amour que ton propre père ! Aussi loin de ce que doit être Dieu, s'il existe, que cela est possible. Particulièrement dans les religions monothéistes, tu as inventé des Dieux qui sont des chefs guerriers assoiffés de sang, de violence, de pouvoir. La religion te dit quoi penser, sentir, manger, être, devenir, qui tu dois aider, ne pas aider, haïr, rejeter, mépriser, comment tu dois coucher, travailler, prier, quand et comment tu dois faire, ne pas faire, prier, jeûner, parler, dormir, te lever… La religion t'ôte toute liberté. Esclave soumis, tu te prosternes devant un autre chef religieux, représentant soi-disant Dieu (mais de quel droit ?) ou devant Dieu lui-même. Tu t'humilies, tu te frappes, tu t'infliges des pénitences, des jeûnes, de ne pas épouser la femme que tu aimes parce qu'elle n'est pas de la même confession, ou de ne pas manger tel aliment parce qu'on te l'a dit ! Mais de quel droit te dicte-t-on ton existence ? Comment, pourquoi acceptes-tu cela ? N'as-tu donc aucune fierté, aucune dignité ? La religion te dicte comment te laver, quels vêtements tu dois porter, quelle attitude adopter ! Tu n'es pas assez intelligent pour trouver cela tout seul ?

Ne me dis pas, frère humain, que tu n'es pas paumé ! Seul un paumé extrême peut désirer que quelqu'un ou une institution lui dicte sa vie. Peut abdiquer toute dignité et abandonner toute liberté. Tout cela parce que tu es un paumé qui trouve dans le ou les dieux qu'on te propose un substitut du père désiré !

Ta conscience est si basse que tu ne t'en rends pas compte. Ah, je ne te fais pas rire ! Pourtant tout ceci est grotesque, non ? Il me semble raconter un mauvais film ou un mauvais roman. Cela me semble irréel. Mais il s'agit de vérité. Je parle de toi, frère humain. Hypnose sociale. Car les religions ne sont que des masques sociaux vides de sens. Les gens adhèrent à une religion comme on adhère à un club. On reste entre soi ; on se sent différents et tellement plus chics ! C'est un snobisme délétère. Il propose aux gens qui se sentent sans valeur personnelle d'endosser un costume qui leur donnera une prestance et une autorité empruntée, fausse et creuse. La religion est vécue comme une suite de soirée dans un club de bridge mais en beaucoup moins joyeux et beaucoup plus dangereux.

Maintenant, tu crois que je hais les religions et toute idée d'un Dieu ou de dieux. Ce n'est pas le cas. Je ne hais pas. Je n'ai pas de sympathie pour les religions, c'est différent. Je n'y crois pas. Je ne crois pas en leur pouvoir bénéfique. Je crois en leur pouvoir maléfique. Toute l'Histoire des civilisations le démontre. Cependant, certains hommes en ont besoin tant qu'ils ne se soignent pas : c'est un emplâtre sur une jambe de bois. Mais c'est plutôt inefficace quand ce n'est pas carrément dangereux. C'est ainsi que je considère les religions. Je comprends parfaitement que l'on ait besoin de croire en quelque chose. C'est une manière de trouver un sens à notre existence, surtout si celle-ci ne nous saute pas aux yeux. Je crois aussi en certaines choses. Mais les choses en lesquelles je crois le plus, c'est en moi et mon amour pour la vie. Je crois en moi. Je crois en la vie. Je crois que mon sens de la vie, c'est à moi d'aller le chercher en moi. Je ne suis pas paresseuse : ce travail, je ne le délègue à personne. À aucune institution religieuse. Dans mon existence, j'ai éprouvé des émotions, des expériences, des pensées spirituelles et surtout des ressentis spirituels. Mais je ne les rattache pas à des religions. Je les rattache à la vie, l'univers, la nature, une forme d'intelligence infinie qu'on peut en un sens appeler Dieu mais qui ne correspond à aucun dieu des religions connues.

J'exècre le prosélytisme. Il a déjà fait des milliards de morts tout au long des millénaires. Il n'a fait que créer la séparation entre nous, frères humains. Des groupes religieux tentent d'écraser d'autres groupes, religieux ou non, comme par le passé. Est-ce ta vision de la spiritualité ? Est-ce là l'expression de l'amour de la vie et même de ton dieu ? Frères humains, ne pourriez-vous cesser ce jeu de massacres ? Pourquoi ne croyez-vous pas en ce que vous croyez sans attendre la validation d'autrui ? Pourquoi désirez-vous que votre prochain partage vos croyances ? Qu'est-ce que cela peut vous foutre qu'il pense ou non comme vous ? Pourquoi ne restez-vous pas à votre place qui est de laisser sentir et penser différemment de vous en tous domaines, y compris religieux ? Pourvu que ce soient des pensées qui ne fassent aucun mal à autrui. Ressentez-vous tant le besoin de vous convaincre que votre père de remplacement est bien réel ? Il vous faut pour cela convertir la planète entière ? Ne pouvez-vous vous contenter de vos propres croyances ? Elles sont donc si faibles ? Pourquoi tentez-vous à ce point de convaincre l'autre ? Quelle que soit ta religion, ton dieu, frère humain, je t'en conjure, garde-le pour toi. Reste digne, confiant et heureux de ta foi, partage-la avec toi-même. Et c'est déjà beaucoup.

Ta foi devrait te suffire. Tu n'as pas besoin de culte, de groupe, d'institution, d'édifice spécifique, ni même de la partager. Il est étrange que tu ressentes le besoin que d'autres s'y rallient. Ce n'est pas sain. T'es-tu jamais fait cette réflexion ? T'es-tu jamais demandé de quel droit tu imposes par exemple ta religion à tes enfants ? Sont-ce tes esclaves ? Considères-tu que tu as droit de vie et de mort sur eux ? Droit d'implanter tes croyances dans leur subconscient ? Qui es-tu, frère humain, pour prétendre posséder la vérité et l'imposer à ta propre chair ? Comme tu manques de sûreté de toi, frère humain, combien tu te sens faible ! Et comme tu es lâche et malfaisant ! Je le répète, frère humain : tu ne dois pas imposer ton dieu, tes rites, ta religion à quiconque. Tu n'en as aucun droit. Si tu penses que tu en as le droit, c'est que ton niveau de conscience est extrêmement bas. Tu as beaucoup de travail devant toi ; reprends-toi avant de devenir une caricature des hommes de pouvoir qui se cachent derrière ta religion et te manipulent sciemment, eux aussi, comme une marionnette. En te comportant mal, tu sers leurs intérêts. Ce que veulent tous ceux qui contrôlent à haut niveau les religions, ce sont l'argent et le pouvoir. Comme toujours. L'argent et le pouvoir. De toi, ils se foutent complètement.

Réfléchis, frère humain, à qui cela profite-t-il que tu agrandisses l'empreinte de ta religion sur le monde ? À toi ? Non. À eux. Les religions ne sont que des empires financiers despotiques. À qui ton crime contre l'humanité et la liberté profite-t-il ? Pas à toi, frère humain. Tout affilié à une religion est un mouton qu'on mène à l'abattoir. Il existe seulement pour obéir et donner son obole – la plus grosse possible. Jusqu'à sa vie parfois. Chaque religion possède son clergé et son empire financier. Chaque religion possède ses hommes de tête qui sont de grands manipulateurs. La religion en a après ton porte-monnaie, frère humain. Cesse donc de te prosterner devant tes cardinaux, tes évêques, tes curés, tes chefs de religion quels qu'ils soient. Reviens à toi, à qui tu es, ce que tu penses, ressens. Nul n'a le droit de t'imposer ce que tu sens et penses. C'est le meilleur moyen du reste pour te faire perdre tout contact avec la réalité. Et ta spiritualité ! Tu ne la trouveras pas en dehors de toi dans des croyances et des rites communs : elle loge au-dedans de toi. Si tu dois trouver dieu, c'est au-dedans de toi. Car tu es une part de dieu, frère humain. Une part de la vie. Une part de l'univers. Une part de l'intelligence cosmique. Une part du tout. Tu es toi-même une part de d'étincelle divine. Mais si tu l'étouffes, elle ne peut grandir et tu ne connaîtras jamais ta lumière. Et tu en priveras le monde. Relis donc le magnifique *Franny et Zooey* de J.D.Salinger. Nous sommes tous la grosse dame. Et si tu veux comprendre cette phrase et que tu n'as pas lu ce merveilleux roman, ne compte pas sur moi pour te l'expliquer. Lis *Franny et Zooey* et tu saisiras que nous sommes tous la grosse dame.

Les femmes aussi sont emportées par ce grand flot de misère spirituelle. Elles ont également manqué d'un père. D'une manière moins cruelle, je crois, du moins en Occident, que les garçons. Mais le plus cruel pour elles est que la plupart ont surtout manqué d'une mère compatissante. Les filles, de tout temps, ont été éduquées dans la dureté et le rejet. Le plus incroyable est que cela vient autant des mères, parfois davantage que des pères ! Elles portent un double fardeau contrairement aux fils qui sont, pour la plupart, idolâtrés, plus encore qu'aimés par les mères. Ce qui cause d'autres dégâts terribles.

Mais revenons aux filles. Je crois qu'elles savent faire plus facilement sans père. Elles sont le roseau qui plie, s'adapte à toutes les situations. Elles acceptent plus aisément. Le garçon est plus rigide, plus têtu, plus revanchard, moins souple et adaptable. Les filles ont donc souffert de l'absence du père d'une manière ou d'une autre, et de l'absence de considération, de solidarité et de compassion de la mère, et les voici aussi fourvoyées dans cette course à la confession religieuse. Je crois que c'est davantage pour appartenir à une communauté, se rapprocher d'une institution qui leur propose une protection. Bien entendu, aucune religion ne protège la femme. Toutes les enferment dans un rôle de mère et femme soumise. Ce dont les femmes ont souffert toute leur enfance, c'est moins que les hommes d'un vide existentiel – souvent les femmes aiment trop la vie et possèdent trop le génie du quotidien pour désirer combler un cœur vide car leur cœur est plein. Ce dont elles ont le plus cruellement manqué c'est de respect, de reconnaissance et de protection. De mille manières subtiles, frères humains, vous leur avez rappelé qu'elles ne sont que femmes. Et de nombreuses civilisations sont plus cruelles encore avec vous. Enfants, vous avez été humiliées, battues, violentées, injuriées. Plus tard, vous, les hommes, les avez violées, abandonnées, vous leur avez fait des déclarations d'amour pour les séduire, vous les avez manipulées, vous vous êtes servis d'elles. Vous, les pères, les avez même mariées de force, et parfois excisées, avec l'aberrante et monstrueuse complicité des mères, pour leur interdire tout plaisir sexuel.

Oui, les femmes manquent cruellement de protection. Partout, elles sont les plus grandes victimes avec les enfants. Alors arrive un pasteur, un rabbin, un iman, et la bouche pleine de fiel et de sucre, il leur raconte qu'elles seront désormais considérées, respectées et protégées par une communauté religieuse après avoir été massacrées durant leur enfance. Elles mordent à l'hameçon. Elles ont connu la prison mentale et physique ; elles poursuivent sans le comprendre la même route : seul le bourreau a changé. Elles passent de la famille à la communauté religieuse. Le leurre a fonctionné. Les portes se referment définitivement. Victimes, une fois de plus. Manipulées, encore. Toujours. Hypnose sociale. Car l'hypnose religieuse n'est qu'une des variantes de l'hypnose sociale.

Ma vision n'est pas gaie. Tu me trouves bien triste pour un bouffon et tu as raison. Je ne fais rire ni les rois ni le peuple. J'ai comme toi envie de légèreté mais le sujet ne s'y prête pas. J'aspire à un monde lumineux et pacifique mais je ne peux me mentir : nous vivons sur un monde de terreurs qui menace de nous anéantir.

Frères humains, nous vivons sur une poudrière que nous avons bâtie de nos mains, de nos cerveaux !

Frère humain, tu me considères peut-être maintenant comme quelqu'un de très négatif. Tu penses peut-être que mon regard est porté uniquement sur ce qui dysfonctionne. Je suis plutôt un révélateur. C'est mon job : te dire ce qui ne va pas, appuyer là où ça fait mal. C'est mon job pour ce livre. Mais tu sais, dans la vie, je suis drôle et gaie. Ce que j'aime le plus au monde, c'est rire ! C'est t'avouer si je me sens frustrée : nous vivons les prémices d'un chaos qui ne prête pas à rire. Les gens sont tristes dans mon pays et si tu es un frère humain français, tu sais de quoi je parle. L'époque n'est plus à l'inconscience et l'insouciance. Alors je plaide et milite pour davantage de conscience personnelle, individuelle et globale. Comment faire autrement ? Moi qui aime tant l'insouciance !

Je viens d'emmener ma fille à son bus. Sur le

chemin, un frère humain conscient m'a donné un tract qui hurle de sortir de notre logique guerrière. Un pacifiste. Il nous rappelle qu'en septembre 2016 (au moment où j'écrivais le premier jet de ce pamphlet) les exportations d'armes de la France sont de 16 milliards d'euros. Nous sommes devenus, frères humains de France, les habitants d'un pays classé au rang de troisième exportateur mondial d'armes après les États-Unis. Avec autant de sang sur les mains, j'ai le rire difficile... Nous continuons même à vendre tranquillement des armes à l'Arabie Saoudite et au Qatar ! Poudrières à qui nous fournissons des armes qui leur péteront un jour à la gueule ! Sans plus de honte non plus au Yemen où le mot misère semble pourtant faible. Alimenter la guerre de ce pays me paraît monstrueux. Ils doivent être heureux en ce moment les Dassault ; tout le monde se goinfre à haut niveau. Joli monde ! Ce que je raconte ici, ils s'en foutent. Ils ne seront pas dérangés par l'opinion publique puisqu'ils la créent de toutes pièces : ils ont la presse pour eux puisque le groupe Dassault possède, entre autres, le groupe Figaro.

Je reviens à mon propos après cet aparté. Quoi que ce soit, au fond, tout ce pamphlet qui se présente à la fois comme une suite d'apartés et une lettre de doléances. Le rire donc. Le rire pourrait être la solution. Rire de nous. De nos faiblesses, nos échecs. Cesser de nous prendre au sérieux. Rire de nos incompréhensions. Rire de nos manques. De nos fantasmes. Notre mégalomanie. La laisser tomber. Rire de nous. Cesser de jouer des rôles. Laisser tomber nos masques. Arrêter de gonfler notre ego surdimensionné. Avec un rire libérateur et lucide sur nous, sur les autres, plus moyen de se prendre autant au sérieux. Mais va expliquer ceci aux maîtres sans visage et sans nom ? Va leur faire entendre raison... Va leur demander de retirer leurs masques, de rire au lieu de dominer. De se détendre. De lâcher leurs terreurs et leurs manques, leur vide existentiel... Et leurs coffres-forts pleins à craquer.

Faut-il se prendre au sérieux pour jouer le rôle de fabricant d'armes ? Oui. Faut-il se prendre au sérieux pour acheter des armes ? Oui. Faut-il se prendre au sérieux pour se servir d'une arme ? Oui. Faut-il se prendre au sérieux pour déclencher des guerres ? Oui. Faut-il se prendre au sérieux pour faire la guerre ? Oui. Faut-il se prendre au sérieux pour conditionner les masses ? Oui. Faut-il se prendre au sérieux pour assassiner, torturer, mutiler des populations ? Oui. Des gens à l'ego surdimensionné, des malades pervers, des gens dont la véritable place serait dans un asile de haute sécurité, nous manipulent. Prenons garde, frères humains, qu'ils ne nous contaminent. Ramenons sans cesse notre ego à sa juste taille et érigeons le rire, la légèreté, voire la bouffonnerie en garde-fou à nos démences.

Ris, frère humain, et ris de bon cœur. Mais ne ris ni de la misère ni du malheur. Ne ris pas de cynisme. Ne te laisse pas contaminer. Ris de bonheur, de joie, de rien, de l'air qui passe, du vent que tu respires, ris d'être vivant et libre de penser ce que tu veux, d'être qui tu veux. Ris car c'est un rempart contre lequel ils ne peuvent rien. La sérotonine et la dopamine que tu sécrètes quand tu ris sont tes meilleures alliées. Les deux pieds dans la merde, ris ! Ils ne peuvent t'arracher ton rire et ton bonheur. Ils ne peuvent pénétrer ton cœur, ton cerveau, tes poumons, ta pensée. Quant à ton âme, ils ignorent que tu en possèdes une car ils ne croient pas en la leur. Et si toi aussi tu n'y crois pas, et bien remplace le mot âme par le mot esprit. Laisse ton âme rire et sourire le plus souvent. Ne la livre pas à la tristesse. Ne leur permets jamais de gagner en te laissant dicter ton humeur, ta peur comme ils le désirent, ne t'emplis pas de doutes et de craintes, de préjugés et d'idées fausses comme ils te le conseillent, eux qui sont si sûrs d'eux !

Libère ton âme par le rire. Le rire est un guide sûr vers le chemin du bonheur. Il te montre la voie. Il guérit toute blessure. Quand tu ris sincèrement, tu sais que tu es à la bonne place au bon moment avec la bonne attitude. Quand ton âme rit, c'est que tu la combles.

J'ai écrit autrefois un éloge du rire. Le rire, ce signe d'une force vitale intacte, d'une énergie puissante, ne m'a jamais quitté. Je le crois intensément lié à ma force de vie et mon énergie. J'aime rire de tout, de rien, très souvent de moi. J'aime dire des énormités. Je suis certainement mon meilleur public mais qu'importe ! Je souris beaucoup. Je m'en rends souvent compte parce que je me surprends, seule, à sourire ou rire. C'est un signe de bonne santé morale et affective. Ce n'est plus un secret depuis que la neuroscience a étudié le rire et ses conséquences, frère humain : si tu souris – même en te forçant un peu - et que tu redresses tes épaules, ton cerveau se met automatiquement à produire de la dopamine et de la sérotonine. Tu te sens instantanément mieux et tu te mets à sourire avec ton cœur. Ne me crois pas, essaie. Tu seras surpris. Frère humain, entraîne-toi avec sérieux à rire sans sérieux et avec grâce ! Je ne te parle pas de rire gracieusement, de rire gracieux, non, peu importe qu'il soit tonitruant comme le mien ou subtil et élégant. Non, je parle de rire avec la grâce du cœur. De sourire aussi avec cette même grâce. Sois sourires, sois rires, frère de trop grande tristesse, frère si maussade, et tu verras le bonheur et le bien-être accourir au galop ! Fais cet effort plusieurs fois par jour, il te coûtera bien moins de temps et d'efforts qu'une thérapie de mauvaise qualité (je pense évidemment aux mauvais thérapeutes et à la psychanalyse classique en laquelle je crois de moins en moins.)

Frère humain, je t'exhorte à te soigner mais pas n'importe comment ni avec n'importe qui. Sois curieux, lucide, autonome dans ton rapport avec ton thérapeute ou ton coach. Ne l'érige jamais en maître et s'il s'exprime comme un dominant et se révèle dénué d'humour, prends tes jambes à ton cou ! Il te ferait plus de mal encore, et tu es suffisamment doué pour la souffrance. Protège-toi des thérapeutes et coachs aux ego gonflés, à l'autorité agressive, aux assoiffés d'argent. Comme dans tous les milieux, il en existe des incompétents, des dangereux, des inconscients, des paresseux, des cupides, des malhonnêtes. Sois vigilant. On ne se dévoile pas à n'importe qui ni n'importe comment. Je sais que la télévision et les réseaux sociaux donnent le spectacle constant et consternant du déshabillage public. Des gens racontent par le menu détail leur vie, leurs vices, et se ridiculisent devant des millions de personnes. Puis ils s'étonnent de se voir rejetés par leur entourage proche ou moins proche ! Mais toi, frère humain, est d'une autre sorte : tu es digne et maître de toi. Soigne-toi, frère humain, et tu constateras que l'un des premiers signes de ta guérison sera ce sourire inattendu qui te montera aux lèvres, ce rire qui t'emportera, flamboiera et illuminera ceux qui auront la chance de t'entourer. Ils ne comprendront pas toujours le cadeau que tu leur offriras en proposant la gaieté au lieu de la tristesse, le rire au lieu de la plainte. Tu leur montres le chemin, frère humain, quand tu ris et mords dans la vie à pleines dents. Tu leur ouvres la route et même s'ils ne te comprennent pas, frère humain, persiste, ne cesse jamais de te sentir joyeux, laisse les pisse-froid prendre leurs grands airs effarouchés. Tu t'en fous, frère humain, car tu voles au-dessus et d'un rire efface tous tes malheurs. Tu n'as plus de problèmes : seulement des défis. Tu ne vis plus des échecs mais des résultats. Tu abandonnes la vieille morale judéo-crétine, qui te culpabilisait, afin de vivre à partir d'un point de vue neutre, dénué de culpabilité, qui te permet de construire enfin ta vie comme tu l'entends. Tu ne regardes plus ce qui te manque ; tu regardes ce que tu désires bâtir. Et tu le fais. S'il y a des ratés sur le chemin, c'est sans importance maintenant : tu persévères différemment. Tu deviens plus malin, et non plus comme par le passé un coupable à blâmer qui répète les mêmes erreurs comme un perroquet stupide et vaguement masochiste. Pas étonnant que tu te sentes maintenant en joie ! Tu voles, planes comme un oiseau sur ton existence. Avec le recul que tu possèdes désormais sur toi, tu sais combien tu es risible quand tu t'agites dans des émotions désagréables en répétant bêtement ce qui ne fonctionne pas ! Tu sais aussi combien les attentes des hommes sont parfois bouffonnes et inadaptées, et tu ris de toi, de nous. Tu ris aussi parce que tu te sens tout simplement heureux, que ce qui circule dans tes veines est désormais un sang riche, fluide, plein de possibilités nouvelles. Dans un rire cosmique, tu nous embrasses avec nos faiblesses, tu t'embrasses toi-même, tu nous pardonnes, tu nous aimes, tu t'aimes et te pardonnes toi-même.

Bien entendu, c'est insupportable pour un pisse-vinaigre. Ces mots le sont. Le pisse-vinaigre peut m'accuser de bêtifier, je m'en fous ! Fais ce que tu dois, frère humain, et non ce que tu imagines que l'autre veut que tu fasses. Tu éviteras les terribles écueils que j'ai traversés avant de comprendre et appliquer cette simple idée, cette simple habitude de vie. Utilise l'indifférence qui est une force colossale, extrêmement utile face au cynisme, au manque d'enthousiasme, comportement odieux des plus répandu en France où se montrer blasé est malheureusement culturellement bien vu et passe pour de l'intelligence, à la dureté de cœur du pisse-vinaigre. Tourne la tête, écarte-toi et ris de toi, de nous, de tout. Fraternisons dans le rire, frère humain.

Je veux revenir sur le concept de religion. Je ne suis pas allée au bout de ma pensée. Je ne t'ai pas dévoilé tout ce pourquoi je crois autant les religions dangereuses. Qu'elles prônent de bons ou mauvais concepts n'y change rien.

- *Comment cela n'y change rien ? Mais au contraire, ça change tout ! Regarde cette religion qui rejette ça et ça, moi dans ma religion, c'est le contraire, nous acceptons ça et ça, c'est beaucoup mieux, nous sommes tellement plus humains, tellement différents !*

C'est bien le problème, frère humain ! Différent : tu as prononcé le mot qui sépare au lieu de rassembler, le mot qui détruit la communauté humaine au lieu de la construire. Tu viens de prononcer ce mot avec ton inconscience habituelle et imbécile. Tu es tellement ignorant de qui tu es, des messages de violence que tu dispenses sans cesse, de tes valeurs basses. Tu viens de nommer le problème : « *Nous sommes tellement plus humains, tellement différents !* » Tu n'es pas différent, frère humain. Tu es semblable. Nous sommes tous semblables. Différents un peu. Semblables énormément. Cela est subtil à saisir. Nous sommes différents dans notre individualité mais énormément semblables dans nos réactions. L'humain est prévisible la plupart du temps. Presque prédictible. Nous sommes libres, oui. Du moins dans certains pays. Nous jouissons de notre libre arbitre. Mais nous sommes tous humains. Nous sommes tous frères humains.

Alors quand tu proclames que ta religion est différente et que tu es différent de celui qui n'a pas adopté la tienne, tu es semblable, frère humain. Tu réagis de la même manière, persuadé de ta différence ! Car l'autre aussi réagit pareillement, l'autre également est persuadé que sa religion est meilleure et que la tienne est mauvaise. Depuis des millénaires tu n'es pas capable de comprendre une chose aussi simple et tu mènes des croisades ! Des croisières de toutes religions ! Des tueries sous la bannière de ton Dieu. C'est toi, frère humain, qui crée les groupes et la séparation avec tes histoires de dieux et de religions. Que tu croies en tel ou tel dieu n'y change rien : tu fais partie d'un grand tout en tant qu'homme, et ce grand tout est l'humanité. En tant qu'assemblage d'atomes, tu fais également partie de l'univers. Rappelle-toi : nous sommes de la même matière qui fonde les étoiles. En tant que frères humains, nous sommes tous reliés, unis, frères humains et frères en énergie. Tu ne nais pas séparé. Tu nais sur terre dans la communauté des hommes, lié aux autres hommes et lié aux atomes de l'univers. C'est toi, frère humain, qui crée la séparation avec les jeux de ton mental et de ton ego surdimensionné. On te l'enseigne, on te programme, on te conditionne à te sentir séparé du reste de l'humanité. Et tu reproduis cela sur tes enfants !

On t'assène que l'autre est mauvais, que ta religion est la meilleure et ton dieu le seul bon. Tu crées la fracture entre toi et les autres, frère humain, de toutes les façons possibles. Les religions jouent ce jeu-là depuis toujours : le jeu de la séparation et non de la réunification. Pourtant celui que tu considères comme ton ennemi – ou au mieux comme un être à convertir - fait exactement la même chose que toi : il défend ses certitudes religieuses, ses valeurs religieuses, son projet de vie religieux. Ou même laïque. Tu n'aimes pas non plus les incroyants, ces mécréants magnifiques, ces libres penseurs. Selon la culture de ton frère humain, son lieu de vie, son passé, l'histoire de son peuple, sa vérité est forcément différente, ses idéaux dissemblables, ses valeurs te paraissent absurdes mais pour lui elles sont évidentes. Vous êtes exactement semblables, attachés à défendre votre petite chapelle (car vous croyez bizarrement qu'il y a quelque chose à défendre pour vivre et exister alors qu'il n'y a strictement rien à défendre, juste à être.) Vous êtes prêts à vous tuer pour défendre votre religion et vos minuscules différences ! Mais regardez-vous donc, frères humains, reconnaissez que vous êtes semblables, intimement reliés, reconnaissez une bonne fois pour toutes que nous sommes tous unis devant ce qui nous dépasse, ce principe magique de vie et d'énergie qui nous fait vivants, bien vivants, vous à me lire et moi à écrire, ce que personne ne sait expliquer et qui est le seul miracle que nous devrions vénérer : la Vie. Reconnaissez que nous sommes semblables dans nos minuscules dissemblances, acceptez vos petites différences, laissez-vous vivre librement les uns les autres. Enfin. Depuis le temps que cela dure !

Mais vous ne semblez pas encore prêts, frères humains, même si le niveau de conscience des êtres a beaucoup augmenté ces dernières années. Il faut que vous compreniez que le point de vue de l'autre est différent mais acceptable. Que vous l'autorisiez à penser et sentir différemment. Que vous y consentiez. C'est difficile. Je le sais pour voir passé 50 ans à tenter de convaincre les autres. Je ne lâchais pas souvent prise sur mes points de vue dans une conversation. En écrivant ce pamphlet, je ne le lâche pas davantage, me direz-vous. C'est vrai. En 50 ans, j'ai clarifié mes pensées, je les ai précisées, agrandies. C'est pourquoi j'écris ce livre. Mais je ne suis pas en train de m'agacer et m'énerver contre mon interlocuteur. Je délivre mon message sans hurler. J'écris. Je n'impose rien. Tu peux à tout moment décider de jeter ce livre à la poubelle. Et tu as toi-même décidé d'acheter ce livre et de le lire. Je t'en remercie du reste, frère humain ; ta confiance m'honore. Dans mes conversations, je n'ai rien perdu de mon éloquence mais je n'insiste plus autant : aujourd'hui je préfère ma sérénité au fait d'avoir raison. J'ai mis du temps avant de comprendre que c'est cela qui est en balance : mon équilibre contre une pseudo-victoire sans aucun intérêt. Qu'est-ce que ça peut me foutre que l'autre pense et sente comme moi ? Je n'ai aucunement besoin de sa validation.

Il est très difficile, je te comprends frère humain, de se mettre dans la peau de l'autre quand son histoire géopolitique, sa culture, sa langue, ses coutumes, ses habitudes, ses réflexions, ses mœurs sont éloignés des nôtres. Mais il faut faire cet effort. Nous devons élever notre niveau de conscience et de confiance en l'autre dans un effort planétaire d'intelligence et d'empathie. D'acceptation. De bienveillance. Cessons de créer de multiples fractures dans notre communication en cessant de croire que nous détenons toujours la vérité et la meilleure façon de vivre. C'est totalement absurde quand on y pense ! On s'en rend compte dès qu'on pacifie le débat. Quand on cesse d'être le jouet de nos émotions de peur ou de colère pour entendre notre raison. De quoi a-t-on peur au fond ? Que l'autre nous force à penser et vivre de sa manière ? Mais en a-t-il l'intention ? Majoritairement non ! Chacun évolue à son allure avec le lourd bagage qu'on lui a inculqué et dont il est si difficile de se défaire. Car l'autre, tout comme toi, est encombré par les programmations mentales et émotionnelles acquises durant l'enfance puis au cours de sa vie d'adulte. Comme toi il avance cahin-caha, tentant d'être lui-même mais il est morcelé par ses conflits intérieurs. Tu te crois différent mais nous sommes tous semblables, frère humain ! Et toi aussi tu trimballes dans ton subconscient toute l'Histoire de ton peuple et le pire est que la plupart du temps tu t'y identifies ! Tu n'es pas ton pays, ta culture, ta famille, ou quoi que ce soit d'extérieur à toi. Tu es toi. Que chacun contemple sans frémir et lucidement le passé du peuple dont il est issu et il y verra des massacres abominables. Le temps a passé et son peuple est souvent devenu plus sage et plus conscient. Ce qui se passait autrefois n'est plus la norme mais enfin ce n'est pas merveilleux non plus. Mais chez certains peuples c'est devenu pire ! Ça te donne vraiment envie de t'identifier à ton pays ? Détache tes chaînes. Sors de ton prêt-à-penser. Hypnose sociale.

Arrête de penser que tu es supérieur. Regarde l'homme nu à l'échelle du Temps. À l'échelle de l'Histoire. Pas de l'anecdote. Souviens-toi : certains voient l'arbre et d'autres la forêt. Tous sont utiles au monde. Mais pour contempler l'humanité avec compassion, il te faut de la hauteur. Alors observe l'humanité comme tu observerais une forêt depuis sa canopée. Ce qui est beau, c'est la diversité, la multitude, le surprenant. Frères humains, tolérez-vous dans vos différences. Cessez de vous focaliser dessus comme si les différences étaient monstrueuses. Les différences sont la richesse du monde, sa beauté et sa grandeur. Focalise-toi plutôt sur ce qui rassemble et unit. Fraternise. Imagine quelle serait notre puissance si nous créions le bonheur sur terre au lieu de la destruction.

Les hommes sans visage et sans nom se nourrissent de haine. Ils seraient tellement plus puissants s'ils se nourrissaient de bienveillance, d'empathie ! Si tous les peuples s'unissaient dans la volonté de partager au lieu de conquérir, imagine… Au lieu de cela, mon frère, tu divises, sépares et frappes !

Voici pourquoi je n'aime pas les religions. Je n'aime que Dieu. L'Intelligence infinie, ta Conscience, la Vie, appelle-le comme tu veux. De toute façon, Dieu n'est pas la religion. Cesse d'identifier Dieu à la religion ! À des coutumes religieuses ! C'est de l'idolâtrie. Si tu ne sais pas, ne comprends pas, ne sens pas cela, c'est que tu n'as aucune idée de Dieu. Tu n'en as jamais eu la sensation, l'approche. Ta spiritualité est inexistante. Ce qui n'est pas un problème en soi. On peut très bien vivre heureux sans spiritualité. Mais se croire spirituel parce qu'on est religieux me semble très dangereux pour l'équilibre d'un humain et de l'humanité. Dieu n'est pas dans tes actes rituels codifiés mais dans ton ressenti. Dans ton lâcher-prise. Ta bienveillance. Ta compassion. Ton respect de l'autre. Ton intériorité. Les religions n'offrent que de la contrainte, jamais du lâcher-prise. Des sacrifices, jamais des satisfactions. Des complications, jamais de la simplicité. Du jugement, non de la bienveillance. De la charité, non de la compassion. De l'intolérance, non du respect. Elles se proposent de détourner notre nature humaine de ce qu'elle est et de la façonner comme elles l'entendent. Les religions haïssent la nature de l'homme ! Elles ne cherchent pas à l'aider à se sublimer : elles cherchent à l'éliminer radicalement pour la remplacer par une nature soumise qui les arrange et les serve.

Les religions créent des groupes qui revendiquent la séparation d'avec les individus qui ne font pas partie de leur groupe. Comment trouver de la spiritualité à ce comportement ? Même la manière dont leurs hiérarchies fonctionnent en interne est absolument pyramidale, jamais horizontale, jamais démocratique, surtout pas ! Et toutes professent leur mépris et leur haine de la femme en la plaçant à l'écart et la réprimant.

Les grandes religions martèlent leurs groupes de fidèles de leur soi-disant supériorité morale. Elles font de chaque fidèle une outre sans fond de prétention qui pense détenir la vérité et a le droit de l'assener à l'autre par tous les moyens. Les religions creusent la différence et le rejet, frère humain. Elles n'unissent pas ; elles séparent. Méfie-toi des religions. Méfie-toi des gourous. Méfie-toi de tous ses représentants. Méfie-toi de ses fidèles car ils tenteront majoritairement de te convertir. J'ai rencontré des êtres sages réellement dans l'amour de Dieu et des hommes mais ils sont rares. Ceux-ci ne tenteront jamais de te convertir. Ils s'expriment sans surenchère sur leurs croyances à partir d'un point de vue neutre. Ils se suffisent à eux-mêmes : c'est la clef du bien-être, voire du bonheur, et le résultat ultime à atteindre dans l'existence.

Je pense avoir clarifié ce point, frère humain. Sache que je me méfie aussi de toute chapelle : que ce soit celle des supporters de football, des chasseurs ou des aficionados de corrida, de telle ou telle communauté passionnée par ceci ou cela ; je m'en méfie comme de la peste. La plupart du temps les grands groupes humains sont dangereux et néfastes. Le fait de se joindre déclenche chez l'humain des vieux réflexes de ségrégation qui remontent aux temps de la préhistoire quand l'autre tribu était un ennemi potentiel. Nous sommes toujours guidés par notre cerveau reptilien et il faut aussi s'en méfier. Car il est construit pour la survie et non la Vie. Pour savoir si un groupe est inoffensif il suffit d'observer quel est son degré de conscience. Quand tu constates le comportement des hooligans par exemple, tu saisis tout de suite à qui tu as affaire.

Quand tu vois le comportement des communautés réunies autour de l'œuvre d'Amma, Sœur Emmanuelle ou l'Abbé Pierre, tu remarques que le niveau de conscience est totalement différent. Il te suffit d'être circonspect, frère humain, et tu peux exercer ton intelligence et ton cœur facilement pour savoir qui tu dois fréquenter ou non sur cette terre. Quand je qualifie de *fréquentable,* je parle de qui il faut fréquenter pour élever ton niveau de conscience et celui de l'ensemble des gens de la planète. Ce n'est même pas un jugement de valeur. C'est plutôt cela qui m'intéresse : qui est utile à élever ton bonheur ? Quel genre de personne ?

La spiritualité, le mysticisme, l'union directe et intuitive entre toi et Dieu, je pense, frère humain qui possède par essence l'étincelle divine, que tu les trouveras en toi et par toi, jamais dans la religion et par la religion car la religion est à l'extérieur de toi. L'expérience de la rencontre de Dieu est expérience intime qu'aucune religion ou pratique religieuse ne t'offrira sur un plateau. C'est à toi de chercher seul face à toi-même. Cette pensée est aux antipodes de ce tout ce que tu liras, ce qu'on te dira. Mais c'est ainsi. Dieu n'a pas besoin d'artifices mais de naturel. De ta nature véritable. Dieu, c'est ta nature véritable. Ta conscience. Si tu cherches autre chose, tu seras déçu : tu ne le trouveras jamais. La solution pour rencontrer Dieu est en toi, pas à l'extérieur de toi. Tu peux méditer, soigner tes blessures émotionnelles, faire du yoga, lire les maîtres spirituels, rester longuement dans la nature – c'est à mon avis le plus sûr et rapide chemin, et que sais-je encore ? Cela fait partie de la route mais ce n'est pas LA route. Il n'y a pas de route prédéterminée, il n'y a que toi. Dieu, c'est toi. Retrouve ta vraie nature, c'est tout. Mais ne t'adonne pas à écouter et imiter ceux qui ont la prétention de se présenter comme des maîtres spirituels accomplis. Fais attention à toi, frère humain. Aime-toi plus que toi-même : aime en toi toute l'humanité et tu sauras faire les bons choix.

Ceux qui se présentent comme des gourous, des maîtres, des chefs, en quelque domaine que ce soit, méfie-toi d'eux. Les trois-quarts en veulent à ton porte-monnaie et ta liberté. Le quart restant est honnête, tu peux y choisir qui tu veux y fréquenter et de qui tu veux apprendre. Méfie-toi des autres. Nous sommes à l'ère du marketing, des arnaques virtuelles, de la guerre du focus (tout le monde tente de capter ton attention pour mieux vider ton porte-monnaie), de la pub, des médias, et il est vite fait de se laisser embarquer par des personnes toxiques et leurs manipulations. Hypnose collective.

Et puis n'agis pas pour ton orgueil, des honneurs, des médailles, des récompenses de pacotille. Agis pour toi, loin de toute attente de vaines décorations. Si on te les propose, prends-les et remercie poliment et même avec gratitude. Et si tu penses qu'elles ne conviennent pas à ton sens de l'équité ou ta morale, ne les accepte pas et refuse-les poliment. Mais ne passe pas ton existence à courir après ces jouets d'enfants. Pour qui te prend-on ? On croit te faire avancer avec ces hochets idiots ? Tu es adulte, non ?

Si tu as besoin de carottes et de coups de bâton pour avancer, c'est que tu as un problème. Ce que tu réalises de ta vie, les objectifs que tu t'es fixés sont-ils vraiment les bons ? Es-tu heureux ? Si tu ressens le besoin de gagner telle ou telle médaille pour l'arborer fièrement, telle rosette, tel titre, c'est que tu accordes davantage d'importance à ce bout de papier, cette rondelle de métal et au regard de l'autre sur toi qu'à ta propre valeur, celle que tu t'accordes, qu'à ton chemin, à ce que tu ressens à le parcourir, en un mot à ta liberté et ton bonheur, ton plaisir à accomplir ce qui t'apportera peut-être cette récompense. Tant de gens haut placés socialement, à l'allure si sérieuse, en apparence adultes, matures, sont en fait de pitoyables enfants en quête éternelle de reconnaissance et d'amour ! Ils en ressentent cruellement le manque, et ne sont pas aussi sûrs d'eux qu'ils le montrent. Ils sont faux. Cela n'empêche pas de très grandes réussites sociales mais à quoi leur sert-elle ? S'ils n'ont vécu que pour prouver qu'ils sont les meilleurs, qu'ils sont respectables et respectés, qu'ils ne réalisent que ce qu'ils pensent que les autres attendent d'eux (!) et qu'ils n'éprouvent jamais le bonheur de celui qui réalise pour lui-même ce que toute son âme réclame ? S'il l'étouffe toute son existence pour collectionner des médailles, recevoir les compliments de son milieu ou de ses parents ? Hypnose sociale.

La société fabrique tellement de champions malheureux, de gagnants qui perdent, d'hommes au sommet de la hiérarchie sociale qui n'ont jamais connu la paix, de surdiplômés sans espoir de devenir un jour eux-mêmes réellement, d'êtres qui se coulent dans des moules pour obtenir des gratifications qui ne comblent pas leurs manques. Et bien entendu, ils désirent de plus en plus de gratifications et de biens matériels car les manques se creusent davantage au cours d'une existence quand on ne fait rien pour les guérir. Quand on refuse d'en prendre conscience.

Sois donc lucide, frère humain, sur tes ambitions réelles. Ne te fourvoie ni sur les moyens de les assumer et les vivre, ni sur ce qu'elles sont. Sois toujours sincère avec toi, frère humain. Sois cohérent avec qui tu es, avec ce que tu désires, sois clair avec tes besoins. Respecte-toi.

Bien entendu, certaines professions appellent les récompenses. Il s'agit alors, pour mener sa carrière convenablement, de les accepter avec le sourire. Elles sont bien entendu valorisantes si tu es dans la carrière que tu as librement choisie parce que c'est ton bonheur, ta mission, ta voie de l'exercer. Prends mon exemple, frère humain : j'ai choisi d'écrire. Or nous sommes nombreux à écrire. La concurrence est rude. Il est très difficile d'être édité et tout aussi difficile d'être vendu et donc lu. L'un des grands buts de tout écrivain est d'être lu. Dans ce métier, il est encore plus difficile d'être remarqué (donc vendu et lu) que dans la majorité des métiers. C'est ainsi du reste dans toutes les carrières artistiques et sportives. Si je reçois à nouveau un prix littéraire, crois que j'en serais heureuse et que je le recevrais avec une profonde gratitude. Ceci augmenterait mes chances d'être lue. Mais je n'écris pas pour recevoir des prix et me valoriser ! J'écris pour écrire. J'écris parce que je ressens profondément le besoin d'écrire. J'écris car j'entends littéralement mon âme dire : *« C'est le moment, prends un stylo ! »* Elle ne me dit même pas : *« C'est le bon moment. »* Non ; mon âme s'en fout. Elle me dicte de tout arrêter net, elle exige que je sois disponible à tout moment du jour et de la nuit. Elle ne me demande pas mon avis. Quand elle commence à me dicter ses mots, c'est un flot qui se déverse et mon métier est de suivre. Et crois-moi frère humain, mon stylo brûle mes doigts, c'est à peine si je réfléchis, mon âme dicte et c'est tout. Mon travail est de me rendre disponible pour elle. C'est également ton travail, frère humain. Te rendre disponible pour réaliser ce que ton âme réclame. C'est cela le bonheur. Tant que tu ne l'auras pas compris, tu seras malheureux et le monde ne se portera pas mieux. C'est le grand secret : nous devons nous mettre à la disposition de notre âme, activer notre écoute intérieure et non contraindre notre âme à des activités extérieures sans intérêts pour elle. C'est très difficile, complexe, crois-moi frère humain, car tout le fonctionnement de la société s'y oppose avec ses horaires fixes et ses réglementations militaires. Tout est calculé, minuté, réglementé dans ta journée. On te dit même ce que tu dois manger et quand ! Tes horaires de sommeil ! Comment tu dois te vêtir et en quelles circonstances ! Qui tu dois fréquenter et où ! Tout est connoté, étiqueté. Logos, marques, produits, il y a du reste des milliers de *business* qui découlent de cette aliénation. Hypnose sociale.

Toute société est bâtie de façon à écraser impitoyablement toutes les manifestations et désirs de l'âme ! Jusqu'à ce bruit et cette musique insane dont on nous bassine partout les oreilles, je t'en ai déjà parlé. Et tu t'étonnes, frère humain, de ce que ton âme se plaint et geint, de ce que ton âme t'envoie des cauchemars, dérègle tes organes jusqu'au cancer, te rende gros, obèse, mou, te pousse en dépression pour que tu sois enfin forcé de te demander pourquoi tu en es arrivé là et comment tu vas changer pour t'en sortir ? Tu t'étonnes que ton âme pleure ? Mais quand as-tu écouté l'appel de ton âme pour la dernière fois ? Quand as-tu répondu à ses besoins pour la dernière fois ? À ses désirs ? Je ne parle pas de ton dernier séjour aux Caraïbes dans un Resort sublime ou un 3 étoiles sur la Costa del Sol, selon tes moyens. Non, je parle de ses désirs réels qui, souvent, n'ont rien à voir avec les images d'Épinal de la publicité et le bourrage de crâne de l'éducation et la société sur ce que tu es censé devoir désirer et posséder. Quand t'es-tu écouté pour la dernière fois ? Intimement ?

Donc pour cette histoire de médailles, si tu les trouves sur ton chemin car tu es qui dois être, que tu accomplis ce que tu dois parce que ça te rend vraiment heureux (et c'est alors que tu sers pleinement le monde car tu es au maximum de ton potentiel), alors il est heureux que tu reçoives de temps à autre l'une de ces babioles auxquelles les humains tiennent tant. Joue le jeu, reçois-les avec reconnaissance car les gens qui te décernent ce titre, cette médaille, ne le savent pas mais c'est au fond ton aptitude à être pleinement qui tu es qu'ils récompensent !

Mais si tu n'as aucun plaisir sur le chemin et le travail

qui t'ont emmenés cette récompense car tu n'as travaillé que dans ce but, alors tu t'es fourvoyé. Tu as urgemment besoin de t'arrêter et d'entamer un dialogue avec ton âme. Sois adulte.

Frère humain, je me rends compte que j'ai maintenant écrit près de 250 pages et il me semble pourtant avoir à peine égratigné la surface de l'âme humaine. En quelques semaines, j'ai tracé tous ces signes, des milliers de signes, de ma plume et je ne me sens pas plus avancée. Je n'ai pas vraiment parlé de ce que nous faisons subir aux bêtes, aux mers, aux cieux, aux plantes, à l'espace, de notre peur morbide de la mort et notre manière d'escamoter les défunts, de notre impudeur ou notre pudeur déplacées, du mépris que nous affichons pour notre monde intérieur, de notre violence en toutes circonstances, de notre oubli de nos ancêtres, de nos maladies en grande partie créées par un stress induit volontairement et une nourriture délétère qui rapporte gros à l'agro-alimentaire, de notre irrespect foncier pour toutes les formes de liberté, de notre morale pourrie qui oscille entre puritanisme et débauche, rigueur imbécile et je-m'en-foutisme, de notre propension généralisée à juger et condamner sans connaître, de la destruction de notre patrimoine culturel et artistique, de notre indifférence à la beauté, de la disparition des métiers de création, de la hiérarchie souvent stupide entre artisanat et art, de la progression galopante de la veulerie et la vulgarité dans les sociétés occidentales, de la haine et la peur de notre mère nature, de notre surexposition à la violence — parfaitement banalisée-, de notre sur-adaptation et ses conséquences à la médiocrité, la vie loin de la nature, la violence et tout ce que j'ai cité plus haut d'abominable, des abus de la technologie et l'informatique, du corps bionique qui est plus proche qu'on le croit, de la recherche d'immortalité et ce qui en découlera, de la puissance des laboratoires pharmaceutiques et comment ils détruisent sciemment ta santé pour te vendre leurs saloperies chimiques et comment nous les laissons faire, de la conquête spatiale et ses rêves mégalomaniaques, de notre aliénation à la finance et l'économie, du banditisme en col blanc des grands banquiers qui nous prêtent à fort taux un argent virtuel (donc inexistant !) en toute impunité, de la corruption à tous niveaux et particulièrement chez les hommes politiques, de l'emprise des sociétés secrètes sur l'économie et la politique, du temps que nous passons à répondre à nos besoins financiers au détriment du temps passé avec les nôtres, et de tout ce à quoi je ne pense pas à l'instant mais qui viendra en son temps sous mon stylo, une autre fois sans doute dans un autre livre.

Tu comprends mon désarroi, frère humain, devant l'énormité de ce qui me reste à écrire. Car si je n'ai pas prévu d'écrire ce livre, s'il m'est venu ainsi – dicté somme toute - et que j'ai obéi à son injonction : « *Écris-moi !* » sans savoir où j'allais, j'ai par contre eu le temps, durant ces quelques semaines, de voir où il me mène : livre de rébellion et d'amour de l'humanité, ce coup de gueule me ressemble : bourré de défauts mais profondément humain, débordé par le désir d'une existence meilleure pour tout ce qui vit, croît, existe. C'est un flot continu, une écriture qui me dépasse par son naturel, son manque d'artifices et sa sincérité totale. On me reprochera sûrement beaucoup sa fluidité car elle est due en partie à un manque de structure, et pourtant je crois que ce livre vaudra par cela : une fluidité qui m'emporte et m'étonne. Je l'aime parce que je sens la vérité sous chacun de mes mots. Une vérité que je ne maîtrise pas, que je sens souvent plus que je n'analyse, que je désire ne pas camoufler mais montrer. Mon bon sens, cette chose si simple et si utile, parle. On me répondra que mon bon sens et la vérité sont deux choses différentes. On aura raison d'une manière générale. Et tort de mon point de vue car mon bon sens me crie ma vérité ; ma vérité exprime mon bon sens. C'est la même chose quelle que soit la façon dont on l'exprime. Je veux être sincère ; je ne peux vous livrer que ma vérité. Pas la vérité officielle propagée par les maîtres sans visage et sans nom, mais la mienne. Rien n'est ici consensus mou.

C'est à ce titre, j'en suis consciente, que ce livre est fragile. Démontable. Vous pouvez le mettre en pièces, frères humains si vous détestez mes vérités, mais je suis ici, le livre est en train de s'écrire et je vais continuer à m'époumoner. Toi, frère humain qui est d'accord avec une part de ma vérité, tu la propageras avec conviction, j'en suis certaine, car c'est aussi la tienne.

Frère humain, je ressens le besoin d'un peu de repos. Il faut mener ma vie et écrire ce livre en même temps et je mesure tout ce que je n'ai pas dit. Souhaite-moi que tout revienne comme un torrent, dans la puissance. Que mon âme poursuive sans faiblir ma route et me souffle ses mots de braise, de tempête et de sirocco ! C'est si dur d'écrire sur nos défauts, frère humain ! J'aimerais tellement écrire sur nos qualités. Mais cette fièvre me prend depuis plusieurs semaines et guide ma main. Je sais à peine ce que je rédige. Quand je me relis, le lendemain, je vois mes déceptions et craintes pour l'avenir de l'humanité s'étaler à l'encre noire sur ce cahier. Je le répète, frère humain, c'est un vent qui m'emporte. C'est mon âme qui crie, et je la reconnais à chacune de mes phrases.

J'ai pourtant un grand besoin de poésie et j'aimerais t'écrire des mots d'amour et de réconfort, frère humain, mais ils ne viennent pas. Ils semblent isolés dans une grande solitude. Ils viendront plus tard dans un autre livre. Mon âme exige l'âpre vérité sans fard pour celui-ci et je te la livre. Je voudrais davantage de douceur mais mon âme hurle sa douleur de vivre dans un tel monde. Tout lui pèse ici. Tout lui pèse à fréquenter l'humain. C'est pourquoi je suis devenue une grande solitaire. Mon âme me demande tant d'attentions. Tant d'écoute.

Tu te demandes pourquoi j'évoque mon intimité, frère humain. Ceci demande explications. J'ai toujours voulu dévoiler les mécanismes de la création, désiré en rendre apparents les rouages. C'est une manière de t'offrir autre chose qu'un pamphlet. C'est te donner le comment et le pourquoi de ce livre. Te voici plus proche, frère humain, presque à me toucher du doigt. J'aime cette proximité avec toi, frère lecteur. J'aime que tu saches comment naît un livre, de quelle manière il est conçu même si, comme celui-ci, sa conception est de s'écrire sans aucune conscience de sa conception, sans plan préconçu ! Parfois, tout nous échappe, à nous créateurs ; d'autres fois nous maîtrisons bien davantage ce que nous écrivons.

Frère humain, j'écris au jour le jour. Pardonne-moi mon lyrisme. Mon âme et ma main me les dictent et je ne suis qu'une servante zélée. J'écris parce que je suis la main et l'esprit conscient. Mais je ne suis maîtresse de rien. J'exécute la dictée de mon subconscient. Il y a fort à parier que je serai encore surprise, demain, quand je me relirai.

Cela m'emmène à te parler création, frère humain.

Si tu es poète, orfèvre, cinéaste, acteur, romancier, chorégraphe, musicien, peintre, sculpteur, poète – et je ne peux faire le tour de tous les créateurs mais les inclus tous -, tu es mon frère humain et mon frère artiste. Je m'adresse à toi et nos lecteurs, nos spectateurs, nos amoureux de l'art et la création, de la réflexion, la culture, la littérature. Je fais la distinction entre créativité et création artistique. J'ai déjà parlé de créativité. Elle est dans chaque segment de notre vie, dans toutes les activités humaines. Et tu sais combien je la considère importante, indispensable. Grâce à elle, le monde n'est pas figé, les civilisations et les hommes progressent et même, parfois, s'améliorent ! Sans créativité pas d'inventions, sans inventions pas de roue, pas de robinets d'eau, pas de médecine, pas de bateaux, d'avions, pas…

La création artistique est autre chose. Elle ne vise pas l'utilitaire. Elle vise la beauté, la sérénité, la réflexion, l'émotion, l'harmonie, l'éveil de conscience. Elle vise à toucher notre âme, mon frère, et ce n'est pas facile à réaliser ! Tu sais à quel point notre âme est piégée par notre esprit conscient, mise à l'écart par notre ego, écartée par tous les moyens mis en place par l'hypnose sociale, par nos peurs, doutes, craintes, préjugés, croyances erronées, idées limitées, réflexes automatiques, notre phobie de l'intimité, notre haine et terreur de la vérité, nos complexes, nos inhibitions. Tu sais à quel point l'âme a du mal à s'écouter dans ce brouhaha continuel, à quel point on nous a appris, dès l'enfance et l'adolescence, à l'écraser et la haïr. Tu sais sûrement de quoi je parle, frère humain, nous y sommes tous confrontés. C'est pourquoi ceux qui font fi de tout, écartent les brumes de leurs apprentissages erronés et les limitations de leurs automatismes inconscients sont si rares. N'est pas artiste qui veut mais qui y croit et s'en donne les moyens. Il y faut la vocation véritable et le sens de sa mission. Sentir que nous sommes venus sur terre pour proclamer que l'art est bien vivant et le faire exister. Il faut produire. Le vilain mot ! Un artiste crée. Un artiste est un rêveur concret qui crée. Un artiste n'est pas un rêveur qui se contente de sommaires exécutions. Qui peut se contenter de ses rêves sans les vivre et être heureux ? Personne. Les gens qui ne réalisent aucun de leurs rêves meurent malheureux, emplis de regrets et d'amertume. Un artiste fait la démarche difficile de réaliser une œuvre compréhensible pour le monde sans pour autant trahir ce qu'il est et veut exprimer. Un artiste marche en équilibre sur un fil. Entre lui et l'autre. Lui et son frère humain. Tiraillé entre ce qu'il a à exprimer et son expression parfaite. Quand les deux s'accordent, il a réussi son pari : il a créé une œuvre. L'artiste est un équilibriste virtuose qui crée en tenant compte de son univers intérieur et extérieur. Du moins, c'est ainsi que je le conçois. Tu peux, frère humain, me contester ce postulat. Je n'y vois pas d'inconvénient. Je te parle de cela parce qu'on ne parle vraiment bien que de ce qu'on connaît. Or je suis une artiste. J'écris, je peins.

J'ai encore des choses désagréables à écrire. Tu n'es pas étonné : tu en as pris l'habitude. Tu me devines maintenant. Je t'envoie toute ma sympathie car tu ne te décourages pas et poursuis vaillamment ta lecture. Elle n'est pas aisée ni toujours amusante, je le reconnais. Depuis le début du XX$^e$ siècle, l'Occident compte autant de faux artistes que de réels. Même en Orient, cela commence car l'Occident est imité dans ses pires comportements. Tu vas encore me taxer de rétrograde, de réactionnaire ! Peu importe quelle étiquette tu me colles, ça ne changera rien à ce que je crois. Je dois te dire que je suis plus particulièrement indignée par ce qui se passe dans le monde des arts plastiques. Plus que tout autre, celui-ci a été dévoyé. C'est une grande foire où l'on trouve de tout : et surtout du prêt-à-regarder ! Ne parle-t-on pas de foire de l'art ; le terme même est grotesque ! L'œuvre d'art ne peut être du prêt-à-regarder. Du facilement reproductible. Elle ne peut être qu'unique. Le prêt-à-regarder est à l'art ce que le prêt-à-porter est à la mode. La création dans l'univers de la mode se passe en haute couture. Pas dans le prêt-à-porter qui en ramasse les miettes. La création d'œuvres d'art se passe dans le secret des ateliers de maîtres. Marcel Duchamp et son urinoir (le ready-made *Fontaine* pour les spécialistes), Andy Warhol et ses sérigraphies (de Marylin, Mao, de boîtes de soupes Campbell's…) ont foutu tout cela en l'air. Duchamp était ironique et provocateur, Warhol cynique et provocateur et les deux d'un humour féroce. Je crains qu'ils n'aient été exagérément pris au sérieux. Sur cette pente glissante, on produit depuis, à la chaîne, des œuvres qui n'en sont pas, des artistes qui n'en sont pas, des critiques d'art qui n'en sont pas, et même des amateurs d'art et des collectionneurs qui n'en sont pas ! L'art a été réduit à un loisir. On va au musée voir des tableaux pour se divertir ! Or l'art n'est pas un divertissement, un loisir. L'art est un choc esthétique et une réflexion. Des millions de gens voient des expositions auxquelles ils ne comprennent absolument, mais alors absolument rien ! Chacun, flatté, peut s'imaginer cultivé. Cela rapporte beaucoup, beaucoup d'argent.

L'art a besoin du commerce. Mais le commerce

n'est pas l'art. On a ouvert le champ de l'art à des disciplines "pluridisciplinaires » pour reprendre l'affreux jargon de l'histoire de l'art. C'était bien de le faire. Mais pourquoi l'a-t-on fait sans discernement ? Pourquoi n'est-il plus admis aucune critique, aucun jugement, aucune réflexion dans le minuscule monde incestueux artistique occidental ? Pourquoi ? Parce que cela a transformé toute velléité d'art la plus maladroite et immature en produit pour le marché de l'art. Et c'est beaucoup plus juteux. Une affaire de marchands d'art. Une affaire de gros sous et de défiscalisation.

Que deviennent les peintres, sculpteurs, céramistes, graveurs, dessinateurs, et j'en passe ? Pas grand-chose. Ils se débattent avec leurs fins de mois catastrophiques, leur faim, leur insécurité, leur peur de l'avenir, leur art et leur sincérité dans un monde qui méprise la beauté et l'harmonie, l'expression individuelle et l'émotion. Qui contemple encore leurs toiles, leurs dessins, leurs sculptures, leurs œuvres ? Ils n'existent plus aux yeux de la critique artistique. Celle-ci est majoritairement acquise aux marchands d'art comme la majorité des journalistes est acquise aux médias, eux-mêmes acquis aux maîtres sans visage et sans nom. La critique d'art est complètement programmée et conditionnée par elle-même. Le marchand d'art n'est plus un connaisseur d'art, un érudit, un esthète, un intellectuel raffiné comme autrefois. C'est le premier type venu qui a fait quelques études commerciales, et non des études d'art et d'histoire de l'art, et il vend de l'art comme il vendrait des godemichés ou des voitures. Pourvu que ça rapporte. Pas d'état d'âme. Du reste, plus les sommes qui transitent sont élevées, moins les états d'âme existent ; c'est toujours la même histoire : que ce soit pour de la vente d'armes, de drogue ou d'art n'y change absolument rien. Les marchands d'art ne sont pas des poètes. Mais des loups.

Un artiste sincère et talentueux a peu de chances de se faire remarquer de nos jours s'il compte sur le marché de l'art institutionnel ou les grands marchands d'art car ce qui est le plus moche, le plus vulgaire, le plus criard, le plus ringard, le plus inculte, le plus sale, le plus bête, le plus facile à réaliser, à reproduire aussi, le plus rapide à exécuter remporte l'assentiment des institutions d'état et de la majorité des grands marchands d'art contemporains. Plus la pseudo-œuvre est rapide à sortir de la fabrique à cochonneries – je n'ose parler d'atelier d'artiste - plus elle est rapide à mettre en vente. C'est tout. Si vous ne me croyez pas, renseignez-vous. Cessez de crier à l'anathème parce que je ne pense pas qu'un misérable plug vert géant d'une hauteur de 24 mètres, censé représenter un arbre (ah bon ?) planté sur la place Vendôme n'est pas une œuvre d'art. Esthétiquement, plastiquement, techniquement il était d'une nullité absolue : c'était une baudruche ! Non, non, pas seulement au figuré, au propre aussi ! Un ballon gonflable ! Cette merveille de Paul McCarthy avait été vandalisée après son installation, en 2014, ce qui est une grande satisfaction pour l'horrible réactionnaire que je suis. Et cela me rassure : je ne suis pas seule à revendiquer mon bon sens. J'ai cédé à l'anecdote, une fois n'est pas coutume ; il faut dire que celle-ci est particulièrement croustillante. Si tu ne me crois pas, si tu doutes encore que nous sommes dans un monde totalement décadent dirigé par des énarques fous, des banquiers avides, des industriels dégénérés, et des commerciaux immoraux, tape donc « plug vert Paris » sur Google. Tu verras. Je me souviens encore de Monsieur Hollande, alors président, proclamant dans un discours indigné que les gens comme moi, qui n'apprécions pas ce plug de martien géant étions des réactionnaires. Des arriérés, quoi. Mais comme toi frère humain, je suis une personne qui use de son droit à exercer son goût personnel, son bon sens, son intelligence, avec l'aide de sa culture générale, sa culture de l'histoire de l'art, son sens de l'harmonie, de la beauté, et qui discerne ce qui fait du bien et élève l'homme de ce qui le rabaisse et lui fait donc du mal.

Détruire la notion d'œuvre d'art, détruire sa réelle valeur (temps, travail, talent, introspection de l'artiste, imaginaire, rêve, gestation, difficultés, intelligence créative, culture artistique, sensibilité, geste créateur, technique, savoir-faire, harmonie, beauté, émotions, nouveauté, tout ceci sur un seul objet, quel exploit quand on y pense ! et sens de l'équilibre, couleur, composition, structure, matières, lumière, contrastes, effort complexe pour communiquer avec le spectateur) est encore une façon de détruire nos valeurs, frères humains. De s'attaquer à tes émotions et les nier. Les rendre de moins en moins raffinées et de plus en plus primaires et simplettes. T'habituer à ne plus rien analyser, tout accepter, et remplacer tes élans vers la beauté par des élans vers la laideur et les émotions toxiques qu'elles provoquent. Ils veulent que tu les ressentes car elles sont suffisamment basiques pour être facilement manipulables. Raccourcir la palette de tes émotions, en supprimer les subtilités, tel est le but ultime. Rendre l'art aussi débile qu'une émission de téléréalité. Et tes réactions aussi prévisibles. Te faire prendre les vessies pour tes lanternes. Ce qui moche pour ce qui est beau. Ce qui est nul pour ce qui est raffiné. Ce qui est grotesque pour ce qui humoristique.

Ce qui est vide pour ce qui possède du sens. Ce qui est inculte pour ce qui est culture. Remplacer la réflexion par le ludique, le vaguement amusant, le voire le vulgaire et la pornographie. Il ne faudrait pas que tu restes intelligent ! On te lobotomise sans cicatrices. Si on parvient à te faire prendre pour une œuvre d'art un ballon gonflable géant en forme de plug vert et que tu l'acceptes, jusqu'où ira-t-on la prochaine fois ? C'est un bon test. Et ton propre président de la République t'a traité publiquement de réactionnaire quand tu lui as dit, toi citoyen, que tu refusais de prendre ce truc au sérieux et que tu n'en voulais pas sur l'une des plus belles places de Paris. Et personne n'a relevé ce discours, personne ne s'en est ému. Que le président insulte publiquement les gens qui l'ont élu est passé comme une lettre à la poste ! C'est dire en quel mépris les politiciens nous tiennent mais pas seulement : les journalistes, et toi-même, petit homme, puisque tu acceptes sans ciller qu'on t'insulte. C'est au fond l'objectif ultime : que tu ne réagisses plus. Que tu acceptes tout. Et surtout n'importe quoi. Tous ces gens n'ont pas tort en un sens : combien d'imbéciles sont prêts à accepter que ce plug obscène soit une œuvre ? Des millions de gens. Et plus grave encore, certaines de ces personnes sont des étudiants en art, de futurs plasticiens ! Dieu nous protège de leurs créations !

L'obscénité est partout ; la pornographie s'est immiscée partout. Tiens-toi cinq minutes à la sortie d'un collège et écoute notre jeunesse s'insulter aimablement : cela lui tient lieu de communication. On s'insulte sexuellement toute la journée ; on se conseille des sites pornos, des émissions de téléréalités où le voyeurisme est la règle, on fait à quinze ans une pipe pour dix euros dans les toilettes de collège, tout va bien.

Où est le problème ? Laure, sale réactionnaire !

La pornographie est un puissant sédatif du peuple, une drogue légale comme l'alcool, le sucre blanc, le tabac, la télévision, les matches de football, les réseaux sociaux, la téléréalité, les feuilletons misérables, les médicaments psychotropes, la surconsommation… Mais comme ceci ne suffit pas, on est en passe de légaliser le cannabis en France. Gagner de l'argent en le vendant puis gagner de l'argent en vendant des médicaments pour traiter les drogués : c'est en train de s'organiser tranquillement sous notre nez. Quel bel avenir l'on prépare à nos jeunes gens !

Quant à ce plug, je l'ai choisi parmi toutes les immondices du marché de l'art contemporain car c'est un exemple classique de ce qui se passe dans le monde de l'art occidental. J'ai vraiment eu grand plaisir à le voir tagué. L'état, les journalistes, le petit milieu germanopratin de l'art en a fait une jaunisse et a parlé de vandalisme. La baudruche obscène a peut-être coûté une fortune à la mairie de Paris, donc aux contribuables, mais on ne trouve nulle part de chiffre. Était-elle prêtée ? Louée ? Achetée ? Les « sculptures » de cet « artiste » coûtent jusqu'à 3 millions de dollars ! Monsieur Hollande a eu le mauvais goût de déclarer le lundi 20 novembre 2014 : *« Je suis aux côtés de Paul McCarthy qui a été finalement souillé dans son œuvre. »* Énorme ! Je me tords les cotes ! Normal, il s'agit quand même d'un plug ! Je sais, je sais, je cède à la tentation de l'anecdote. Et s'il y a scatologie, je n'y puis rien : Paul McCarthy adore la merde et les plugs. Son "œuvre » pathétique en est constellée… Par exemple, *Complex Pile* était une crotte de chien gonflable géante. *Train, mechanical* : deux Georges Bush géants, vaguement modelés dans une matière rose dégueulasse, sodomisant des cochons. C'est qu'on a fait des progrès depuis l'urinoir de Duchamp ! Pauvre Marcel, il doit se retourner dans sa tombe. Pas de doute : artistiquement, humainement, intellectuellement, culturellement, nous sommes dans la merde jusqu'au cou. Hypnose sociale.

Frère humain, serrons-nous les coudes : nous ne sommes pas des moutons de panurge obéissants, des idiots à qui on peut facilement faire prendre les vessies pour des lanternes. Nous savons faire la différence entre une œuvre d'art et un ballon gonflable scatologique. Nous n'écouterons pas les discours des instances de l'art académique de notre pays. Ou d'autres pays. Les fonctionnaires de l'art, les marchands d'art, les milliardaires, comme François Pinault, Bernard Arnault par exemple en France, leurs fondations et musées d'art contemporain, les grandes salles des ventes comme Sotheby's, Christie's, Drouot, les foires de l'art, les institutions et musées s'acharnent depuis cinquante ans à tuer l'art au profit de l'argent. Quand tu penses, frère humain, que l'art académique, c'est devenu cela, tu mesures à quel point nous sommes tombés bas. Relis ton histoire de l'art, frère humain : quand l'art d'une civilisation devient décadent, c'est signe que toute cette civilisation a entamé son déclin. Cela sent le roussi pour ne pas dire le pourri. Car après le déclin vient la mort. L'Occident a clairement entamé la pente descendante. Seuls les hommes conscients qui refusent la décadence peuvent relever cette civilisation. Sinon, c'est la fin, frère humain. Toutes les civilisations meurent, c'est leur sort. Mais j'aimerais que nous repoussions un peu la date…

Regarde le cahier d'arts plastiques de ton enfant et tu m'en diras des nouvelles. Tu noteras qu'arrivé au baccalauréat, ton enfant n'aura acquis aucune notion de peinture, de dessin, de volume, de profondeur, de perspective, d'ombre et de lumière, de composition, de couleur, de matière, de proportions. Rien. Il aura fait d'amusants collages, des volumes ludiques en carton mal découpés, quelques dessins ineptes, bref du bricolage ingénieux – ou pas. Techniquement, il n'en est pas sorti grandi. Quant à l'élaboration de son goût et sa sensibilité artistiques, je préfère me taire. Je sais qu'on l'a emmené voir une ou deux expositions débiles en tentant de le convaincre qu'il regardait des œuvres d'art. Rares sont les professeurs d'arts plastiques qui ne se prêtent pas à cette mascarade destructrice. Ma fille a eu beaucoup de chance.

L'art est un point qui me touche particulièrement. J'y ai voué ma vie que ce soit en écrivant, en peignant, en enseignant. Avec bonheur. Avec amour. Avec amitié pour les hommes car j'ai toujours cru avoir quelque chose à leur transmettre. Le fait que cela ne m'ait pas enrichie financièrement n'a pas terni mon amour des arts. Ce qui importe, frère humain, c'est le plaisir que tu prends sur la route. Loin de l'hypnose sociale.

Frère humain, mon livre s'arrête là car depuis quinze jours, je n'ai pas ajouté un seul mot. Je suis pourtant loin d'avoir tout abordé. Le monde est trop vaste et complexe. Mais je crois t'avoir offert l'essentiel : de quoi éveiller ta propre logique, tes propres sentiments et tes intuitions. De quoi titiller ton bon sens. Je t'ai proposé ton propre bonheur en remède aux maux du monde. Tu me répliqueras que c'est un curieux médicament au malheur général. Je te réplique que le général n'est qu'une somme de détails. Nous, individus, sommes la somme de détails qui forme la société.

Chacun d'entre nous est un détail typique, particulier, original dont on voudrait nous faire croire qu'il devrait absolument ressembler aux autres, dont on essaie de programmer et conditionner le comportement, les goûts, les mœurs, les émotions, les sentiments, les productions. Par l'hypnose sociale. C'est pourquoi, frère humain, tu dois prendre soin de toi, t'aimer, te respecter, t'assumer dans tous tes choix. Tu es un détail. Un individu. Et non la masse, la foule, l'humanité, la société.

Mais n'oublions pas que si la masse est l'ensemble des détails, dans le détail on retrouve aussi l'ensemble. On retrouve la structure du macrocosme jusque dans le microcosme. Nous portons en nous la compréhension de l'ensemble ; nous sommes tout à fait capables de saisir les tenants et les aboutissants de la société sous tous ses aspects : les pires et les meilleurs. Je t'ai parlé des pires dans ce livre car un pamphlet est un coup de gueule. Car mon énergie en ce moment, et elle colle à l'énergie du monde actuel, me pousse à te dire ma vérité crue, sans fard. Il faut que le monde change ; nous sommes au bout d'un système épuisé qui menace de sombrer à chaque instant. Les maîtres sans visage et sans nom sont de mauvais gestionnaires : à force de tirer la couverture des dollars à eux, ils vont finir par tout perdre. Ils le savent, ils le sentent, ils ont peur. Cette masse qui s'avance vers eux sans violence mais sûre de son droit au bonheur, nous pouvons tous en faire partie à notre manière : prenons la liberté d'être nous. Vraiment nous. Pas un ersatz de nous. NOUS. TOI. MOI. Individu par individu. Un par un. Alors la collectivité que nous sommes changera, se métamorphosera en quelque chose de plus grand et plus beau. Si chaque arbre malade redevient verdoyant, est-ce que la forêt elle-même ne devient pas plus belle, guérie ? Plonge au profond de ta conscience, frère humain, et trouve ta lumière pour éclairer le monde. Et c'est simple : sois-toi, complètement toi. Parfaitement toi. Hautement toi. Sors de ta condition d'humain conditionné. Sors de la programmation. Sors de l'hypnose sociale. Sors de ta propre hypnose. Et nous bâtirons, au final, des sociétés différentes, des rapports humains différents, des civilisations qui ne miseront plus leur survie sur la force brute et la domination mais sur la bienveillance et la collaboration. Sortons de la survie pour vivre pleinement. Changeons-nous pour changer le monde. N'oublie pas : le macrocosme et le microcosme sont un tout. L'un ne peut exister sans l'autre.

Ne tends jamais l'autre joue. Ne donne jamais le bâton pour te faire battre. Ne t'expose pas aux coups. Tu n'es pas né pour la misère. Tu es né pour la beauté et l'abondance. Ne laisse personne te faire croire le contraire.

Frère humain, tu es un bijou unique et tu l'ignores. Prends infiniment soin de toi. Tu vis le miracle de la Vie. Tu es un miracle. Respecte ce miracle. Sois reconnaissant de vivre le miracle de la Vie. Ne souille pas la Vie d'ordures. Embellis-la. Sublime-la. Je n'ai rien à t'écrire que tu ne saches déjà ou que tu ne puisses comprendre seul. Je t'ai ouvert suffisamment de pistes de réflexions pour reprendre seule ma route. Je te salue et te souhaite un merveilleux vent. Si l'envie ou la nécessité de te parler me reprennent, je reprendrai ma plume pour te retrouver dans un autre livre.

Fais un bel usage de ta personne. Choisis toujours ce qui t'élève. Porte haut tes meilleures qualités pour le plus grand bien de l'humanité et de toi-même. Ose ta liberté. Brise tes chaînes et vis enfin.

Frère humain, je t'aime : tu es ma force et ma
faiblesse.

Et parce que notre temps est un temps de début de
conscience, que des gens courageux se lèvent partout
en France, méprisés et humiliés par ceux qui étaient
censés les représenter, je finis ce pamphlet par ce
poème de circonstance :


*Liberté !*

*Par-delà les mots, par-delà les larmes,*
*La France est grande pour l'éternité.*
*Un peuple qui se bat,*
*C'est toujours la camarde*
*Qui vient le narguer*
*Dans un bruit d'os brisés.*

*Par-delà nos frontières,*
*Par-delà nos chimères,*
*France des rêves éveillés,*
*Des désirs fous de liberté,*
*France de nos enfances,*
*France de nos souffrances,*
*Tu restes grande pour l'éternité.*

*En a-t-il fallu des combats, des revers,*
*Des batailles perdues,*
*Du sang sur nos pavés ;*
*En a-t-il fallu des règnes de monarques,*
*Des souverains fiers aux têtes guillotinées ;*
*En a-t-il fallu des manants aux campagnes,*
*Harassés de travail, durement exploités,*
*Des ouvriers broyés par la cadence infernale*
*De machines sans cœur, des patrons dévoyés,*
*Pour te faire aujourd'hui*
*Plus grande que ton âme,*
*Construite de remords, de combats et d'idées ;*
*En a-t-il fallu du courage et des armes,*
*Des cris et des rumeurs,*
*Des savants, des créateurs,*

Laure Gerbaud

*Pour t'amener aujourd'hui*
*Sous le feu des mitrailles*
*A dire* NON *encore :*

*La France est Liberté…*

# À propos de l'auteur

Laure Gerbaud a écrit deux romans : *Racines mêles,* prix Matmut du 1<sup>er</sup> roman 2014 et *Le Cheval de l'Irlandais.*

Elle a vécu 14 ans en Afrique. C'est sans doute cette expérience qui lui permet de voir l'homme et la société sous un angle particulier qu'elle aime partager.

Elle tient un blog de conseils d'écriture, www.osez-ecrire-votre-roman.com, pour aider les passionnés à écrire leur livre, trouver l'inspiration et la motivation. On peut y trouver un manuel gratuit de technique d'écriture à télécharger.

Diplômée des arts appliqués et métiers d'art, licenciée d'arts plastiques, elle a écrit et peint toute sa vie.